다카하시 도루의

조선속담집

高橋 亨 저/박미경 편역

‖일러두기‖

1. 이 책의 원전은 다카하시 도루(高橋亨)의 저서『조선 속담집 부록 민담朝鮮の俚諺集附物語』(1914년, 日韓書房)이다. 본문에서 사용한 속담의 일련번호는 원전에 의한 것이다. 단 괄호 안의 일련번호는『조선 민담집 부록 속담朝鮮の物語集附俚諺』(1910년, 日韓書房)에 수록된 속담의 일련번호를 병기하여 독자의 이해를 돕고자 하였다.

2. 번역은 직역을 원칙으로 하였다. 단, 현재 알려져 있는 표현과 차이가 있는 경우에 한해 일반적인 표현을 각주로 달았다.

3. 속담의 이해를 돕기 위해 설명이 필요하다고 생각되는 부분은 각주를 달았다. 각주 이외의 주의 경우에는 원문의 주와 구분하여 역자에 의한 주임을 밝혀 두었다.

4. 이 책은『조선 속담집 부록 민담』을 원전으로 하나 다카하시의 조선 연구를 이해할 수 있는 자료라고 생각하여『조선 민담집 부록 속담』의 서문도 함께 실었다.

|해제|

『朝鮮の俚諺集附物語(조선 속담집 부록 민담)』(1914년 日韓書房)
(이하『조선 속담집』)의 저자 다카하시 도루(高橋亨, 1878~1967)는 일
제시기 대표적인 조선연구가이다. 1903년 시데하라 다이라(幣原
坦)[1]의 후임교사로 한국의 관립중학교에 온 그는, 1945년까지 줄
곧 한국에 머물면서 40여 년간 조선총독부 위촉으로 종교 조사, 조
선 문헌 수집, 그리고 조선의 문학, 종교, 철학 연구에 종사해 왔다.
대구고등보통학교 교장, 경성제국대학 교수, 경학원 제학提學 겸
명륜연성明倫鍊成 소장, 조선유교연합회 부회장 등을 역임했으며,
1940년에는 한국유학에 대한 연구로 조선총독부의 조선문화공로
훈장을 받기도 한 인물이다.

『조선 속담집』은 다카하시가 조선의 속담과 민담 1300여 개를
수집하여 엮은 것으로 이보다 앞서 간행된『朝鮮の物語集附俚諺
(조선 민담집 부록 속담)』(1910)을 토대로 증보 출간한 속담집이다.
『조선 속담집』은 일본어로 되어 있으며 조선의 속담을 일련번호를
매겨 나열하고 속담의 뜻과 주석을 붙이는 형식을 취하고 있다. 내
용상으로는 서민 생활에 뿌리내린 민간전승 신앙과 지방의 속담을
다수 수록하고 있고, 속담과 관련한 조선의 풍습, 사회상에 대한
구체적인 주석을 달고 있어서 속담의 성립배경이나 당시의 사회
상황을 엿볼 수 있는 귀중한 자료이다.

---

[1] 1870~1953. 학자, 교육행정관. 대한제국 정부의 관립중학교 외국인 교사로 초청되어
1900년 11월에 도한하였다. 1928년 타이완제국대학 초대 총장을 역임하였으며, 저서에
『조선교육론朝鮮教育論』,『한국정쟁지韓國政爭志』 등이 있다.

예를 들어 조선의 개고기를 먹는 풍속과 된장을 이용한 요리법(759), 고부간의 갈등(828), 한국 사회 특유의 지역 감정(112), 조선의 딸들의 결혼풍속(846) 등이 속담의 이해를 돕는 주석에 언급되어 있다. 그 외에도 삼국지가 당시「삼척동자도 알고 있을」정도로 조선 사회의 남녀노소에게 널리 읽혀 공유되었던 대중의 문화였다(684)거나, 당시의 조선 서민들이 지녔던 소박한 꿈을 들여다 볼 수도 있다(80)는 점에서도 흥미롭다고 하겠다. 이처럼『조선 속담집』은 당시의 조선의 문화나 풍속, 종교에 이르기까지 다양한 분야들을 포괄하고 있을 뿐 아니라 당시의 일본인 지식인의 눈에 비친 근대조선의 모습을 엿볼 수 있다는 점에서 그 의의와 가치가 인정되는 중요한 자료이다.

다카하시의 조선속담 연구

그렇다면 다카하시가 이러한 속담집을 만들게 된 배경과 그의 조선 속담연구의 사상적 태도는 어떠한가.

1914년 판 서문을 보면,「속담은 단순히 속담 그 자체로 보는 것도 자극적이고 함축성이 풍부한 맛을 지니는 것이지만, 더 나아가 그 속담이 쓰이고 있는 사회사정을 밝히는데 있어서 이를 깊이 음미하면 한층 자극되어 그 의의가 춤추듯이 생동하는 것」이라고 하였다. 즉, 그가 조선 속담을 연구하게 된 동기는 조선 사회의 사정을 밝히고 음미하기 위한 것이었고, 속담을 채록하는 과정은 그가 조선인식을 형성해 가는 과정이었음을 알 수 있다.

또한 서문에서 다카하시는,「조선사회의 내면에 넘치는 특성」을

1)사상의 고착성 2)사상의 무창견無創見 3)무사태평 4)문약文弱 5)당파심 6)형식주의 라는 여섯 가지 항목으로 분류할 수 있다고 하며 이 여섯 가지 성향을 조선 속담을 이해하는 척도로 파악하고 있다. 즉 다카하시에게 조선 속담의 연구는 이러한 정형화된 조선인식을 재확인하는 과정이었던 것이다. 그의 이러한 태도는 속담집의 도처에서 발견되며, 다카하시의 속담집이 가진 사상적 한계로써 지적하지 않을 수 없다.

구체적으로 조선의 풍습, 사회상에 대한 다카하시의 해설을 통해 그가 당시 조선 사회의 어떤 면에 관심을 가지고 있었으며, 조선 사회상을 어떻게 이해하고 있었는지를 『조선 속담집』의 내용에서 살펴보자.

예를 들어 「산 입에는 음식이 들어간다(728)」라는 속담에서 당장 오늘 저녁끼니가 없어도 산 입에 거미줄 칠 리 없다는 「낙천관에 빠져 유유자적 곰방대만 물고 있는」 조선인을 보고 있는가 하면, 「황소 불알 떨어지면 주워서 구워 먹으려고 장작 안고 뒤따라다닌다(925)」라는 속담에서는 성실히 일하는 근면한 모습과는 거리가 먼 기회주의적이고 「무사태평하고 느긋하며 근로를 싫어하는」 조선인을 이야기한다.

한편 「다동茶洞의 늦잠(479)」, 「여름날 하루 놀면 겨울에 열흘 굶는다(97)」의 해설에서는 나태하고 게으른 조선인의 모습을 지적한다. 즉 부자들처럼 해가 중천에 떠 있을 때까지 늦잠을 자는 생활이 조신의 일반 서민이 꿈꾸는 이상적 생활이며, 게으르고 일하기를 싫어하는 조선의 농부조차 여름에는 일하는 모습을 볼 수 있다고 말함으로써 조선 민족은 나태함이 본성이며 근면은 드물게 보이는 현상이라는 파악하고 있다. 게다가 조선 민족이 이처럼 근로를 싫어하고 게으를 뿐 아니라, 대책 없이 가족을 늘리고(150) 지나치게 많은 식객을 거느리는(151) 등 경제관념이 빈약하며, 스스로 화를 자초할 만큼 말이 많고(724), 뻔뻔하며(100), 보수적 성향이 강하다(172)고 인식한다.

이와 함께 낙후된 조선의 교육제도(77, 1068), 부정직한 사회풍조(892, 1010), 고부간의 갈등을 비롯한 계층 간의 위화감(127, 828) 등이 반영된 신분, 계급에 관한 속담, 가난한 대중들(141, 924, 1066)과 지배층의 가혹한 착취와 수탈(1118, 1195), 열악한 산림과 낙후된 농업(산업)시설(1085) 등, 조선인 및 조선사회에 대한 그의 시선은 자못 부정적이다.

물론 그가 이렇게 부정적인 속담만을 소개하고 있는 것은 아니다. 「돈 모을 생각 말고 자식에게 공부를 가르쳐라(470), 서당 개 삼 년 지나면 시문詩文에 능하다(854)」와 같이 교육의 중요성을 말하거나, 「마음가짐만 잘 가지면 죽어서 착한 귀신 된다(471)」와 같이 정직을 실천 도덕으로 중시했다거나, 「가는 말이 고와야 오는 말이 곱다(1109), 말 많은 집 된장이 시다(789), 낮 말은 새가 듣고 밤 말은 쥐가 듣는다(554)」와 같이 자칫하면 말실수를 하여 대인관계에서 돌이킬 수 없는 불행한 결과를 초래하게 되니 남의 권익을 옹호하고 나의 인권을 신장하기 위해서 노력해야 한다고 일러주는 속담 등도 소개되고 있다.

그리고 우리 민족의 끈기 있는 굳건한 생활관과 근면 성실한 생활 자세를 엿볼 수 있는 「돌도 십년을 뚫어지게 보고 있으면 구멍이 뚫린다(1072), 열 번 찍어 안 넘어가는 나무 없다(555)」라든가,

침착성을 강조(「급히 먹은 밥이 체한다(790), 아무리 바빠도 바늘 허리에 실 매어서는 못 쓴다(572)」)거나 인내심을 엿볼 수 있는 속 담(「피리 끝에 서는 것도 삼년(490), 참을 인의 덕을 지키면 살인도 면한다(547), 쥐구멍에도 볕 들 날이 있다(280)」) 등도 다수 소개되 고 있다. 또한 「남의 집 불구경을 하지 않는 군자 없다(1226)」라는 속담에서는 조선에서의 자신의 체험담을 섞어가며 어려운 일에 상 부상조하는 조선 사회의 긍정적인 면을 거론한 부분도 있다.

그러나 역시 「수염이 석자라도 먹어야 양반이지(674)」, 「가난한 사람 구제는 임금님도 못한다(503)」, 「목구멍이 포도청(681)」등과 같이 가난을 숙명으로 받아들여야 했을 정도로 가난했던 조선인의 모습이나 「남을 때린 놈은 발을 오그리고 자지만 남에게 얻어맞은 놈은 발 뻗고 잔다(230)」, 「재수 없는 놈은 뒤로 넘어져도 코가 깨 진다(551)」와 같이 팔자나 운명에 맡기고 그것을 바꾸어 보려는 의 지를 보이지 않는 소극적, 수동적 자세의 속담들이 다수 소개되고 있다. 「귀신은 경전에 막히고 사람은 인정에 막힌다(540)」, 「물이 아니면 건너지 말고 인정이 아니면 사귀지 말라(362)」, 「인정이 많 아 동네에 시아버지가 열둘(653)」등과 같이 작은 은혜에도 감사할 줄 아는 인정이 많은 민족이라고 우리 민족의 장점2)으로 볼 수 있

---

2) 다카하시와 같이 한국인들은 '손님 대접을 신성한 의무'로 생각하고 있기 때문에 검약할 줄을 모른다든가 친구나 친지에게 의지하는 성향이 있다고 비판의 대상이 되기도 하고 있다. 그러나 19세기 후반에서 20세기 초에 쓰여진 서양인의 한국에 대한 저술들은 한국 민족의 성품이나 기질 그리고 능력에 대하여 대부분 긍정적 견해를 가지고 있었다. 달래 를 비롯한 개화기 외국인들이 한국인들과 접촉하면서 공통적으로 느끼는 한국인의 특성 은 상부상조의 인간관계, 인정이 넘치는 사회(친절함), 외국인에 대하여 개방적인 태도 (솔직함) 등을 들고 있다. 특히 눈에 띄는 것은 한국인들의 인정에 대한 깊은 감동이었 다.(이배용 「서양인이 본 한국근대사회」, 『이화사학연구』28권 2001, 최덕수 「개항기 서 양이 바라본 한국인·한국역사」, 『민족문화연구』30집, 1997)

는 속담을 소개하고 있으면서도「머리 검은 짐승은 남의 공을 모른다(408)」는 속담부의 주에서는「머리 검은 짐승이란 사람이다. 은혜를 아는 정조情操가 부족한 민족성의 산물로 매우 흥미로운 속담이라 하겠다」와 같은 설명을 덧붙이고 있다. 뿐만 아니라 이러한 부정적인 편견에 의해「큰 것은 남에게 빼앗기고 하찮은 것만 차지하게 되는 경우를 일러 말할 때」쓰는 속담「배주고 배속 빌어먹는다(719)」는 오역되어 의타심과 그로 인한 빈곤의 악순환의 과정을 엿보여 주는 속담으로 인식되기에 이르고 있다.

이처럼『조선 속담집』의 내용은 자세히 살펴보면, 다카하시가 서문에서 규정한 여섯 가지 민족성의 내용과 부합하지 않고 오히려 삶의 긍정적이고 적극적이며, 상호부조와 근면한 모습을 보여주는 예가 많이 있다. 그럼에도 불구하고 다카하시는 속담의 내용 속에서 '소극적이고 수동적'이며, '게으르고 무사태평한' 조선인이기 때문에 일본의 식민지가 될 수밖에 없었던 필연성을 각인시키는 자료로 다루고 있는 것이다.

결국 이 속담집은 민속학에 바탕을 둔 학문적인 연구로써 그 가치가 인정됨에도 불구하고 식민지의 왜곡된 부정적인 조선인상을 구축하는데 기여했다는 점에서 안타까움을 남긴다.

일본의 조선지배로 인해 조선의 변화된 모습을 구체적으로 열거하며 총독부 정책 예찬으로 맺고 있는 서문과 역시 총독부 시정施政 전후의 변화를 들어 이 속담집의 마지막을 장식하는 1298번째 속담을 보면 그러한 문제가 잘 드러난다. 조선이 일본을 모방하여「문명화」되었음을 시사하고,

1298 옛날에는 빼앗기기 바쁘고 지금은 받기에 바쁘다.

이것은 최근 총독부의 시정 이후에 생겨난 말이다. 실로 총독부의 정치는 백성에게 환원함으로써 백성을 풍요롭게 하는 일을 도모해 왔다. 과거의 조선 왕조가 수탈만 일삼고 환원하지 않았던 것과 비교하면 백성들에게 이런 느낌이 생겨나는 것도 당연하다.

고 하여 일본의 조선통치를 논리적으로 정당화시키는 서술구조를 취했다. 바로 이러한 점에서 그의 연구가 조선의 속담연구에서 선구적인 역할을 했음에도 불구하고 일본의 조선 지배를 학문적으로 정당화하고, 나아가 식민지 지배를 위한 사상정책론으로 유용한 연구였음을 부정할 수 없게 한다.

조선 문화에 대한 오해와 오역

그렇다면 다카하시의 조선문화에 대한 인식은 과연 그의 자부심만큼 온당한 내용이었을까. 앞서 언급했듯이 『조선 속담집』에 수록되어 있는 속담에는 각각 주석이 달려 있는 것이 특징이다. 속담에 어떤 식으로든 해석을 가하고자 했던 그의 노력은 평가할 만하지만 그의 주석에는 상당히 자의적이며 단정적인 해설도 눈에 띤다. 그리고 「설명할 필요 없이 뜻이 자명하다」라든가, 속담의 의미에 대한 어떠한 설명도 없이, 다카하시 자신의 느낌만을 적고 있는 예도 많이 보인다. 「실로 너무 가련하다(461)」, 「뭐가 달겠는가(1129)」, 「불쌍하도다(1218)」 등과 같이 속담에 대한 논리적 이해와는 거리가 먼 예도 많다.

아울러 이 속담집에는 오해나 인식 부족으로 인한 오역의 예가 있다는 점을 그 한계로써 지적하지 않을 수 없다. 그 대표적 사례가 일반적으로 겉으로만 귀여워함을 이르는 말인「미운 놈 떡 하나더 준다(739)」에 대해「마음이 넓을 것을 권고하는 것」이라고 해석하는가 하면, 말이나 행동에 변화가 없어 싱겁다는 말을 의미하는「물에 물탄 듯 술에 술 탄 듯(837)」에 대해서는「아주 잘 섞여 잘어울림을 나타낸다」라고 설명한다.

이와 같이 자신의 개인적인 생각(감상)에 의한 판단이나 오해, 인식 부족으로 인한 오역의 예를 보면 다카하시가 조선 속담을 통해확인 할 수 있다던 조선 민족의 여섯 가지 보편적 성향이라는 것이그의 편견과 번역에서의 오역에 기초한 해석이었음을 알 수 있다.

결국 다카하시의『조선 속담집』을 이해할 때 우리는 그의 속담연구가 선구적임에도 불구하고 그의 조선 문화 이해가 단편적이었으며 동시대적인 한계를 노정시키고 있음에도 주의해야 할 것이다.

『조선 속담집』의 가치

앞서『조선 속담집』이 형성된 배경과 조선문화에 대한 몰이해,편견이 드러나 있음을 지적하였지만, 그럼에도 불구하고『조선 속담집』은 당시까지 조선에서 주목받지 못했던 속담연구를 처음으로 학문적 관심영역으로 등장시켰다는 점, 본격적인 속담집이 없었던 시기에 편찬된 것으로 이후 한국의 속담집 성립에 영향을 끼친 점[3], 그리고 조선의 문화나 풍속, 정치, 경제, 사회, 사상, 종교

---

3) 박미경「다카하시 도루의 조선속담연구 고찰」,『한비문 학술총서1 화혼양재와 한국근대』, 어문학사 2006.

에 이르기까지 다양한 분야들을 포괄하고 있어, 19세기 후반에서 20세기 초 한국의 모습을 엿볼 수 있다는 점 등에 그 의의와 가치가 인정되는 중요한 자료이다.

그러나 안타깝게도 해방이후 우리는 다카하시의 속담연구의 기본 틀을 벗어나지 못한 채 우리의 속담에 드러난 우리의 자화상을 부정적으로 묘사하는 데에 주저함이 없었다.[4] 이제 올바른 시각과 입장에서 서술된 제대로 된 한국문화를 이룩하기 위해서는 무엇보다도 근대 학문 형성기에 다카하시와 같은 일본학자들에 의해 연구된 내용을 제대로 분석하고 동시에 왜곡된 부분을 올바르게 읽어내고 비판하는 작업이 선행되어야 할 것이며, 이 점이야말로 다카하시의 『조선 속담집』을 편역한 이유이다.

박미경

---

[4] 주 3)의 논문.

『조선 민담집 부록 속담朝鮮の物語集附俚諺』(1910)의 서문

　작년 겨울 조선의 현상을 조사하여 일본의 중고사中古史의 일면과 비교하기 위해서 조선으로 출장을 왔을 때 많은 사람들을 만나 다양한 일에 대한 보고를 들었다. 그 중 조선의 항간에 전해지는 설화와 속담에 관해서는 문학사 다카하시 도루 군에게 많은 도움을 받았다.

　다카하시 군은 우리 동경제국대학 문과대학 한학과 출신으로 오래도록 조선 경성에 머물면서 고등학교 학감으로 다수의 조선인 학생을 교육하고 있으며 조선어에 능통하고 조선 정세에도 정통하다. 그가 담당하는 학교의 학생들은 각지에서 와서 배우고 있기 때문에 널리 각지의 민담, 속담을 조사할 수 있는 좋은 기회가 된다. 그리하여 다년간 매우 많은 민담 및 속담을 채록 수집했는데 이는 위와 같은 환경에 있는 편자이기에 가능한 것이었다.

　원래 일본과 조선은 같은 나라이기 때문에 옛 전설에는 같은 형태의 이야기가 많은데, 정치와 교육이 나뉘고 시대가 변하여 각기 다른 국민성을 드러내고 있다. 이제 이 책에 대해서 한 두 예를 들어 말하자면 도깨비에게 혹을 떼이는 이야기(혹부리 영감 — 역자) 같은 것은 거의 우지슈이이야기(宇治拾遺物語)[5]의 전설과 동일한가 하면, 선녀와 나무꾼과 같은 것은 여러 부분에 그 국민성의 공통점과 상이점이 드러나기도 한다. 즉 일본에는 이것이 해변가 이야기로 되어 있는데 비해 조선의 경우는 산간지방의 이야기로 전해지

---

5)　13세기 초에 성립된 일본의 설화집으로, 불교적 색채가 농후하다.

며, 조선의 이야기에서는 선녀를 따라 구름 속으로 들어가려 하지만, 일본의 이야기는 그러한 집착이 없이 담백한 점에 국민성이 엿보인다고 할 것이다.

조선은 대륙에 접하고 있기 때문에 장점과 단점이 모두 중국의 영향을 받은 것이 많다. 그 중에서도 과거제도와 같은 것은 그 폐습이 가장 크다. 일본에도 과거제도와 비슷한 것이 중고시대에 있었는데 일찍이 폐지된 반면, 조선에서는 최근까지 행해져 선비라면 누구나 과거에 급제하여 고관의 지위에 올라 미녀를 얻어 배필을 삼고 지위와 복이 넘치는 삶을 사는 것이 유일한 꿈이었다. 그렇기 때문에 이와 관련된 민담은 매우 많다. 여기에 수록되어 있는 춘향전 같은 것은 이런 상황을 가장 잘 나타내며 거의 중국소설을 읽는 듯한 느낌이 드는 것도 역시 조선이 일본과 비슷한 데가 있는 것과 같이 중국과도 비슷한 데가 있음을 증명하는 것이다. 이러한 양국의 영향관계 이외에도 한국의 진면목이 과연 어떠한 것인지를 살펴보는 것도 흥미로울 것이다. 속담도 역시 마찬가지이다.

이 책은 조선의 민담과 속담을 수집했을 뿐만 아니라 또한 그 사실을 이해하기 어려운 것에는 해설과 비평을 덧붙여서 읽는 사람이 조선의 민정民情과 풍속을 이해하기 쉽게 되어 있다. 이 책에 첨부되어 있는 중상류층의 가옥을 그린 삽화는 다카하시 군이 나의 촉탁을 받고 특별히 조사한 것이다. 아마 이와 같은 일은 다카하시 군처럼 조선어에 능통하고 그 나라 정세를 잘 아는 사람이어야만 가능한 일일 것이다.

따라서 나는 이 책으로 인해 일본과 한국의 고금을 비교하는데 편의를 얻게 된 것에 감사할 뿐만 아니라 보다 널리 일반적으로 문학에 종사하는 사람들에게 추천하여 모든 방면에서 일본과 한국의 인문 분야의 공통점과 상이점을 비교할 만한 자료로 활용하는데도 시사해 주는 바가 클 것으로 믿는다. 그저 한낱 옛날이야기로써 오락적인 읽을거리로 제공된 것이 되어서는 안 될 것이다.

메이지 43년(1910) 8월 하기노 요시유키(萩野由之)[6] 적음

---

[6] 일본사·일본문학자로 1860년에 사도(佐渡)에서 태어나 1924년에 사망하였다. 동경대학 교수를 역임하였으며, 와카(和歌) 문학의 근대화를 목표로 와카개량론을 주창하였다. 저서에는「일본사강화日本史講話」「일본제도통日本制度通」「국학와카개량론国学和歌改良論」등이 있다.

『조선 민담집 부록 속담朝鮮の物語集附俚諺』(1910)의 저자 서문

압록강과 두만강은 장백산 꼭대기의 영호靈湖에서 발원하여 시내를 누비고 골짜기를 뚫고 동서로 나뉘어 흐른다. 강바닥이 한계에 달한 지점에 이르러 갑자기 급하하여 거센 여울을 이루고, 소용돌이치며 원을 만들어 돌며 흐르는 경우가 많다. 혹은 얕고 혹은 깊고, 혹은 작고 혹은 크다. 듣기로는 일찍이 어떤 사람이 그 깊은 못을 하나 쳐냈더니 주먹만한 금덩어리가 찬연히 드러났다고 한다. 아마 장백산은 동아시아의 거대한 금산金山이어서 그 밀림이 울창하고 철분이 왕성했을 것이다. 그래서 압록강과 두만강의 급하고 얕은 내가 화살과 같이 흐르면서 양쪽 강둔덕의 바닥에 있는 금을 쓸어가 산간의 넓고 얕은 골짜기를 흘러 흘러 그 품에 안기는 곳에 금을 내려놓는다. 금과 금이 서로 끌어당겨 하나가 되어 어느새 덩어리를 이루어 침전된 것이다.

나는 여러 민족이 이루고 있는 사회가 본래 끊임없이 발달하는 생활을 거듭하면서 때때로 정신을 침전시키는 것이 장백산의 철분이 압록강과 두만강의 깊은 강바닥의 금덩이가 되는 것과 같은 이치임을 믿는 사람이다. 만일 내가 이 사회 생활이 다듬어 온 침전물을 잘 쳐올릴 수 있다면 바로 그 사회 생활의 참된 정신을 얻은 것일 것이다. 즉 그 나라의 문학, 미술이 몇백 년 몇천 년 간 단속적斷續的으로 출현해 온 천재에 의해 교육되고 구현화된 사회 정신과 사회 이상을 전한다. 역사歷史와 전기傳記가 과거를 이야기하여 그 속에 감춰진 시대 정신과 이상의 음향을 전한다. 그 밖에도 옛

습관, 유행, 취미 등 각각 그 시대에 있어서 중요한 의미를 가르쳐 주기도 한다. 어느 것이나 모두 그 속에 사회생활의 흐름이 멈추기도 하고 돌기도 하여 만들어 낸 침전물을 함유하는 것이다. 민담 및 속담 연구가 사회학적 가치가 있는 것은 역시 여기에 있는 것이다. 아마도 속담은 사회적 상식의 결정結晶으로 어느 시대엔가 어떤 사람이 만들고 만인이 이에 동조하여 사회에 널리 퍼지게 되었는데 그 중에 어떤 것은 오늘날에도 사용되어 천만무량千萬無量의 의미를 짧은 말에 담아 비유적으로 말한다. 민담은 사회생활의 정수의 축소판이어서 어떤 것은 아주 먼 고대에, 어떤 것은 시대가 내려와 중세에 혹은 가까운 과거 사람의 손에 의해 성립되어 사회의 흥미를 잘 자극해 입에서 입으로 전달되어 오래도록 전해져 오고 있는 것이다.

사회를 그저 있는 그대로 대충 보아 넘기면 한 장의 사진을 보는 것과 같이 아무런 의미도 찾아내지 못한다. 사회 관찰자는 있는 그대로의 생활 속에서 변하지 않는 풍속, 습관의 특색이 있음을 인식해야만 한다. 풍속, 습관에 관한 깊은 연구는 여전히 미흡하다. 또, 그 풍속, 습관에 일관된 정신을 밝혀내고 그 사회를 통제하는 이상으로 귀납해야 비로소 사회연구가 할 일을 다 했다고 할 것이다. 이러한 사회 정신과 이상을 발견한다면 그 그물망으로 위정자, 사회 정책자의 경영과 시설에도 다대한 공헌을 할 것이다. 즉 민중의 마음의 샘을 퍼올려 여기에 선천적인 성질이나 재능을 단련할 방법을 여러 가지로 고안해 낼 수 있게 해주기 때문이다.

나는 작년부터 이러한 목적으로 조선의 민담과 속담을 수집하여 이 책을 만들었다. 그러나 여전히 조선 사회의 진정한 정신과 이상의 소리를 전하지 못했음은 물론이다. 연구를 각 방면으로 더욱 확대하여 정사正史, 야사野史, 법률, 문학 및 현재의 생활 상태 등도 연구하여 점차 이에 이르고자 한다. 그러나 이 책 중에 이미 그 사회의 진상이 조금은 드러나 있어, 금룡의 비늘이 먹구름 사이에서 빛나는 듯한 것이 없지 않으니 아마도 독자들도 수긍하는 바일 것이다.

아마 그것은 조선의 민담과 일본의 민담, 나아가 지나支那의 민담과의 사이에 기맥을 더듬어 갈 수 있을 것이다. 얼핏 보면 속담의 내용이나 취향이 다른 것 같지만 실은 거의 같은 것이 있음을 알게 될 것이다. 아울러 일본과 한국의 풍속, 유행, 취미에 관한 비교는 독자 스스로의 이해에 맡긴다.

경술년 장마철에 경성에서 저자 씀

20

『조선 속담집 부록 민담朝鮮の俚諺集附物語』(1914)의 서문

　나는 『조선 민담집 부록 속담』에서 조선 속담의 일부를 모아 이를 일반에게 공개하였다. 그 후 4년 동안 다행히 공사公私 제반의 편의를 제공받아 더욱 광범위하고 상세하게 속담을 수집하게 되어 이 책은 거의 모든 조선의 속담을 담을 수 있게 되었다. 이에, 앞서 낸 책을 개정하여 속담을 중심으로 엮고 민담을 부록으로 덧붙여 이 책을 완성하였다. 속담은 단순히 속담 그 자체로 보는 것도 자극적이고 함축성이 풍부한 맛을 지니는 것이지만, 더 나아가 그 속담이 쓰이고 있는 사회사정을 밝히는데 있어서 이를 깊이 음미하면 한층 자극되어 그 의의가 춤추듯이 생동하는 것이다. 예를 들면 바쇼芭蕉[7], 부손蕪村[8]이 경치를 읊은 빼어난 구는 그저 하이쿠俳句[9] 자체로 읽는 것도 매우 장대하고 유현한 정취가 넘치지만 하이쿠를 실제로 읊은 장소에서 읽으면 한층 더 명확하게 작자의 미적 관념을 직접 체험하게 되어 순식간에 바쇼가 되고 부손이 되는 것처럼 말이다. 나는 속담 하나를 얻을 때마다 항상 이와 같은 기분이 일어서 손이 춤추고 발 디딜 곳을 모른 적도 있었다. 조선 사

---

[7]　마츠오 바쇼(松尾芭蕉, 1644~1694): 에도시대 전기의 하이카이 시인. 그는 모든 문물이 도시로 향하고 일찍이 자본주의적 성향을 띠기 시작한 17세기 에도 시대에 변방으로의 고된 여행을 통하여 하이카이 문예를 완성하였다. 바쇼는 오로지 하이카이와 여행으로 평생을 일관한 속세를 초월한 여행 시인으로 유명하다.

[8]　요사 부손(與謝蕪村, 1716~1783): 회회 쩌시고도 아름다운 구(句)를 지은 것으로 유명하다.

[9]　5·7·5의 세 구로 이루어진 17음의 짧은 정형시. 기고(季語)라는 계절어를 넣는 것을 원칙으로 한다. 하이카이노렌가(俳諧の連歌)의 첫 구가 독립한 것으로 일반화된 것은 19세기 후반경이다.

회 연구는 여러 방면의 연구를 종합하여 이루어져야 할 성질의 것이지만, 우선 내가 지금까지 연구해 온 조선의 사상과 신앙 즉 철학 및 종교의 측면에서 보면 조선 사회 내면에 넘치는 특성을 대략 여섯 개의 항목으로 헤아릴 수 있을 것이다. 1.사상의 고착성, 2.사상의 무창견無創見, 3.무사태평, 4.문약文弱, 5.당파심, 6.형식주의가 그것이다. 모두 이 나라의 지질과 지리 혹은 사회조직에 뿌리내려 성립된 것이다. 사상의 고착성이란 한번 받아들여 내 사상으로 삼은 이상은 시간의 흐름을 초월하여 언제까지나 이것을 꼭 움켜쥐고 끄떡도 하지 않는 것을 말한다. 사상의 무창견이란 철학 및 종교에 있어서 중국사상 외에 조선에서 독립적으로 창조된 사상이 하나도 없음을 말하는 것이다. 무사태평이란 마음이 너그럽고 관대하여 서두르는 것이 없고 아주 슬퍼할 만하고 실망할 만한 경우에 처해서도 용케 낙천적인 평정을 유지하는 것을 말한다. 문약이란 문文을 숭상하고 무武를 업신여겨 결국 늠름한 무예정신을 잃어버린 것을 말하는 것이다. 당파심이란 언제나 사사로이 당을 지어 사적인 이익을 추구하고자 하는 마음을 말한다. 형식주의란 외관을 중시하여 실實을 잊고 형식을 취하여 본질을 뒤돌아보지 않음을 이르는 것이다. 이 여섯 가지 성향을 펼치면 또 다시 십 여 개의 성향이 될 정도로 이들이 대략 조선 민족성에 대한 상식적인 해설이기를 바란다. 상하 이천 년의 조선 역사는 이 여섯 가지 성향의 구체화이며 따라서 현재도 조선인은 부지불식간에 이 여섯 궤도 위를 오가고 있는 것이다. 그렇기 때문에 조선의 속담도 먼저 이들 여섯 가지 민족성을 마음에 두고 음미하면 꿀을 핥다가 혀를 잊고, 말에 올라타 안장을 잊는 묘미가 있을 것이다. 이 책은『조선 민담집 부록 속담朝鮮の物語集附俚諺』에서 단 주해註解를 그대로 수록한 것이 많다. 따라서 사실 지금의 조선의 사정과 어울리지 않는 것 역시 적지 않다. 예를 들어 도로가 그러한데 각 도가 앞을 다투어 도로를 보수하여 조선 제일의 험한 길은 눈에 띄게 줄었다. 토지 조사가 시행되고 소유권이 확정되어 횡포한 양반도 상민의 전답을 마음대로 할 수 없다. 이제는 사회적 계급도 타파되어 천민, 평민, 중인, 양반의 차별이 철폐되었고 중류사회의 대부분은 스스로 양반이라 칭하고 있다. 이와 동시에 직업의 귀천이 마침내 사라지고 수입收入을 숭상하기에 이르렀다. 이리하여 조선사회의 표면은 한 발 한 발 일본을 모방하여 이에 접근해 가고 있다. 그러나 이로 인해 앞에서 말한 여섯 가지 민족성까지 사라져 민족적으로도 완전히 일본에 동화되었다고 생각하는 것은 아마도 오해일 것이다. 원나라가 고려를 신하로 복종시키자마자 충렬忠烈왕이 원종元宗 13년에 변발辮髮호복胡服하고 원에서 돌아온 이후, 공민왕 즉위 원년에 변발을 풀기까지 약 90년간 고려사회의 표면은 완연히 원나라의 그것이었다. 그러나 일단 왕위쟁탈이 일어나자 90년간의 원元풍은 하루아침에 사라져 버렸다. 하긴 당시와 오늘날은 여러 면에서 사정이 서로 다르지만 역시 피상론자로 하여금 깊은 성찰을 하게 하는 데에는 충분할 것이다. 여하튼 앞서 출간한 책의 주석을 통해 옛 조선의 사회상의 일단을 엿볼 수 있기에 지금 다시 이것을 수록한다.

　이 책이 수록하고 있는 전 이백여 속남을 몇 가지 항목으로 나누어 분류하면 한층 독자에게 더 많은 편리를 제공할 수 있을 것으로 생각되나 지금은 많은 일로 인해 여력이 없음을 유감스럽게 생각한다. 그러나 분류를 하든 안 하든 그 가치에 변함이 없음은 물론이다.

다이쇼3년(1914) 초봄 3월 하순 경성 백안산에서 저자 씀

|차례|

조 선 속 담 집 부 록 민 담

(1914)

1 도둑의 집에도 되가 있다.

되가 있으면 저울도 있고 자도 있을 것이다. 참으로 재미있는 대조이다. 사람의 성품은 원래 바르다. 도둑이라 할지라도 내 것을 팔 때는 되를 이용할 것이다. 재미있는 점에 착안한 것이다.

2 도끼 가진 놈 바늘 가진 놈을 못 이긴다.

마주보고 무거운 도끼를 머리위로 들어 올려 찍으려면 시간이 필요하다. 그 사이에 바늘 가진 놈이 앞으로 나아가서 콕콕 찌르는 데는 당해내지 못한다.

3 한 말 주고 한 되 받아 무엇 하랴.

설명할 필요 없이 뜻이 자명하다.

4 강철이 달궈지면 더 뜨겁다.

강철은 연철보다 잘 달궈지지 않는다. 하지만 일단 달궈지면 뜨겁기가 연철을 능가한다. 강직한 남자가 노는 것을 배우면 여간해서 끊지 못하는 것을 비유한 것이다.

5 등을 때리고 배를 어루만진다.

인정人情의 음험함이 과연 이와 같다.

6 불길한 바람은 수구문水口門에서 불어온다.

수구문은 경성의 동남문을 이르는데 흉문으로 여겨지고 있다. 성안에서 죽은 자가 있으면 대부분 이 문으로 실어 낸다.

7 못 먹는 풀은 장마 시작부터 난다.

대기만성의 반대.

8 밝은 달밤도 흐린 낮만 못하다.

설명할 필요 없이 뜻이 자명하다.

9 호랑이 무서워 산에 못 간다.

10 호랑이에게 물릴 줄 알았다면 산에 오지 않았다.

설명할 필요 없이 뜻이 자명하다.

11 북은 치면 칠수록 소리를 낸다.

12 아이는 때리면 때릴수록 운다.

설명할 필요 없이 뜻이 자명하다.

13 아무리 사당을 멋지게 세워도 제사를 지내지 못한다면 무엇 하랴.

사당은 선조의 영을 모신 곳이다. 양반가에서는 보통 집 안쪽에 사당을 세우고 종손이 제사를 모신다. 재력의 유무에 따라 훌륭하게 세운다. 그러나 사당만 훌륭하게 짓고 그 자손이 불초하게 태어나면 자연히 제사도 끊기게 될 것이다.

14 소금 가마니를 물 속으로 나르라고 해서 나를 수 있겠는가.

불가능한 일은 어디까지나 불가능함을 말한다.

15 잘 아는 놈을 붙잡아 결박하는 듯하다.

도둑을 잡고 보니 자기 자식까지는 아니라도 이 역시 썩 기분 좋은
일은 아닐 것이다.

16 인왕산 찬 돌을 먹고 살지언정 사돈의 밥은 먹지 마라.

인왕산은 경성의 서쪽에 있는 산인데 산 전체가 민둥산으로 나무
가 없다. 암석과 돌덩이가 우뚝 솟아 있다. 사돈이란 며느리와 사
위의 본가를 말한다. 며느리의 본가와 사위의 본가가 서로 허세를
부리는 풍속을 느낄 수 있을 것이다.

17 앞에서 꼬리 흔드는 개가 뒤에서 발꿈치 문다.

설명할 필요 없이 뜻이 자명하다.

18 우물쭈물하다 결국 양녀를 며느리 삼는다.

혼인 비용이 많아지는 것을 두려워해서일 것이다.

19 옆 사람을 찔러 상대방에게 먼저 인사하게 만든다.[10]

---

10) 옆구리 찔러 절 받기.

상대방이 나와 신분이 별로 다르지 않다면 먼저 나에게 인사를 하지 않을 지도 모른다. 그래서는 내 체면이 서지 않는다. 그래서 옆사람을 부추겨서 먼저 절을 하게 하는 것이다.

20 예순 노인 세 살 아이에게 배운다.

설명할 필요 없이 뜻이 자명하다.

21 우는 얼굴에 침 뱉기.

잔혹하고 박정한 사람을 들어 하는 말이다.

22 아직 이도 나지 않았는데 뼈 달린 고기를 핥는다.

풋내기의 건방짐을 형용한 것이다.

23 이불 속에서 훈련.

아무 탈 없는 날의 허장성세虛張聲勢이다.

24 중도 제 머리를 스스로 깎지는 못한다.

자신에게 중요한 일임에도 불구하고 스스로는 할 수 없어 타인의 손을 빌려야만 할 때가 있음을 말하는 것이다.

25 아랫것은 입이 있어도 말을 하지 못한다.

만일 말을 하면 어찌 될까.

26 자야 꿈을 꾼다.

잠을 자지 않으면서 꿈을 꾸고자 하는 것은 어리석은 일이다.

27 장날마다 망둥이가 나오나.

장날에 한 번 망둥이를 많이 샀다가 이익을 본 모양이다.

28 제 버릇 열 가지 있는 놈이 한 가지 버릇 있는 사람을 나무란다.

세상은 대부분 그렇다.

29 내 아이의 나쁜 짓.

이것만큼 생각하고 싶지 않고 알고 싶지 않은 것은 없을 것이다. 그러나 세상에는 이를 보지 못하는 사람이 많다.

30 숟가락 밥도 담으면 많이 담아진다.

재능이 없다고 공부를 폐하지 말라는 의미이다.

31 묵을 곳 많은 나그네가 저녁밥을 거른다.

재미있다. 이 앞 친척집에서, 이 앞 친구 집에서 하는 사이에 벌써 해는 져서 때가 지나버렸다.

32 아내의 이종사촌 묘에 성묘하는 듯하다.

조금도 정이 가지 않는 것을 말한다.

33 빨간 콩은 깨져도 밥 속에 있다.

조선인은 평소에 빨간 콩밥을 먹는다. 빨간 콩이 부서지는 것은 손해가 되지 않는다. 쌀집 주인이 자기 가게의 쌀을 먹는 것과 같은 것인가.

34 팔은 안으로는 굽어도 밖으로는 굽지 않는다.

내 쪽으로 거둬들이기는 쉬워도 꺼내서 남에게 주기는 어렵다는 것을 말한다.

35 한 번 실수는 병가지상사.

설명할 필요 없이 뜻이 자명하다.

36 호랑이에게 물려가도 정신을 바짝 차려라.

조선의 전설에 호랑이가 사람을 물면 일단 한 번 이것을 던졌다가 자기 왼쪽에 떨어질 경우에는 먹지 않고 간다고 한다. 그러니 설령 호랑이에게 물렸다 하더라도 당황해서는 안 된다. 혹 왼쪽에 떨어져 살아나는 경우가 없지 않음을 말한다.

37 헤엄을 잘 치는 사람이 물에서 죽는다.

설명할 필요 없이 뜻이 자명하다.

38 지게를 지고 제사를 지내도 제 멋.

39 털토시를 끼고 게 구멍을 파는 것도 제 멋.

지게를 지고 제사를 지내는 것도 값비싼 털토시를 끼고 흙탕물의 게 구멍을 파는 것도 모두 어울리지 않는다. 그러나 제 취미로 하는 데는 아무런 지장이 없음을 말하는 것이다.

40 일 리里 길에 밥을 싼다.

쓸데없는 준비를 하는 것을 말한다.

41 구멍 속 뱀은 몇 자나 되는지 알지 못한다.

말 없는 사람을 헤아리지 못하는 것과 비슷하다.

42 호랑이는 그려도 뼈는 못 그린다.

설명할 필요 없이 뜻이 자명하다. 두보의 시 마화馬画에서 나온 것이다.

43 며느리가 나이를 먹으면 시어머니가 된다.

이는 자명한 이치임에도 불구하고 고부간의 사이가 나쁜 것은 말할 것도 없다. 실로 세상사는 모순덩어리이다.

44 게으름뱅이는 두렁을 센다.

어째서 두렁을 세는 시간에 밭을 갈지 않나.

45 골이 깊어 호랑이가 나오고 숲이 깊어 도깨비가 나온다.

설명할 필요 없이 뜻이 자명하다.

46 까마귀는 검어도 고기는 검지 않다.

세상에는 선을 가장한 것과 악을 가장한 것이 있다. 나는 후자를 좋아한다. 이 속담은 악을 가장해 말하는 것이다.

47 무덤에 꽃이 핀다.

무덤에 꽃이 피면 상서롭다고 믿는다. 이것도 풍수지리설에서 온 것이다.

48 단단하기만 하면 벽에 물이 고이나.

근검절약하면 돈을 모을 수 있다. 그러나 아무리 근검절약한다 하더라도 일을 하지 않으면 돈이 모일 리가 없다. 벽은 말하자면 일하지 않는 사람의 근검절약이다.

49 같은 값이면 다홍 치마.

다홍 치마는 색이 아름답기 때문이다. 같은 월급이라도 화려한 직업을 택하는 것과 유사하다.

50 주인 빨래를 하면 내 발뒤꿈치 때가 벗겨진다.

노비가 주인을 위해 존경하는 마음으로 노동을 해야 함을 장려하는 것이다.

51 밥을 못 먹는 사람에게 도시락 이야기.

당연히 이야기가 되지 않을 것이다.

52 선무당이 사람 잡는다.

의사도 마찬가지다. 그래서 말하기를 사람 목숨은 천명이라고 한다.

53 벌거벗은 몸에 은장도.

기발하다.

54 참외를 버리고 오이를 먹는다.

어리석음을 형용하는 말이다.

55 군수郡守에게 물건을 파는데도 에누리가 있다.

군수는 백성이 가장 두려워하는 사람이다. 그러나 장사꾼은 이도 두려워하지 않는다.

56 어린아이의 매도 많이 맞으면 아프다.

설명할 필요 없이 뜻이 자명하다.

57 썩은 포승으로 호랑이를 묶는다.

소용 없음을 형용한 것이다.

58 기름 엎지르고 들깨를 줍는다.

어리석음을 말하는 것이다.

59 소에게 말한 것은 탄로 나지 않지만 아내에게 말한 것은 탄로 난다.

하지만 용케도 아내에게 비밀을 지키는 사람은 적다.

60 활을 당기며 콧물을 닦는다.

활을 당기기 위해서는 활시위를 잡아당겨야하므로 손이 오른쪽 볼을 지난다. 손등이 마침 코밑을 지날 때 콧물을 닦는 것이다. 겸하여 다른 일을 하는 것에 대한 비유이다.

61 며느리 발뒤꿈치가 계란 같이 보인다고 미워한다.

발뒤꿈치가 계란 같으면 아름다운 여자다. 밉다고 생각하면 아름다운 것도 밉게 보인다.

62 봄 꿩은 스스로 울어서 사람에게 잡힌다.

63 산돼지 잡으려다 집돼지 잃는다.

설명할 필요 없이 뜻이 자명하다.

64 게도 망도 함께 잃는다.

원금도 이자도 잃음을 말한다.

65 굶주림에 비단이 밥 한 끼.

왕손王孫이 굶어서 비단을 저당 잡힌다. 세상에 영락한 사람만큼 비참한 것은 없다.

66 펄펄 끓는 안주 맛은 모른다.

일부러 혀를 댈 사람도 없으므로.

67 번갯불로 담뱃불 붙인다.

불가능한 일을 재미있게 형용한 것이다. 번갯불로 담배에 불이 붙으면 좋은 일이 생긴다는 미신이 있다.

68 예쁜 아이에게는 몽둥이를 주고 미운 아이에게는 엿을 준다.

묘하고 기이한 말이다. 몽둥이를 가지고 있는 아이는 엿이 먹고 싶으면 얻을 수 있을 것이다.

69 아이가 태어나기도 전에 강보를 준비한다.

이런 집에는 아이가 많이 태어나기 마련이다.

70 봄비가 많이 내리면 시어머니의 손이 커진다.

봄비가 많은 해는 반드시 풍년이 된다. 보통은 아까워서 남에게 내주기를 싫어하는 시어머니이지만 타인에게 물건을 주는데도 자연히 손이 커져서 양이 많아지는 것이다. '손이 크다'는 구두쇠의 반대이다.

71 지네는 죽어도 쓰러지지 않는다.

지탱해 주는 곳이 많기 때문이다.

72 마지막에 난 뿔이 제일 길어진다.

후발 기러기가 선두가 되는 것이다.

73 불 없는 화로 딸 없는 사위.

비유의 극치이다.

74 귀신을 피하려다 호랑이를 만난다.

작은 어려움을 두려워 말라는 것이다.

75 산보다 호랑이가 크다.

호랑이만 주의해서 보기 때문이다.

76 임신하지 않은 며느리에게 아이 낳으라고 구박한다.

그러나 아이를 많이 낳으면 또 너무 많이 낳는다고 구박한다.

77 예쁜 아이에게는 매질을 많이 해라.

매는 이 나라의 아동교육에 가장 필요한 도구이다. 가정도 그러하고 학교도 그러하다. 이 또한 조선의 아동이 어른들에게 매우 순종적인 이유 중의 하나이나.

78 안주를 보면 맹세도 잊는다.

몇 번이나 금주를 번복하는 사람을 비웃는 말이다. 이러한 사람은 오히려 처음부터 술을 끊겠다는 맹세를 하지 않음만 못하다.

79 계禊 술로 체면 세운다.

계는 조합이다. 조합에 비치해 놓은 술을 가져다 손님에게 권하며 주인 행세하는 것을 비웃어 하는 말이다.

80 옷은 시집갈 때 같고 음식은 한가위 같으면 좋겠다.

평생 최고로 화려한 옷이니 시집갈 때의 옷을 입고 만족하지 않는 사람은 없을 것이다. 8월 15일 대보름날 밤에는 온갖 맛있는 음식을 선조에게 바치고 자신들도 먹는다. 연중 맛있는 음식이 가장 풍부한 날이다. 항상 그랬으면 좋겠다고 바라는 것도 당연하다.

81 소처럼 일하고 쥐처럼 먹어라.

이렇게 해서 돈이 남지 않는 사람은 없을 것이다.

82 가마 안에 있는 부인은 보려고 하지 마라.

무례하게 보지 말라는 가르침이다.

83 문어 눈은 작아도 자기 먹을 것은 보인다.

그렇지 않으면 눈이 있을 필요가 없다.

84 맥도 모르면서 침을 놓는다.

하지만 맥도 모르면서 약을 담고 칼을 휘두르는 것보다 낫다.

85 **나쁜 아내는 백 년百年의 적, 맛없는 된장은 일 년一年의 적.**[11]

나쁜 아내는 보통 맛없는 된장을 만드니 백일 년의 적이라 해야 할 것이다.

86 제비가 새끼를 많이 낳는 해는 풍년이다.

87 심지에 불꽃이 피면 재물이 들어온다.

88 아침에 까치가 울면 재수가 좋고 밤에 까마귀가 울면 큰 일이 일어난다.

89 봄의 첫 갑자甲子날에 비가 오면 백 리에 온통 가뭄이 든다.

90 거미가 천정에서 내려오면 손님이 온다.

91 개가 높은 곳에 올라가면 큰 비가 온다.

92 까치가 지붕 밑에 앉아 울면 귀한 손님이 온다.

---

11) 아내 나쁜 것은 백 년 원수, 된장 신 것은 일 년 원수.

93 여우가 마을을 향해 울면 마을에 초상이 난다.

94 환자 있는 집을 향해 까마귀가 울면 환자가 죽는다.

95 집이 망하려면 여자아이에게 수염이 난다.

모두 이 나라의 미신이다. 일본의 미신과 비교해 그 취향이 매우
풍부하다.

96 자랑 끝에 불 붙는다.

스스로 타다 만다.

97 여름날 하루 놀면 겨울에 열흘 굶는다.

설명할 필요 없이 뜻이 자명하다. 조선의 농부도 여름에는 제법 일
을 잘하는 것을 볼 수 있다.

98 매도 처음 맞는 놈이 이득이다.

아직 익숙하지 않아 아프게 때리지 않는다는 말이다.

99 꼬리가 길면 밟히기 쉽다.

돈이 많으면 도둑맞기 쉽다.

100 얼굴 가죽이 땅처럼 두껍다.

조선인 중에는 이런 사람이 꽤 많다.

101 굽은 지팡이는 그림자도 굽어 비친다.

설명할 필요 없이 뜻이 자명하다.

102 도둑맞는 밤에는 개도 짖지 않는다.

대개 여러 가지 일들이 모여 큰 불행이 되는 법이다.

103 우리 절의 불상은 나를 위한 불상이다.

바라는 것은 나의 행복이다.

104 십 년 걸린 공부는 고작 나무아미타불.

승려가 공부 하지 않음을 비웃는 것이다.

105 상수리나무 잎이 소나무 잎의 소리를 비웃는다.

소똥이 말똥을 비웃음을 비웃는 것이다.

106 평소의 본심은 취했을 때 나온다.

사람 마음은 어느 나라나 마찬가지이다.

107 아무리 난폭한 사람이라도 멍석을 깔고 자 여기서 해라 하면 멈춘다.

사람의 심리를 잘 표현하고 있다. 하지 말라고 하면 할수록 해보고 싶어지는 것이 사람 마음이니까.

108 웃으면서 사람을 때린다.

독살스러운 사람들은 보통 이렇다.

109 마음이 비뚤어지기가 소라 껍데기 같다.

성질이 비뚤어진 사람을 말한다.

110 일 월一月은 크고 일 월一月은 작다.[12]

천운이 순환하여 항상 성쇠가 바뀌는 것을 말하는 것이다.

111 오대산에 가서 식사 초대를 못 받으면 사흘 고민한다.

이것은 강원도 강릉부근의 속담이다. 오대산 월정사는 유명한 사찰로 강릉에서 십 리 떨어진 대관령의 험한 고개 넘어 서쪽에 있다. 강릉은 강원도 제일의 문화의 땅으로, 벼슬을 하지 않은 선비들이 학문이나 문교文敎에 관한 일을 배우고, 봄가을에는 다함께 오대산 근처의 산수를 여기저기 떠돌아다닌다. 그들이 월정사에 오면 절의 스님들은 반드시 멀리 문 밖으로 마중 나와 손님방으로 안내하고 정성어린 대접을 한다. 그래서 강릉 사람들도 당연히 월정사에 가면 이러한 대접을 받을 것이라고 생각한다. 만일 잘못하여 식사에 초대되지 않는다면 이는 예삿일이 아닌 별스러운 일이다. 그러기에 돌아가서 사흘 앓아눕게 되는 것이다. 이조 말년에 즈음하여 승려가 선비들에게 얼마나 착취당했는지 이 속담을 통해서도 상상할 수 있을 것이다. 메이지 44년(1911) 6월 조선사찰령이

---

12) 일월(一月)은 크고 이월(二月)은 작다.

내려지고 나서부터는 승려의 위상이 갑자기 향상되었고, 종교가의 자격이 법제화되어 지금은 누구 하나 절에서 밥 한 끼 먹으려는 사람이 없다. 이 속담은 전대前代 사찰의 상태를 전하는 것으로 생각하게 하는 바가 매우 많다고 하겠다.

112 전라도 사람에게는 밥상을 두 개.

전라도는 조선 8도 중 가장 인기가 없다고 한다. 표리가 뒤집혀 바뀌어 덧없으며, 자주 변하여 신의와 성실이 한 점도 없다. 입으로 말하는 마음과 속으로 생각하는 마음 두 가지가 있다. 그래서 그들에게 밥을 먹일 때는 모름지기 상을 두 개 내야 한다. 하나는 겉모습의 표면적인 그에게 먹이고, 다른 하나는 내면적인 그에게 먹이는 것이다.

113 파리 수보다 기생 수가 셋 많다.

경상남도 진주의 속담이다. 진주는 예로부터 북쪽의 평양에 맞서는 기생의 명소이다. 진주에 한 발짝만 들여 놓아도 집집마다 기생집이 아닌 데가 없다. 진주는 기생으로 유명하며 또한 쉬파리로도 유명하다. 초여름부터 늦가을까지 달콤한 향과 맛이 있는 곳에는 파리 떼가 윙윙거리며 수없이 모여들어 밝아 하얗지 않고 언제나 시커멓다. 하지만 자세히 살펴보면 파리 수 보다 기생 수가 오히려 셋 많다는 것이다.

114 주먹은 가깝고 법은 멀다.

주먹은 사람을 쉽게 굴복시키지만 주먹이 미치는 거리는 고작 수 척尺에 불과하다. 그러나 법률은 천리만리를 간다. 국권이 미치지 못하는 곳, 이르지 못하는 곳이 없다. 힘이 센 사람보다 권력이 센 사람을 두려워해야 함을 이르는 말이다.

115 말이 태어나면 시골로 보내고 아이가 태어나면 공자의 문 하로 보내라.

각자 재주를 키우게 하라는 것이다.

116 눈이 아무리 밝아도 자기 코는 안 보이며 힘이 아무리 세 도 자기 몸을 움직이기는 어렵다.

유심론적 사회관이라고 할 만하다.

117 황해도 입납入納.

입납이란 조선에서 편지봉투를 쓰는 서식이다. 그렇기는 하나 무슨 리 몇 번지 아무개 입납이라고 적어야만 도착될 것이다. 그저 황해도 입납이라고만 써서는 편지가 우주를 헤맬 것이다. 어떤 일이 아주 조악함을 형용하는데 쓰인다.

118 불 난 집에서부터 불이야 라고 외친다.

설명할 필요 없이 뜻이 자명하다.

119 혼인 시에 똥 싸라.

어울리지 않는 일을 대조한 것이다.

120 개도 제 털을 아낀다.

121 개도 길러준 은혜를 안다.

122 구렁이도 제 몸을 자랑한다.
모두 설명할 필요 없이 뜻이 자명하다.

123 귀가 보물.
여러 가지 것들을 듣고 배우기 때문이다. 같은 의미의 속담은 이 외에도 있다.

124 서둘러 먹은 밥은 목에 걸린다.
급하게 이루어진 일은 무너지기 쉬움을 말하는 것이다.

125 기러기는 백 년을 산다.
기러기는 조선의 혼인에서 혼수로 사용된다. 예로부터 기러기를 잡 지도 않고 먹지도 않는다.

126 하늘을 나는 새에게는 여기 앉아라 저기 앉아라 할 수 없다.
갈매기는 광활한 바다를 가벼이 여기지 않는다. 뜻이 높고 세속에 물들지 않은 사람은 스스로 마땅히 깊은 숲 속에 있어야 할 것이다.

127 네 병이 낫든 안 낫든 내 약값.

의사는 이 속담이 있어서 생계를 꾸려나갈 수 있는 것이다.

128 염불 못하는 중이 아궁이에 불 지핀다.

129 염불은 마음에 없고 먹을 밥에 마음이 있다.

130 노는 입에 염불.

모두 염불승을 비웃는 말이다. 조선의 승려는 좌선坐禪, 간경看經, 염불 등 세 가지가 있다. 염불업을 최하로 여긴다. 좌선할 끈기력이 없고 불경을 읽을 지식이 없는 사람들이 이것을 배운다. 하루에 일만 편 내지 삼만 편, 새벽부터 밤까지 걸린다. 이리하여 겨우 겨우 절에서 밥을 먹게 된다. 말하자면 허울 좋은 거지승이다. 세 가지 속담이 있는 것도 당연하다.

131 눈치 빠른 놈은 절에 가서도 조기젓을 얻어먹는다.

참조기는 석수어石首魚를 말한다. 조선에서는 이것을 소금에 절여 김칫독 안에 넣어 젓갈로 만든다. 절에서는 파, 마늘 등의 냄새나는 채소를 금하므로 조기젓이 있을 리 없다. 하지만 가끔 있는 경우가 있다. 눈치 빠른 사람은 승려의 낌새로 이 절에 조기젓이 있음을 간파하여 교묘히 이를 내놓게 한다.

132 넘어질 곳을 보고 씨름하러 나간다.

조선의 시골에서도 씨름이 매우 성행한다. 씨름꾼은 먼저 한쪽 무릎을 땅에 대고 앉아 서로 샅바를 잡고 기합을 넣으며 일어서서 씨름을 한다. 능숙한 사람은 나름대로 수단이 좋아 종종 힘 센 사람을 쓰러뜨린다. 그러나 씨름판이라고 해도 일본처럼 넘어져도 아프지 않게 만들어져 있지 않다. 강변이고 나무 그늘이고 장소를 가리지 않고 연다. 그래서 씨름을 하려고 하는 사람은 먼저 넘어질 때 아플지 안 아플지를 파악한 후에 나가지 않으면 안 된다.

133 닭이 천 마리 있으면 반드시 봉황이 한 마리 있다.

다섯 명의 남자 아이가 있으면 한 명은 훌륭한 인물이다.

134 돼지는 자기 차례에 물을 끓이라고 한다.

손님이 찾아와서 한 농부가 개를 잡아 대접하려 하자 개는 평소에 자기는 밤에도 잠을 자지 않고 집을 지키는데 도살하려 하는 것은 무정하다고 한다. 그러자 이번에는 닭을 잡으려고 한다. 닭이 말하기를 나는 항상 시간마다 울어서 시간을 알려주는데 죽이려고 하는 것은 잔혹하다고 한다. 그랬더니 이번에는 소를 잡으려 한다. 소 역시 말하기를 나는 무거운 짐을 짊어지고 전답을 갈고 주인을 위해 일하느라 쉴 겨를도 없는데 어째서 죽이려 하느냐고 한다. 주인은 하는 수 없이 돼지를 골랐는데 돼지는 자기 순서가 되었지만 해명할 만한 것이 없어서 자진해서 물을 끓이라고 한다. 돼지를 잡을 때에는 끓는 물로 씻는다. 세상에 능력이 없는 자가 파면당할 때는 돼지와 같다.

135 아버지를 능가하는 자식은 없는 법이다.

이래서는 인류가 진보하지 못할 것이다. 그러나 이렇게 생각하면 부모는 더욱 신성하다.

136 내 살을 꼬집어 보고 남의 아픔을 안다.

동정의 원리가 여기에 있다.

137 벼룩의 간을 내먹다.

거지의 밥을 뺏는 것과 같은 류의 일을 말한다.

138 야반도주하는 사람의 보따리는 크다.

욕심 때문에 달아나는 놈이니 가져갈 수 있는 만큼 가져가는 것이다.

139 간에 가 붙었다 쓸개에 가 붙었다 한다.

아침에는 정우회政友會[13)에 갔다가 저녁에는 동지회同志會[14)로 향하는 것을 말한다.

140 손이 발이 되도록 빌며 부탁한다.

손도 수없이 비벼대면 발처럼 벌어지려나.

---

13) 메이지 후기~쇼와 초기의 대표적 정당. 1900년 이토 히로부미가 초대 총재로서 자유당 후신인 헌정당(憲政党)이 중심이 되어 만들었다.

14) 입헌 동지회(立憲同志会)를 말한다. 1913년에 창립되어 1916년에 헌정회로 발전하였으며, 정우회와 쌍벽을 이루던 정당이다.

141 가난한 집에 제사가 온 듯하다.

제사는 조선의 중요한 의식이기 때문에 손님이 오는 경우가 많다. 가난한 집에서 어떻게 이를 대접하겠는가. 괴로움의 극치를 말하는 것이다.

142 호랑이 이야기를 하면 호랑이가 온다.

남의 말을 하면 (그 사람이)그림자가 비친다.[15]

143 낫 놓고 기억 자를 모른다.

ㄱ은 언문의 자음 중의 하나. 말하자면 이로하(いろは)의 이(い)자라고 하는 것과 같다. 낫의 형태는 ㄱ과 비슷하다. 형태를 닮은 낫을 가지고도 ㄱ자를 모른다. 농부의 무식함을 들어 이야기 하는 것이다.

144 오라는 곳은 없어도 갈 곳은 많다.

여기저기서 초대받는 사람은 오히려 자주 나가지 않는 법이다.

145 비상을 먹고 죽으려고 해도 살 돈이 없다.

세상에 가난만큼 비참한 것이 있으랴.

146 장사지내러 온 사람이 시체를 잊어버리고 두고 갔다.

어리석음을 예로 들어 훈계한 것이다.

---

[15] '호랑이도 제 말하면 온다'에 해당하는 일본 속담이다.

147 정이 애절하면 피부와 살을 깎아 먹이고 싶어진다.

설명할 필요 없이 뜻이 자명하다.

148 키운 사위.

이 사위는 두 배나 예쁠 것이다.

149 개가 정월 보름을 만난 듯하다.

조선의 미신으로 정월 보름에는 개에게 하루 종일 먹이를 주지 않는다.

150 비단 한 필을 하루에 짜려고 하지 말고 가족을 하나 줄여라.

151 열 명이 버는 것보다 가족 하나를 줄여라.

이 나라의 소극적인 경제관념을 보아야 할 것이다. 그러나 이는 옛날 양반 대가에 노비, 친척과 같이 기식하는 사람들이 지나치게 많았던 데서 유래한 것이리라.

152 옷 입은 거지는 얻는 것이 있어도 벌거벗은 거지는 얻는 것이 없다.

묘한 말이다. 옷차림이 사람의 가치에 미치는 영향이 큼을 알 수 있을 것이다.

153 군수도 만나고 시혜금도 받고.

시골 사람이 군수를 만날 때는 비위를 맞추는데 그것은 돈을 받기 위해서이다.

154 약방에 감초가 빠지는 일이 없다.

자기가 따돌림을 받아서는 안 됨을 말할 때 사용한다.

155 닭 잡아먹고 오리발 내보인다.

남의 닭을 잡아먹고 비난을 받자 이를 부인하면서 먹은 것은 오리라며 준비해 두었던 오리발을 꺼내 보인다는 말이다.

156 절에 간 새색시.

새색시는 보통 세상물정을 잘 모르기 마련이다. 절에 와서는 더욱 사정을 모른다. 만사 주지승이 하라는 대로 행할 수밖에 없다. 남이 하라는 대로 하는 것을 형용하여 이르는 말이다.

157 물을 부어도 새지 않는다.

확실하고 빈틈없는 일에 사용한다.

158 도끼 잃고 도끼 얻었다.

잃어버린 것도 얻은 것도 마찬가지로 도끼이다. 내게 해 될 것이 없다.

159 꿩 먹은 자리.

꿩을 먹을 때는 깃털과 내장을 빼고 모두 먹어치우는 법이다. 그래서 꿩을 먹고 난 자리에는 아무것도 남지 않는다.

160 기둥을 치면 벽이 울린다.

세상사가 생각지 않은 곳에 영향을 미치는 것을 말한다.

161 계 타고 집 판다.

오랜 동안 부어온 계를 타면 집도 경제적으로 나아져야 하는데 반대로 이를 계기로 술맛을 배워 결국 곗돈뿐만 아니라 집까지 팔아먹고 마는 사람이 적지 않다.

162 안벽 치고 밭벽 친다.

이쪽저쪽을 돌며 저쪽 일을 이쪽에 나쁘게 전하고 이쪽 일을 저쪽에 나쁘게 말하여 결국 자기파멸을 부른다. 소인의 어리석음이 이를 데 없음을 말하는 것이다.

163 주인 모르는 공사公事 없다.

손님이 많이 모여 있을 때 무슨 일이든지 주인공이 먼저라고 하여 주인공을 앞세우는 것을 말한다.

164 오늘은 충청도 내일은 경상도.16)

16) 금일 충청도 명일 경상도.

일정한 주소가 없이 사방을 떠돌아다니는 방랑자.

165 둘러보니 절터.

절이 있었던 자리는 어디나 마찬가지로 아무것도 없다. 무언가 있으면 모두들 가져가기 때문이다. 그래서 삭막하고 아무것도 없는 곳을 말한다.

166 가족이 가장의 미간만 보고 있다.

미간은 안면에서 가장 감정이 잘 드러나는 곳이다. 집에 있는 사람들이 가장의 미간 근육의 움직임에 일희일우하는 것도 당연하다.

167 칠순에 비로소 참봉이 되었는데 임금님 행차가 한 달에 스물아홉 번.

참봉은 왕가의 묘지기이다. 최고 한직이다. 어떤 사람이 오랫동안 관직에 오르지 못하다가 70세에 이르러 겨우 참봉이 되었다. 한직이라 마침 잘되었다고 기뻐하고 있었는데, 그가 참봉이 된 이후로는 국왕이 빈번히 묘를 참배하여 한 달에 스물아홉 번에 달할 정도로 많아서 늙은 참봉은 마음 놓고 잘 시간조차 없다. 운이 나쁜 사람은 끝까지 운이 없음을 말하는 것이다.

168 열병에 까마귀 소리.

금물임을 말하는 것이다.

169 눈 먹는 토끼도 있고 얼음 먹는 토끼도 있다.

사람은 저마다 잘하고 못하는 것이 있으며 좋아하고 싫어하는 것이 있음을 말한다.

170 만 냥의 돈도 무엇 하랴.

도박에서 나온 속담이다. 일시적으로 만 냥을 벌어 무엇 하랴. 다시 남에게 빼앗길 것이라는 말이다.

171 오와 칠에 맞은 놈은 아내마저 잃는다.

이것도 도박에서 유래한 속담이다. 조선 고유의 도박은 주사위 눈과 마찬가지로 패에 써 있는 점수로 승패를 정한다. 패는 세 번 뽑는다. 점수는 9점, 19점, 29점과 같이 9점이 붙으면 최고로 치고 나머지는 썩은 것으로 지게 된다. 하지만 어떤 사람이 5와 7을 뽑고, 다시 또 뽑는데, 만일 7을 뽑으면 19점이 되어 최고의 길흉이지만 이런 일은 만만치 않다. 대부분은 8이나 9 같은 것을 뽑아 대패한다. 대패했다는 말을 들으면 아내조차 정떨어져 도망갈 것이다. 금전을 모두 잃을 뿐만 아니라 아내마저 잃는다는 말이다.

172 옛 법을 고치지도 말고 새로운 법을 내지도 말라.

그저 해 오던 대로 나라를 다스리라는 것이다. 조선인의 보수적 성질을 말한다. 위정자가 참고할 만하다.

173 값도 모르고 쌀가마니를 꺼내 쌀을 판다.

설명할 필요 없이 뜻이 자명하다.

174 거지가 싸움을 하면 서로 자루를 빼앗는다.[17]
그 밖에 소지품이 없어서이다.

175 죽은 고양이가 야옹 하면 살아 있는 고양이는 말을 못 한다.
말을 하지 말아야 할 사람이 말을 하면 말해야 할 사람은 기가 막혀서 말 못함을 이르는 말이다.

176 광무光武 2년이 있어야지.
광무 2년은 이태왕 만년의 연호이다. 이 해에 5전짜리 백동전을 활발히 주조해서 시장에 유통되는 화폐는 대개 광무 2년에 만든 것이다. 그래서 돈을 광무 2년이라고 부르게 되었다. 세상에는 돈이 있어야 할 수 있는 일도 있다는 것이다. 아주 재미있는 속담이라고 할 것이다.

177 어제 그제가 옛날이다.
시간의 흐름을 끝까지 따져 보면 여기에 귀결될 것이다.

178 실행하는 자는 못 당한다.
잔소리를 두려워해서는 출세하지 못한다. 오로지 행동하고 전진해야 한다.

---

17) 거지끼리 자루 찢는다.

179 네 것은 내 것, 내 것은 내 것.

원래 흥부전의 형 놀부의 말에서 나왔다. 무법자의 형용이다.

180 한 냥 어치 기도를 하고 백 냥짜리 쟁을 부순다.

무당이나 중이 한 냥 정도의 싼 기도를 맡아 놓고 너무 두들겨서
중요한 쟁을 두들겨 부순 것이다.

181 초승달은 주의 깊은 며느리가 본다.[18]

초승달이 하늘에 나타나는 것은 저녁때 잠시이다. 주의 깊은 부인
이 아니고서는 그냥 못 보고 놓칠 것이다.

182 땅이 갈라져 소나무 뿌리가 걱정된다.

옛날의 잘못이 드러날 것을 두려워하는 것이다.

183 수박을 껍질 위로 핥는다.[19]

속에 단맛이 있는 것을 모르는 어리석은 사람이다.

184 떡 줄 사람이 있는 지 없는 지 생각지도 않고 먼저 김칫국을 마신다.

떡을 먹을 때 김칫국을 먹는 것이 보통이다. 시집 갈 데도 없는데
신부 화장을 하고 좋아하는 것과 같은 이치인가.

---

[18] 초사흘 달은 잰 며느리가 본다.

[19] 수박 겉핥기

185 죽 한 숟가락 뜬 흔적.

흔적 없음을 말하는 것이다. 밥은 한 숟가락 뜨면 흔적이 남지만.

186 길 떠날 차비를 해주면서 하룻밤 더 묵으라 한다.

사람 마음은 표리하고 세상사는 모순이 많음을 말하는 것이다.

187 검을 입에 물고 뛰어내린다.

생사를 한 번에 정하는 밑바닥 인간의 최후를 형용한 말이다.

188 열 사람이 말을 해도 듣는 사람 마음.

도리道理와 정의正義는 저절로 결정된다. 많은 사람의 힘도 듣는 사람을 굴복시킬 수는 없는 것이다.

189 토지신土地神에게 주고 가신家神에게 주고.

원래 많지도 않은 것을 여기저기 이 사람 저 사람 나누어서 남는 것이 없음을 말한다.

190 손발이 닳도록 벌어먹다.

근면하게 열심히 일하는 사람의 형용이다.

191 손 뗀 지 삼 년 지났다.[20]

가마솥을 철거하고 집을 옮길 준비를 한 지 삼 년을 경과한 것이

---

20) 솥 떼어 놓고 삼 년 만에 이사한다.

다. 이래서는 집안의 여자들이 얼마나 고생했을까. 우유부단하여 결정하지 못함을 형용한 것이다.

192 외손자를 안느니 절굿공이를 안는 것이 낫다.[21]

외손자는 나와 아무런 혈연이 없는 존재이다. 이것을 안아주어도 정이 날 리가 없다. 헛수고에 지나지 않는다.

193 안방에 가면 시어머니 말이 옳다고 하고 부엌에 가면 며느리 말이 옳다고 한다.

시어머니는 안방에 앉아서 며느리에게 부엌일을 시키는 것이 조선의 풍속이다. 여종의 입장에서는 이 속담과 같이 할 수밖에 없다. 실로 조선 안방의 목소리가 담긴 한 폭의 그림이라 할 만하다.

194 본처와 첩 싸움에는 부처님도 등을 돌린다.

세상에 이보다 추한 것이 없어서이다.

195 물건 나르는 인부 사이에 섞여 각기병 다리도 간다.

군중이 나아가는 힘에 이끌려 나도 모르게 발이 옮겨지는 것이다. 나 혼자라면 한 발자국도 나아갈 수 없음에도 불구하고 말이다. 세상 군중심리의 이치를 설명하는 것이다.

196 한집에서 하인의 성을 모른다.

---

21) 외손자를 귀애하느니 방앗공이를 귀애하지.

사람들이 비근한 일을 오히려 간과함을 말하는 것이다.

197 다듬잇방망이로 소를 몬다.[22]

소를 몰려면 채찍이나 나뭇가지가 적합할 것이다. 아무리 급하다 해도 다듬잇방망이는 너무 우습다.

198 친척이 저주를 한다.

친해야 할 친척 간에 오히려 화근을 만들어 냄을 이른다.

199 까치 배같이 희다.[23]

까치 배는 희지만 약간 하얀 것뿐이다. 일을 과장하는 사람을 비유한 것이다.

200 젓가락으로 김칫국을 집어 먹을 놈.

사람이 우둔해서 일의 효과나 실적을 올리지 못함을 비유하여 이르는 말이다.

201 장질부사에 걸리거나 보리죽을 먹는 게 도리어 낫다.

장질부사는 나쁜 질병이고 보리죽은 조악한 음식이다. 양쪽 다 좋지 못하다. 그러나 도저히 참고 들을 수 없는 나쁜 소리를 듣는 것보다 차라리 낫다.

---

22) 홍두깨로 소를 몬다.

23) 희기가 까치 뱃바닥 같다.

202 석불이 살찌고 마르는 것은 석수장이 손에 달려있다.

집권자가 사람의 운명을 지배함을 이르는 말이다.

203 앞 못 보는 구렁이가 계란을 소중히 품는다.

눈이 보이지 않아 대단한 보물로라도 생각되는 것이리라. 세상에
서는 소중히 여기지 않는 물건을 나 혼자 애지중지하는 것을 비유
하여 이르는 말이다.

204 밥 남겨 주는 양반은 강을 두고도 안다.

인물의 후박함은 언뜻 보고도 이를 알 수 있다는 말이다.

205 굿 뒤에 날장구 친다.

일이 끝난 다음에 쓸데없는 행동을 하고 나서는 것을 말한다.

206 연안延安 남대지南大池를 팔아 먹을 놈이다.

연안군의 남대지는 국유지이다. 욕심이 끝이 없어 국유지까지 훔
쳐 파는 자를 말하는 것이다.

207 병조兵曹의 간리적발.

원래 한국(대한제국을 말함 — 역자)시대의 병조는 사람들의 난잡한
죄상을 적발하는데 가장 엄격했다. 조사가 엄하고 혹독하며 가차
없음을 비유한 말이다.

208 벙어리 발등 앓는 소리냐.

노랫소리나 글 읽는 소리 등이 아주 듣기 싫음을 조소하여 말할 때
사용한다.

209 벙어리가 증서를 갖고 있는 듯하다.

확실한 증서이기 때문에 나라 안의 누구에게나 공공연히 주장할
권리가 있는 것이다. 벙어리의 슬픔은 이것을 말하지 못하는 것이
다. 그래서 정당하게 주장할 만한 사건에 입을 열지 못함을 비유하
여 이르는 말이다.

210 쥐구멍에 홍살문 세우겠다.

홍살문이란 한국(대한제국을 말함 – 역자)시대에 효자, 충신, 열녀 등
을 표창하여 하사하는 붉은색 문이다. 혹은 왕릉에 세운 붉은색 칠
을 한 문을 말한다. 따라서 아주 큰 문이다. 쥐구멍은 아주 작다.
아주 큰 것을 아주 작은 곳에 세우려고 한다. 경영이 아주 적합하
지 않음을 말하는 것이다.

211 음탕한 짓을 할 것 같은 여자는 고개를 넘어 가지만 과묵 하고 얌전한 여자는 골짜기 속을 남자와 함께 숨죽여서 간다.

소리 없는 벌레가 벽 뚫는다.

212 처와 첩 싸움에 요강장수.

처첩이 아무리 서로 싸우더라도 요강장수가 관여할 필요는 없을 터. 관계없는 사람의 쓸데없는 간섭을 말하는 것이다.

213 웃을 일에서 장례식이 나온다.

우스개 소리, 실없는 농지거리도 진심으로 해서는 안 됨을 말하는 것이다.

214 메고 나가면 장례식 상여, 들고 나가면 제등.

신세가 영락하여 어떤 천한 직업도 마다하지 않음을 이른다.

215 누덕누덕 기워도 기품 있는 비단 옷.24)

찢어져도 비단. 양반집 부인이 가난해서 남루를 걸쳐도 역시 잊지 않는 기품이 있음을 말한다.

216 썩어도 준치 상해도 꿩.25)

설명할 필요 없이 뜻이 자명하다.

217 냉수 먹고 이 쑤시기.

218 마른 생선 찢고 손 빨기.

그럴 것 까지 없는 일에 과장되게 행동함을 말한다.

---

24) 누더기라도 비단옷.
25) 물어도 준치 썩어도 생치.

219 치마폭이 열 두 척.

나서기를 잘 하는 여자를 말한다. 실제로 치마폭이 넓어서 앉는데 자리를 많이 차지하여 자연히 다른 사람이 앉을 자리까지 차지하게 된 것이다.

220 부윤府尹[26]보다 속관屬官[27]이 시끄럽다.

옛날에 한국(대한제국을 말함 – 역자)시대 한성부의 랑郎(급제자의 초임관으로 지금의 시보試補라든가 속관屬官 등에 해당한다)이 대체로 아주 까다로워서 백성은 부윤보다도 두려워했다.

221 동상전東床廛에 들어가나.

남이 실실 웃고 있음을 야유할 때 사용한다. 동상전은 경성 종로에 있는 가게 중의 하나이다. 옛날에 여기에서 뿔로 만든 음경陰莖도 팔았다. 이것을 사러 오는 사람은 드러내 놓고 그거라고 말 못하여 그저 실실 웃을 뿐이다. 가게 사람은 이를 보고 이심전심으로 알아서 조심스레 꺼내 온다. 그래서 이 속담이 생긴 것이다.

222 귀가 도자전刀子廛.

도자전도 마찬가지로 종로에 있는 가게 중의 하나로, 여기에는 주옥금은의 보석을 판다. 따라서 귀가 사람에게 소중한 보물임을 말하는 것이다. 앞에서 나온 '귀가 보물'과 같은 의미이다.

---

[26] 한 부(府)의 행정 사무를 맡아보던 으뜸 벼슬.

[27] 속관(屬官)은 장관에게 속해 있는 관원, 일제시대에 각 관청의 판임의 문관.

223 장래를 기대하며 심은 나무는 한층 뿌리를 잘 내린다.

설명할 필요 없이 뜻이 자명하다.

224 우물에 똥을 누어도 언젠가 다시 그 물을 마실 때가 있다.

두 번 다시 얼굴도 보고 싶지 않은 사람에게라도 행여 언제 어떤 인연으로도 의지할 일은 없다고 말해서는 안 된다. 사람에게는 늘 인정이 있어야하고 세상을 살아가는데 언제나 사람의 도리에 어긋나지 말아야 함을 말한다.

225 가을에 친아버지 제사 못 지내는 놈이 봄에 의붓아버지 제사 지내랴.

넉넉할 때에 큰 예를 다하지 못하는 사람은 틀림없이 부족할 때에도 작은 예를 행하지 못함을 이른다.

226 한솥밥을 먹고 소송을 한다.

인심이 험악함을 든 것이다.

227 떡 방앗간 소리만 들어도 김칫국 찾는다.[28]

성급하게 굴어서 얻지 못하는 어리석음을 비웃는 것이다.

228 뾰족한 이가 둥글어진다.

사람이 분하고 원통함을 참고 이를 간 것이 오래 되었기 때문이다.

---

[28] 앞집 떡 치는 소리 듣고 김칫국부터 마신다.

오랫동안 쌓이고 쌓인 원망이 풀리지 않음을 말한다.

229 남의 빚보증 서는 자식은 낳지도 마라.

남자아이를 얻고자 하는 것은 온 조선의 숙원이다. 그러나 이러한
아이는 태어나지 않기를 바란다는 말이다. 사람 마음은 어디나 마
찬가지임을 알 수 있다.

230 남을 때린 놈은 발을 오그리고 자지만 남에게 얻어맞은 놈은 발 뻗고 잔다.

발을 뻗고 자는 것은 편하게 마음 놓고 있어 걱정이 없는 것이다.
발을 오그리고 자는 것은 언제 도망갈지를 모르기 때문에 그 준비
로 잘 달아날 수 있게 하고 있는 것이다. 남을 때리는 사람은 한 때
승리를 거두어 좋을지 몰라도 이후 오래도록 마음이 괴로움을 말
하는 것이다.

231 문을 바로 세운 집은 오래 가도 입이 너무 바른 집은 오래 가지 않는다.

곧고 이치에 맞는 말을 하는 사람은 원한을 부르기 쉬움을 말하는
것이다.

232 구리지 않은 뒷간이 있나.

과실 없는 사람은 없다.

233 솥은 부엌에 두고 절구는 헛간에 두어라.

너무 당연하고 뻔한 일을 잘난 체하며 지휘 명령하는 일의 우스움을 말하는 것이다.

234 걸어온 주제에 사람만 보면 타고 가자고 한다.

불쌍한 인간이여, 허영은 너의 부속물이다.

235 순산했으니 어쨌든 축하한다.

딸 낳은 집을 위로하는 말이다. 여자아이는 손해라고 생각하는 것이다.

236 날씨가 좋아서 결혼하기에 좋았다.

혼인 시에 비바람이 불면 흉한 것으로 여긴다.

237 처삼촌의 성묘, 양자를 위한 기도.

하는 일이 마음에 내키지 않음을 비유하여 이르는 말이다.

238 송곳도 끝부터 들어간다.

노소장유老少長幼가 함께 한 자리에서 음식물을 배분할 때에 먼저 나이 많은 쪽부터 함을 이르는 말이다.

239 쟁반이 쓰레기통같이 깊고 길다고 우긴다.²⁹⁾

---

29) 쟁반이 광주리같이 길고 깊다고 우긴다.

고집을 부리는 사람을 형용한 것이다.

240 네 장 뽑아든다.

조선의 도박은 각각 두 장이나 세 장을 뽑는 것으로 세 장을 최고로 한다. 교활한 사람은 몰래 네 장을 뽑아 들고 모른 체 시치미를 뗀다.

241 고추를 통째로 삼킨다.

어리석음을 비웃는 말이다.

242 콩 볶아 먹고 냄비 깬다.

작은 이익을 위해 큰 손해를 부름을 이른다.

243 굿하러 간 엄마를 기다리는 아이 같다.

제물로 드린 과자와 떡 선물이 있을 것이기 때문이다. 직장인이 연말상여금을 기다리는 것과 비슷하다.

244 주먹질 당한 탕건宕巾 같다.

탕건은 말총으로 엮어 만든 두건이다. 한번 주먹질을 당하면 찌그러져서 볼품없다. 활달한 사람이 윗사람에게 질책을 당해 금방 무안하고 의기소침해짐을 비유하여 이른다.

245 간장독보다 간장 맛이 좋다.

군자가 보잘것없는 곳에 은거함에도 비유한다.

246 얻은 떡이 한 두레박 반.

물 긷는 사람은 경사가 있는 날에 단골집을 돌아 떡을 받아 간다.
한 쪽씩 얻은 것이 모여 한 두레박 반에 이른 것이다.

247 개밥에 도토리.

개는 도토리를 먹지 않는다. 한 알 한 조각도 남기지 않는 개 밥그
릇에도 이것만은 남는다. 먹을래야 먹을 수 없는 것이다. 재간이
없는 사람을 쓸래야 쓸데없음을 비유한 것이다.

248 세력 있을 때 인심을 손에 쥐어라.

설명할 필요 없이 뜻이 자명하다.

249 배운 도둑 같다.

한 때의 일시적인 마음에서 도둑질을 한 도둑이 개심하는 일은 있
어도 오래도록 학습된 도둑은 개심할 희망이 없다.

250 열 고을에서 이름난 음란녀가 한 고을에서 주부가 되었다.

크게 뉘우쳐 깨달음을 말하는 것이다.

251 콧구멍이 두 개 있는 것이 다행이다.

울분에 차 있을 때 하늘을 올려다보며 콧구멍으로 심호흡을 하면

마음이 다소 안정되는 것을 느낀다. 이럴 때 정말로 콧구멍이 두 개 있음을 감사한다.

252 담배씨로 바가지를 만든다.

이 미세한 것으로 용케도 바가지를 만든다. 그 사람의 꼼꼼함을 알 것이다.

253 매 한번 안 맞고 모두 자백한다.

설명할 필요 없이 뜻이 자명하다.

254 장님의 월급을 빌려 쓴다.

장님은 세상에서 가장 수입이 적은 사람이다. 하지만 사람이 궁해 지면 장님의 돈까지 빌리기에 이른다.

255 도둑질에도 마음 맞는 짝이 필요하다.

세상 모든 일에 협력자가 필요함을 말하는 것이다.

256 제 발등의 불을 끄고 나서 아버지 발등의 불을 끈다.

사람 마음이 자기를 구하는데 가장 급급함을 말하는 것이다.

257 돌을 들이 올리면 얼굴이 붉어진다.

노력은 자연히 겉으로 나타나기 마련이라는 것이다. 따라서 세상 에 아무런 노력 없이 대가를 바라는 사람을 훈계하는 것이다.

258 이불 속에서 팔을 휘두른다.

조괄趙括[30]의 병법. 이렇게 강한 체 하는 사람은 유사시에 두려워하고 겁내는 것이 예사이다.

259 물에 빠져도 뜨는 것은 지갑뿐이다.

지갑 속에 돈이 많이 들어 있다면 뜰 리 없다. 이 사람의 돈이 말라서 없음을 생각해야 할 것이다

260 새끼 게는 태어나자마자 가위로 자른다.

본능의 묘함을 말하는 것이다.

261 뺨을 맞아도 은가락지 낀 손으로 맞는 것이 좋다.

조선은 가난하여 도저히 세간으로 금을 사용하지 못한다. 예로부터 오로지 은을 사용한다. 은방銀房이라고 해서 은제 장식품 전문 제조업자가 나온 연유이다. 이 속담은 질책을 당하거나 복종당할 때도 높은 사람이어야 함을 말하는 것이다. 실로 이 세상에는 지위 높은 사람에게 꾸짖음을 당하는 것을 오히려 명예로 생각하는 사람이 적지 않다.

262 죽는 것은 슬프지 않지만 아픈 것이 슬프다.

실로 미묘한 인정에 관한 것이다. 죽음이란 인간으로서 꼭 한 번은

---

[30] 중국 전국시대 조나라의 명장 조사(趙奢)의 아들로 대장의 아들답게 어려서부터 수많은 병법서를 읽어 병법에 능통했다. 그러나 이론에만 밝을 뿐 실제적인 지식은 없어서 진나라와의 싸움에서 참패하여 전사했다.

피할 수 없는 일에 속한다. 오로지 두려운 것은 임종시의 큰 병에 대한 고통이다.

263 동쪽이 훤해지면 세상이 시작된다고 생각한다.

밤이 되면 세상이 끝난다고 생각할 것이다. 산골의 범부, 전원의 농부가 세상사에 전혀 관여하지 않는 마음을 말하는 것이다.

264 쓰러져 가는 나무를 아주 쓰러뜨린다.

우승열패優勝劣敗의 이치이다.

265 잘 돌지 않는 물레 소리만 시끄럽다.

실속 없이 명성만 헛되이 높은 경우 등을 비유한 것이다.

266 아내가 귀여우면 처갓집 말뚝 보고도 절한다.

설명할 필요 없이 뜻이 자명하다.

267 곰보 얼굴에 지혜가 숨겨 있다.

외모로 사람을 보지 말라는 말이다.

268 같은 날 같은 시간에 태어난 손가락도 길고 짧은 것이 있다.

269 같은 배에서 나온 아이도 가지가지다.

두 속담 모두 같은 의미이다.

270 한 남편의 처첩은 여러 명 있어도 소출은 한줄기.

처첩들도 자연히 남편의 성격을 닮아 서로 비슷하게 된 것이다.

271 떡을 떡같이 못 먹고 찹쌀 한 가마니 버렸다.

어떤 일에 상당한 결과를 얻지 못하고 비용만 많이 든 것을 비유한 것이다.

272 헌 짚신도 짝이 있다.31)

깨진 냄비에도 뚜껑.

273 바늘 가는데 실 간다.

원인과 결과의 관계를 말하는 것이다.

274 종갓집 망하고 향로와 촛대가 남았다.

모두 제구이다. 조선의 풍속에 신세를 망쳐도 선조의 사당에 쓰는 제구는 팔지 않는다. 그래서 그 제구를 보고 가문을 알 수 있다.

275 제 손으로 제 뺨치기.

스스로 화를 자초함을 비유하여 이르는 말이다.

---

31) 짚신도 제짝이 있다.

276 다 된 죽에 코 빠트린다.

바야흐로 잘 되어 가는 일에 뜻밖에 방해하는 일이 생김을 말하는 것이다.

277 쌀뜨물 마시고 취한 척 한다.

거짓 꾸밈의 추함을 비웃는 것이다.

278 제주마의 갈기는 왼쪽으로 휘냐 오른쪽으로 휘냐.

하찮은 일의 앞날을 헤아릴 필요가 없음을 말한다. 제주도의 말은 산과 들에 방목하기 때문에 갈기도 그냥 되는 대로 놔둔다고 한다.

279 문짝을 거꾸로 세우고 화공을 나무란다.

조선에서는 대개 문에 각종 그림을 붙여 막는다. 화공은 제대로 그렸는데 주인이 문을 거꾸로 세운 것이다. 사람 마음이 남의 잘못을 지적하기는 잘해도 자신의 잘못을 반성하지 않음을 비웃는 말이다.

280 쥐구멍에도 볕 들 날 있다.

몹시 불우한 사람도 좋은 날이 온다는 말이다.

281 굿 구경 하려면 떡을 던질 때까지.

보통 굿이 끝나고 신에게 바쳤던 떡을 뿌린다. 세상사 일단 시작하면 끝날 때까지 잘 참고 견뎌야 함을 말하는 것이다.

282 주인 잃은 개 지리산 보듯 하다.

고려 말의 속담이라고도 한다. 개가 허망하게 산을 바라다보며 주인이 돌아오기를 기다리는 것을 사람이 헛되이 희망이 없는 일을 바라고, 하는 일 없이 기다리고 있음에 비유한 말이다.

283 첫날밤에 속곳 벗어 메고 신방에 들어간다.

일을 순서대로 하지 않고 결례를 하는 것을 말한다.

284 인왕산을 모르는 호랑이 있나.

조선내의 호랑이는 반드시 한 번은 경성 서북쪽의 진산 인왕산을 유람한다고 전해진다. 이 속담은 스스로를 높여 인왕산에 비교하고 이에 대해 말하는 사람을 호랑이에 비유해 "자네 나 모르는가"라고 말하며 웃는다. 이와 같은 의미로 평양에서는 '보통문 모르는 박쥐 있나'라고 한다. 보통문은 평양문이다.

285 목구멍 막힌 개가 쌀겨 탐내 듯하다.

아무리 쌀겨를 먹으려고 해도 꿀꺽 삼켜 넘기지 못한다. 어떤 일을 하다 말고 또 다른 일을 하려고 하는 사람의 어리석음을 비웃는 말이다

286 부처 위해 법사를 행하나.[32]

그렇지 않다. 자기가 원하는 것이 있어서이다. 뇌물을 보내는 사람

---

[32] 부처 위해 불공드리나.

도 역시 이와 같다.

287 떡 찐 물로 속곳 삶는다.

폐물이용의 극치를 말한다.

288 소고기 죽을 끓이는 냄비에 달걀을 찌나.

쪄서는 안 되는 것이다. 그런데 한 시골 사람이 이것을 아이에게 가르쳤는데 아이는 듣고 가서 따라했다고 한다. 그래서 이 속담은 사람을 훈계할 때 여러 가지 나쁜 예를 인용하면 오히려 나쁜 수단, 방법을 가르치는 경우가 있음을 주의하는 것이다.

289 참새 잡아 대접할 놈을 소 잡아 대접한다.

절약을 모르는 접대를 경계한 것이다.

290 호미로 막을 것을 가래로 막는다.

앞 속담과 거의 같다.

291 돈만 있으면 처녀 불알도 산다.

금전만능을 말하는 것이다

292 돈이 제갈량諸葛亮.

묘하고 매정한 말이다. 제갈공명은 고금 제일의 인재이다. 돈도 원하는 만큼 얻었다.

293 돈만 있으면 역신疫神도 부릴 수 있다.

앞의 속담과 같다. 옛날에 조선에서 역신을 두려워했음을 알 것이다.

294 윗물이 맑아야 아랫물이 맑다.

설명할 필요 없이 뜻이 자명하다.

295 나라님 망건 값도 쓴다.

임금은 노하는 신이다. 공포의 신이다. 그 왕이 사치를 부리는데 사용할 것이 아니라 필수품을 사기 위해 준비한 돈이다. 그런 중요한 돈이라도 가능하면 유용하여 나의 당장의 급박함을 구하고자 함을 말하는 것이다.

296 호랑이 코에 붙어 있는 것이라도 뜯어 먹는다.

긴급할 때는 두려울 것이 없음을 말하는 것이다.

297 성황당에서 나온 물건이냐.

흔히 성황당에 빌어 죄나 부정, 재난을 물리치고 의복이나 기구 등을 봉납한다. 그래서 만약 성황당에서 몰래 훔쳐내와 팔아넘기는 사람이 있을 때는 아주 싸다. 이 속담은 물건의 가치를 아주 싸게 부르는 사람이 있을 때 냉소하며 사용한다.

298 식초 살 쌀이다.

옛 풍습에 쌀로 식초를 만든다. 식초는 원래 가격이 싸고 또 많이 사용하는 것이 아니다. 혹은 쌀 한 두 숟가락으로 가져다 식초로 바꾼다. 그러나 이 소액의 쌀도 쌓이면 되에 넘친다. 이 속담은 소액의 비용을 절약할 줄을 몰라 언젠가 큰 비용에 이르는 경우에 사용한다.

299 말 잡을 집에서 소금 가져온다.

말고기를 먹을 때 소금이 필요하다. 연회를 열면 발기인이 그 비용을 부담하는 것을 비유적으로 이르는 말이다.

300 송도 말년의 불가사리.

고려 말에 죽지 않는 기이한 것이 출현했는데 관가가 이를 죽이지 못했다고 한다. 극악무도한 행위를 하여 도무지 교정할 방법이 없는 사람을 나무랄 데 사용한다.

301 함진아비로 제복 순사.

합당하지 않은 것이다. 그래서 비밀회의 자리에 외부인이 갑자기 들이닥침을 비유하여 말한다.

302 고수관高守寬의 변조다.

고수관은 왕년의 명창이다. 노래를 하다가 갑자기 음조를 바꿔 다른 사람들을 감격시켰다고 한다. 사람이 앞서 한 말을 바꾸고도 태연자약하게 부끄러운 줄도 모르는 것을 비유하여 이른다.

303 백명선白命善의 가짜 문서다.

백명선은 왕년의 위필자로, 땅문서를 위조하여 남에게 팔은 것으로 전해지고 있다. 대개 서류가 실속이 없고 부실한 것을 비유하여 이른다.

304 기생 잠옷이다.

기생의 잠옷은 기름때에 절고 화장냄새로 가득한 화려한 옷이다. 외모를 치장하고 간사하여 가까이해서는 안 될 사람을 비유한 말이다.

305 병신자식이 효도한다.

예기치 않은 사람에게 덕을 봄을 말한다.

306 갓바치의 내일 모레.

'염색집의 내일 모레'[33]라는 말과 같이 약속한 날짜를 자꾸 미룸을 이르는 말.

307 바닷물을 모두 마시면 짤까.[34]

한없는 욕망을 이르는 말이다.

308 달강어가 용을 찌른다.

비천한 자가 고귀한 사람을 능욕함에 사용한다.

---

[33] 약속한 날짜를 차일피일 미룸을 비유한 일본속담을 직역한 것이다.
[34] 온 바닷물을 다 켜야 맛이냐.

309 고래 싸움에 새우 등 터진다.

강적이 서로 싸울 때 약자가 해를 입음을 비유한 말이다.

310 남의 각반脚絆을 감아준다.

내가 해야 할 긴요한 일을 버려두고 다른 사람을 위해 힘씀을 말하는 것이다.

311 만두피에 콩고물 묻혀 먹을 놈 .

먹어서는 안 되는 것을 먹은 것이다. 부당한 이익을 탐함을 비유하여 이르는 말이다.

312 개구멍으로 챙 넓은 삿갓을 끄집어낼 놈.35)

개구멍은 좁은 구멍이다. 삿갓은 넓다. 교묘한 수단으로 남을 잘속이는 것을 비유하여 이르는 말이다.

313 등에 사잣밥을 지고 있다.36)

사잣밥은 초상난 집에서 밥을 세 그릇 담아서 지옥의 사자에게 대접한다는 밥이다. 이것을 짊어지고 있는 사람이라면 죽을 각오임을 알 수 있을 것이다. 수의를 입고 전장터에 나가는 것과 비슷하다.

314 종놈 새끼 예뻐했더니 양반 턱수염에 가위질.

---

35) 개구멍으로 통량갓을 굴려 내다.
36) 덜미에 사잣밥을 짊어졌다.

총애가 지나쳐 오히려 희롱을 당함을 이른다. 내 자식을 편애하다 머리를 두들겨 맞는 아버지와 마찬가지이다.

315 염라대왕이 제 할아버지라도.

그래도 역시 지옥의 사자를 막지는 못한다. 혹은 큰 죄를 범하거나 큰 병으로 살길이 전혀 없음을 말한다.

316 남촌의 몰락한 잔혹한 양반놈.

경성의 남촌은 대부분 소론 양반이 산다. 세력을 잃은 지 오래되어 생계가 어렵다. 하지만 힘없는 상민을 주구誅求하기는 북촌의 실세인 노론보다 심하다. 상민이 이를 분개하여 통렬히 비난하는 것이다.

317 머리카락 뽑아 짚신 삼기.

정성을 다해 은혜를 갚겠다는 말이다.

318 수구문水口門의 순서.

수구문이 상여를 내는 문임은 앞에서 말했다. 연회에서 잔을 돌릴 때 나이 많은 사람에게 잔이 먼저 돌아옴을 비유한 것이다.

319 인간 구제는 지옥의 근원.

사람을 구해주고 오히려 지옥의 고통을 받게 됨을 말한다. 인간은 은혜를 마음에 새겨두지 않는 법이다.

320 묶여 잡혀가는 도둑이 포졸의 은비녀를 입으로 뺀다.

조선의 비녀는 대부분 은이나 옥, 산호를 중앙에 박는다. 도둑이
죽을 때까지 훔치는 습관을 고치지 못함을 말하는 것이다.

321 매 끝에 장사 없다.

굴복하지 않는 사람이 없음을 말하는 것이다.

322 귀신도 덤불이 있어야지.

의탁할 곳이 있어야 함을 말하는 것이다.

323 물고기도 제 놀던 물이 좋다고 한다.

고향을 잊기 어려움을 말한다.

324 늙으면 아이 된다.

나이 육십에 본래로 돌아간다.

325 똥구멍으로 호박씨 깐다.

겉은 우매한 것 같아도 속은 헤아릴 수 없음을 비유하는 말이다.

326 쇠뿔도 단김에 빼랬다.

뭐든지 착수와 동시에 끝내지 않으면 나중에 폐해가 생김을 말하
는 것이다.

327 남촌 양반이 반역의 뜻을 품는다.

남촌의 몰락한 양반이 가난한 나머지 격식이나 관례에서 벗어난 생각까지 품게 됨을 조롱하는 말이다. 이것 역시 그들을 매우 증오하는 상민들이 하는 말일 것이다.

328 떡 해 먹을 집안.

재앙이 있는 집에서 떡을 만들어 바치고 신에게 기도를 올려 재앙을 쫓는다. 그러나 가정에 불행이 끊이지 않음에 비유한 말이다.

329 이 시장 떡이 크냐 저 시장 떡이 크냐.

소위 높은 곳에 올라 관망하며 이익이 많은 곳에 붙음을 말하는 것이다.

330 가을 중의 탁발 같다.[37]

가을 수확기는 승려가 일 년 중 시주를 잘 받는 때이다. 이 시기를 놓쳐서는 안 된다고 동서남북으로 바쁘게 뛰어다니며 탁발한다.

331 이름 높은 명물이 오히려 좋지 못하다.

설명할 필요 없이 뜻이 자명하다. 어느 나라나 마찬가지로 흔히 있는 일로 보인다.

332 허리띠 속에 상고장上告狀 들었다.

---

[37] 가을 중 싸다니듯.

상고장은 조선어로 의송議送이라고 한다. 한번 군수에게 호소하여 패소한 백성이 군을 관찰하는 도에 호소하는 서류이다. 시골 농부가 외모는 모자라고 아둔해도 허리띠에 상고장을 소중히 감추고 있다. 이런 행동은 흔히 얕잡아 볼 수 없는 면이 있음을 이른다.

333 바람 부는 대로 물결치는 대로.

만사 순리에 따라 일정한 주장이나 견식이 없는 사람을 비유한 말이다.

334 고목나무에 벌레 먹은 듯.

아픈 날이 계속 되거나 재원이 점점 고갈됨을 비유한 말이다.

335 사슴 가죽에 쓴 가로 왈曰자.

사슴 가죽은 부드러워서 잘 늘어난다. 여기에 왈 자를 써도 자칫하면 날 일日자로 보인다. 어떤 사람은 이것을 왈이라고 하고 또 어떤 사람은 이것을 일이라고 한다. 어떤 일에 중심이 없는 사람을 말한다.

336 최동학崔東學이 관보를 보는 듯하다.

최동학은 옛날에 못 배운 양반이다. 어떤 사람이 그에게 그 날의 관보를 보여주어 왼쪽을 보고 오른쪽을 보아도 전혀 알지 못한다. 오히려 그 사람에게 묻기를 오늘 정부에서 무슨 발포發布가 있냐고 한다. 그래서 이 속담은 서간을 보고도 의미를 몰라 그저 소리 내어 읽는 척하는 자를 비유하여 이르는 말이다.

337 제방에 선 소.

봄에 제방은 좋은 풀로 넘친다. 소의 전후좌우가 모두 파릇파릇하다. 남의 옆에서 이익을 얻음을 이른다.

338 새끼 낳은 고양이 면상.

슬프고 참혹할 정도로 힘없는 사람의 형용이다.

339 저녁 굶은 시어머니.

시어머니는 원래 며느리를 괴롭히는 존재이다. 이 날 배고픈데도 밥을 먹지 못했다. 한층 심술이 나 평소보다도 며느리에게 심하게 대한다. 이 때의 험악한 면상은 상상이 갈 것이다.

340 빈 궁궐 지키는 내시의 면상.

내시는 그저 임금의 총애를 의지해 세력을 얻는 법이다. 일단 총애가 끊겨 내쳐지면 빈 궁을 지키게 되는데 그 우수에 찬 참담함이 겉으로 나타날 것이다.

341 까마귀가 알을 품어 감춘 듯하다.

까마귀가 닭이나 비둘기의 알을 훔쳐 여기저기 물고 다니며 숨기는데 결국에는 자기도 그 숨긴 장소를 잊어버리게 된다. 건망증이 심한 사람을 냉소하는데 사용한다.

342 부엉이 집을 얻었다.

극도의 가난을 면치 못하던 사람이 우연히 부유한 사람 덕에 편안히 정착할 곳을 얻음을 말한다.

343 자라가 알 바라보듯.

자라는 알을 모래 진흙 속에 묻어 부화시킨다. 하지만 언제나 묻어둔 곳을 지켜보며 떨어지지 않는다. 그래서 아이를 먼 곳으로 보내고 주야로 그리워하는 부모에 비유한 말이다.

344 사람이 꼿꼿이 서서 똥을 눈다.

정말로 굽힘이 없는 강직함을 비유하여 이르는 말이다.

345 두꺼비가 파리를 잡아먹듯.

탐욕스러운 자의 형용이다.

346 호랑이 담배 피던 시절.

까마득한 옛날이라는 말이다. 이런 전설이 조선에 있는 것으로 보이는데 나는 아직 모른다.

347 유월 십이월은 앉아 있던 자리도 옮기지 마라.

조선에서 6월 12월 두 달은 집을 옮겨 멀리 가거나 혼인 등의 일을 꺼린다.

348 새벽 호랑이.

상당히 초연하다고 한다. 그래서 세력을 잃고 물러나게 된 사람의 풍채를 비유한 말이다.

349 화약을 지고 불속으로 들어간다.

스스로 화를 자초함을 말한다.

350 개미 쳇바퀴 돌듯.

반드시 가장자리를 돌아 일주함을 말한다.

351 땅 파 은을 얻었다.

평범한 일을 하여 의외의 이익을 얻었음을 말한다.

352 도자기 깨고 진짜 유기를 얻었다.

나쁜 것을 파기하고 대신 좋은 것을 얻음을 말한다.

353 장님이 제 아이 더듬어 찾듯.

결국 확실히 얼굴 생김새를 알지 못한다. 만사 요령을 얻지 못함을 비유하여 이르는 말이다.

354 땅 파면 돈 한 푼 나오나.

결코 나오지 않는다. 즉 한 푼이라도 중히 여겨야 함을 이르는 말이다.

355 말머리에 태기가 있다고.

조선에서 신혼에 백마를 타는 것은 백마의 머리에 태기가 있다는 말에서 유래한다. 그래서 대개 매사 처음에 이익이 되는 기초를 얻어야 함을 이르는 말이다.

356 코를 떼내어 주머니에 넣었다.

내게 무슨 실책이 있어서 남을 대할 면목이 없음을 말할 때 사용한다.

357 짝사랑은 외기러기.

설명할 필요 없이 뜻이 자명하다.

358 호로의 종 얻어맞듯.

옛날에 청나라의 사신이 경성에 들어올 때 만몽滿蒙출신의 하인이 어느 날 결례한 것을 크게 여겨 입성하자마자 하인이 타고 있던 말을 난타하여 남쪽 별궁 사신 숙소로 들어가게 한 일이 있었다고 한다. 그래서 이 속담은 실책이 있어서 두들겨 맞은 사람을 비유하여 이르는 말이다.

359 대경주인代京主人을 했다.

옛 풍속에 경성과 시골의 관리들이 실책이 있어서 곤장을 맞게 되었을 때, 대경주인이라는 사람을 고용하여 대신 곤장을 맞게 했다. 그래서 죄가 없는데도 곤장을 맞았을 때 이 속담을 사용한다.

360 형조 옥졸의 악습인가.

옛날에 형조의 옥졸이 죄인을 끌어내어 법정으로 가게 할 때 명가금툒加金(부처의 감응에 감사하는 마음에서 바치는 돈—역자)을 억지로 달라고 이유 없이 차기도 하고 때리기도 하는 악습이 있었다. 대개 무턱대고 사람을 구타하는 사람이 있을 때 이 속담을 사용한다.

361 강아지가 재 속에서 눈을 감는 듯하다.

강아지도 재 속에 있으면 스스로 눈을 감아 재가 눈에 들어가는 것을 막는다. 일이 위태로워졌지만 다행히도 무사히 통과할 수 있었음을 말한다.

362 물이 아니면 건너지 말고 인정이 아니면 사귀지 말라.

설명할 필요 없이 뜻이 자명하다.

363 가래떡 많이 먹은 지혜.

오랜 경험으로 얻은 재치와 지혜를 말하는 것이다.

364 개새끼도 주인을 보면 꼬리를 흔든다.

은혜를 알라는 말이다.

365 말도 사촌 간은 피한다.

인간으로서 친척 간의 풍기를 해치는 난잡亂雜하고 음란淫亂한 행동이 있음을 호되게 꼬집는 말이다.

366 망건 조각을 줍는다.[38]

내게 과실이 있어 남에게 매를 맞고 의복관건이 찢어져 날아가도 호소할 데가 없어 그저 땅에 떨어진 망건의 조각을 주울 뿐이다.

367 어와 에는 다르다.[39]

어와 에는 모두 이두에 사용되며 음이 서로 가깝지만 뜻은 서로 상당히 다르다. 작은 차이가 큰 차이를 만드는 것을 이르는 말이다.

368 송도 오이 장수.

옛날에 개성상인이 경성의 오이 값이 올랐다는 말을 듣고 오이를 배 하나 가득 사왔더니 그 사이 시세가 하락하였다. 오히려 의주에서 오이 시세가 갑자기 급등했다는 말을 듣고 다시 멀리 의주로 향하자 다시 시세가 하락해서 운반해 온 오이가 대부분 썩어 있었다. 상업의 기회를 잘못 맞추어 손해를 초래함에 비유한 것이다.

369 사모 쓴 도적.

사모는 양반이나 관리가 쓰는 것이다. 가혹하게 백성의 재물을 강제로 마구 빼앗아 가는데 힘쓰는 실로 상민의 도적인 양반들을 호되게 매도하는 말이다.

370 수달피 모자가 두 개.

주관자가 두 사람 있어서 서로 권력 다툼을 한다.

---

38) 망건편자를 줍는다.
39) 아 해 다르고 어 해 다르다.

371 안 먹어도 배가 부르다.

희열에 넘쳐 있음을 말한다.

372 함흥차사.

이조 태조 이성계는 태종이 정종을 폐하고 왕위에 오른 것에 화가 나서 함흥에 따로 머물고 돌아오지 않았다. 태종이 이를 염려하여 수차례 사자를 보냈으나 태조는 이들을 모두 죽이고 돌려보내지 않았다. 사람을 파견했는데 회보가 지연됨을 비유하여 이르는 말이다.

373 중을 쳐 죽이고 살인죄 묻냐.

조선시대에 승려는 인간 외의 '비인非人'으로 간주되었기 때문에 승려를 죽였다고 중죄로 문초당한 것에 대해 분개하는 사람이 있었다고 한다. 하찮은 이유로 중죄에 처해져 억울할 때 사용한다.

374 양 어깨 위에 부처님이 계시다.

나의 선악은 내가 잘 모를 경우가 있지만, 내 어깨 위에서 항상 부처님이 굽어보시기 때문에 반드시 보응이 있음을 말한다.

375 시체의 체송遞送이냐.

옛 풍속에 타향 사람이 객사한 경우에 그 마을 사람을 위해 관에 넣어 각 마을이 서로 체송(차례로 여러 곳을 거쳐서 전해 보냄-역자)하여 그 고장으로 돌려보내 매장하게 하는 경우가 있다. 하지만 역시 즐거워할 만한 역할은 아니어서 다른 곳으로 내보내거나 혹은 싫어하여 남에게 전가하는 경우에 사용한다.

376 아저씨 아저씨 하면서 길짐만 지운다.

남을 잘 대접하는 체하면서 오히려 천한 역할을 하게 함을 말하는 것이다.

377 썩은 계란이 새벽을 알린다면.

결코 있을 수 없는 조건을 비유한 것이다.

378 미운 아이 품에 안아라.

혹은 '미운 아이 가장 사랑해 줘라'라고도 한다. 결국 감정이 풀려 사랑하기에 이르기 때문이다.

379 가내 화평을 위해 베개 밑 송사를 듣지 말라.

베개 밑 송사란 부인의 호소이다. 이는 일가가 서로 조화하지 못하고 어긋나는 화의 근원이다.

380 열 장님이 지팡이 하나.

혹은 '열 소경이 지팡이 하나를 다툰다'고도 한다.

381 외눈박이 눈을 소에게 찔렸다.

가장 귀중한 것을 손해 봄을 말하는 것이다.

382 누워서 떡 먹으면 콩고물이 눈에 들어간다.

게으름을 피우면 결국 해를 입음을 이르는 말이다.

383 감나무 아래에 누워도 삿갓을 위로 하고 있어라.

떨어지는 감을 줍기 위해서이다. 보통 이익이 생기는 곳에 있다하
더라도 그 이익을 받으려면 스스로 준비하지 않으면 안 됨을 이르
는 말이다.

384 문절망둑이 뛰면 전라도 빗자루도 뛴다.[40]

불초한 사람이 제 마음대로 날뛰며 행동하니 더 심한 놈도 따라서
때를 얻음을 말한다.

385 호조의 담장을 뚫는다.

호조는 대장성大蔵省이다. 국고国庫를 훔치려는 것이다. 끓어오르
는 재욕이 끝이 없는 사람을 비유한 것이다.

386 말 길들이기를 위한 예행 연습 행차에 꽹과리를 친다.

꽹과리는 종의 일종으로 옛 법에 임금에게 억울함을 직소하려는
사람이 임금 행차 길에 꽹과리를 들고 친다. 그러나 지금의 행차
의장은 임금님의 행차가 아니라 말을 길들이기 위해 조련사들이
말을 나란히 세워 달리는 것이다. 그런데 이를 착각하여 억울함을
호소하는 사람이 진행을 막고 꽹과리를 울린다. 중요한 때의 경거

---

40) 망둥이가 뛰니까 전라도 빗자루도 뛴다.

망동을 비웃는 말이다.

387 증서를 삼켜 종이 똥을 눌 놈.

파렴치한을 비유한 말이다.

388 귀에 걸면 귀걸이 코에 걸면 코걸이.

일정한 기능이 없는 사람의 쓸데없음을 웃는 말이다.

389 덩치 값을 해야지.

사람이 만사에 궁하여 죽음을 면치 못하게 되었을 때 그저 헛되이 죽는 것은 안타까운 일이다. 최후의 수단으로 하다못해 덩치에 맞는 행동을 취하자는 말이다.

390 볼품없는 말은 입 벌려 나이조차 세려 하지 않는다.

밖으로 보이는 행동이 격에 맞지 않는 사람은 다른 것을 볼 필요도 없음을 말하는 것이다.

391 거지 도승지를 불쌍히 여긴다.

도승지는 임금을 보좌하며 임금님의 말씀을 신하들에게 전하는 승지의 우두머리로 시종장과 같다. 하지만 이른 새벽부터 서리가 오나 바람이 부나 관복을 입고 궁궐에 나가지 않으면 안 된다. 여기저기 처마 밑에 불 피워 놓고 따뜻하게 자는 거지가 오히려 이를 불쌍히 여긴다는 말이다.

392 소리 안 나는 총이 있으면 쏴 주겠다.[41]

사람을 미워하는 것이 극에 달해 한 방에 죽여 버리고 싶을 때가 종종 있다. 하지만 총은 소리가 나서 곧 바로 다른 사람에게 알려져 반드시 감옥에 갇히게 된다. 세상에 소리 없는 총이 있다면 하고 생각하는데 그치고 만다.

393 나무칼로 귀 베어가도 모른다.

깊은 탐닉을 형용한 말이다.

394 세 살 되어 도리질 한다.

도리질이란 어린 아이들의 놀이이다. 보통은 첫돌 무렵에 잘 하는데 이것을 세 살에 처음으로 배운다는 것은 매우 늦은 것이다. 학문이나 사업이 다른 사람보다 늦음에 비유하여 이르는 말이다.

395 조기잡이 배에는 못 간다.

조기는 시끄러운 것을 가장 싫어해서 시끄러우면 모였던 고기가 다시 흩어진다. 어떤 사람이 아주 말이 많아서 함께 조기잡이를 가지 못함을 이르는 말이다.

396 잔치에는 함께 못 간다.

다른 사람을 품평하고 남의 단점을 지적하는 것을 즐기는 사람이기 때문이다.

---

41) 소리 없는 총이 있으면 놓겠다.

397 인색한 부자가 퍼주기 좋아하는 헤픈 가난뱅이보다 낫다.

설명할 필요 없이 뜻이 자명하다.

398 광에서 자비가 나온다.[42]

자선을 베풀려고 해도 먼저 돈과 곡식이 없어서는 안 됨을 말한다.
앞의 속담과 대동소이.

399 극락길을 버리고 지옥 길로 간다.

선을 버리고 악에 붙으며, 평안을 싫어하고 위험한 곳으로 향함을
이르는 말이다.

400 비파소리가 날정도로 바쁘다.

마음이 바빠서 아침저녁으로 나갔다 들어갔다 하는 사람을 말한
다. 형용이 아주 묘하다.

401 우물귀신이 잡아당겼냐.

조선의 미신에, 오래된 우물에 귀신이 사는데 지나가는 사람을 잡
아 당겨 물에 빠지게 하여 귀신을 만들어야 비로소 우물 안의 고통
에서 벗어난다고 한다. 그래서 세상 사람들이 싫어하고 피하는 일
에 다른 사람을 속여서 하게 만들고 자기는 빠짐을 비유적으로 이
르는 말이다.

---

[42] 광에서 인심난다.

402 갈수록 첩첩산중.

산 위에 산이 있어 험하고 험하다. 따라서 인간 행로의 어려움을 비유한 것이다.

403 비단에 싸여 자랐나.

육체의 연약함을 비웃는 말이다.

404 두부 고기에 바늘뼈냐.

위와 같다.

405 부처님 공양하느니 굶주린 사람에게 밥을 주어라.

실질적인 덕행이 복을 비는 것보다 나음을 말하는 것이다.

406 사후 석 잔 술은 생전 한 잔 술만 못하다.

설명할 필요 없이 뜻이 자명하다.

407 비가 오면 모를 심듯이 조상의 묘를 다시 옮겨라.

풍수설에서 나온 미신에 의하면 조상의 묘자리는 흔히 자손의 현우 賢愚에 영향을 미친다고 한다. 그런데 지금 당신이 아주 못나고 어리석다. 이는 조상의 묘자리가 좋지 않기 때문이다. 그러니 비가 오면 모를 심듯이 다른 좋은 자리로 옮겨 모심으로써 당신의 집에 당신과 같은 불효자식이 다시는 태어나지 않기를 바라야 할 것이다.

408 머리 검은 짐승은 남의 공을 모른다.

머리 검은 짐승이란 사람이다. 은혜를 아는 정조情操가 부족한 민족성의 산물로 매우 흥미 있는 속담이라 하겠다.

409 양사兩寺의 개.

두 절에서 같이 기르는 개는 윗 절로 달려가 먹이를 구하고 아랫절로 달려가 먹이를 구하지만 양쪽 절에서 모두 먹을 기회를 놓친다. 사람도 그러하다. 마음을 정하지 않고 입고 먹을 것을 얻으려 하기 때문에 이 길 저 길로 뛰어다니다가 결국 얻는 것이 없다.

410 대학을 가르쳐 주랴.

옛날에 이 나라의 농부가 마을에서 덕행이 높기로 유명한 한 스승에게 부탁하여 대학을 배우는데 타는 듯이 더운 한여름에 의관을 갖추고 책상에 마주앉아 네모난 문자를 외웠다. 반 달 정도 되니 마치 가슴이 옥죄어 죽을 것 같고 열기가 올라와 숨이 막힐 듯하다. 당연히 그만두고 다시 논밭으로 돌아가 소를 몬다. 탄식하며 소를 꾸짖어 말하기를 "너한테 대학을 가르쳐 주랴."라고 하는 어리석은 자의 어리석은 말을 비웃는다는 의미로 사용한다.

411 제주마가 서로 말갈기를 문다.

서로 의지하여 이익을 보증함을 말한다.

412 씨도둑은 못한다.

가지 나무에 가지 나고 오이 나무에 오이 난다. 누구나 이 이치를 벗어날 수 없다. 유전은 두려운 것이어서 혈통을 날조하거나 왜곡해서는 안 됨을 말하는 것이다.

413 나간 놈의 몫은 챙겨두어도 자는 놈 몫은 챙겨두지 않는다.

나가 있는 사람은 언제 돌아올 지 보증하지 못하기 때문이다.

414 양반 자식은 고양이 새끼 상민 자식은 돼지 새끼.

새끼 고양이는 처음에는 털색이 갖추어져 있지 않아 초라하지만 성장함에 따라 매끄럽고 윤이 난다. 돼지 새끼는 처음에는 매끄럽고 윤이 나지만 성장함에 따라 열등해져 더럽고 지저분하다. 씨는 속일 수 없는 것임을 말하는 것이다.

415 새도 날수록 깃털이 빠진다.

이사를 할수록 가재도구를 잃게 됨을 말한다.

416 임금님 행차에 망아지 따라가 듯하다.

어울리지 않는 것이 따름을 비웃는 것이다.

417 모르고 남이 똥 눈 곳에 앉는다.

다른 사람의 과실을 잘못하여 뒤집어씀을 말하는 것이다.

418 남이 돌 던져 떨어뜨린 밤을 줍는다.

타인의 노고를 훔쳐 내 것으로 취함을 말하는 것이다.

419 왜 알일 때 떼지 않았나.

용모가 추악한 자를 냉소하는 말이다. 오래 살아서 남에게 따돌림을 당하고 스스로를 창피해 하느니 뱃속에 있을 때 요절하게 해 주는 것이 나았고 고통스럽지 않았다고 말하는 것이다.

420 꿈에 서방 맞이 한 격.

그린 떡으로 배를 채운다와 같은 류의 속담인가.

421 죽고 나서 초혼제를 지낸다.

옛 풍습에 사람이 죽고 나면 무당을 불러 초혼하고 무당이 죽은 자를 대신하여 평생에 다하지 못한 일을 모두 말하게 한다. 이 속담은 죽고 나서 초혼제를 지내느니 살아있을 때 생각하는 바를 다 말하여 여한이 없도록 하라는 말이다.

422 뉘 집에서는 죽을 끓이고 뉘 집에서는 밥을 끓인다.

남의 집 내부 사정을 상세히 알고 있음을 형용하는 말이다.

423 비 만난 대룡기大龍旗 같다.

대룡기大龍旗는 왕의 의장기이다. 하지만 깃발이 비를 만나면 형체도 없이 초라하다. 의기소침해 있는 사람을 비유적으로 이르는 말이다.

424 제 밭에 물 대기.
설명할 필요 없이 뜻이 자명하다.

425 꿀이 적어도 약과만 달면 그만이다.
약과란 밀가루를 꿀로 굳혀서 만든 제사 때 쓰는 과자이다. 꿀을 발라 먹는다. 약혼 예물은 적어도 혼사가 이루어지기를 바라는 경우 등에 쓰인다.

426 내 똥 구린 줄 모른다.
자기 잘못을 모른다는 의미이다.

427 배가 남산만하다.
배나오고 거만함을 형용한 것이다.

428 송편으로 목을 따 죽지.
송편은 조선 소나무의 열매를 넣어 만든 떡으로 한쪽이 칼날과 비슷하다. 하찮은 일에 화내는 사람을 조롱하는 말이다.

429 빚 있는 놈은 종이다.
남에 대해 떳떳할 수 없음을 말한다.

430 안채 뒷간에 똥 누고 안채 아가씨더러 밑 씻겨 달라겠다.
내외의 규칙을 범하고 무례하기 짝이 없음을 형용한 것이다.

431 개똥밭에도 이슬 내릴 날이 있다.

천하디 천한 자에게도 큰 은혜가 내릴 때가 있다.

432 죄는 지은대로 벌을 받고 도는 닦는 대로 열매를 맺는다.

설명할 필요 없이 뜻이 자명하다.

433 알기는 칠월 귀뚜라미.

초가을 7월 귀뚜라미는 스스로 가을이 온 것을 알고 운다. 어떤 일에 앞서 조짐을 알아차리는 것을 말한다.

434 관리는 고용인이다.

언제 시간이 날 지 모르기 때문이다.

435 제사 준비에 바빠 위패를 개에게 뜯어 먹혔다.

일이 너무 지연되어 뜻밖의 해를 입음을 말하는 것이다.

436 제사를 도와주지는 않아도 좋으니 제사상은 치지 말라.

제사상을 심하게 치면 상이 엎어졌을 것이다. 세상 사람들이 나를 도와주기를 바라지는 않지만 해를 주지 않기를 바란다는 것이다.

437 심심할 때는 제 엉덩이를 두들긴다.

무료함을 달랠 방법이 궁함을 형용한 것이다.

438 나는 바담풍이라고 하지만 너는 바담풍이라고 해라.

옛날 어느 마을에 한 훈장이 있었다. 일본 후쿠오카 주변의 사람처럼 '람'을 '담'으로 발음하는 습관이 오래되어 이제 와서 교정할 도리가 없다. 하지만 내 제자들에게는 올바르게 발음하게 하고 싶어서 언제나 따라하지 말고 '람'이라고 말해야 하다고 가르친다. 그러나 이렇게 말할 때도 역시 '담'이라고 말하라고 들려서 제자들은 들리는 대로 '담'이라고 발음한다. 이 속담은 남의 과실을 고치려다 오히려 내가 잘못된 것을 따라 해서는 결국 효과가 없음을 말하는 것이다.

439 오리 알에 제 똥 묻은 격.

그 사람에게 이런 일이 있는 것은 당연하다는 말이다.

440 사촌이 땅을 사는데 어찌 배가 아픈가.

친족간의 시기심을 말하는 것이다. 사촌의 가운이 점점 좋아지고 나는 이에 미치지 못할 때에는 시기심이 격렬해져 분노가 되고 배가 아프기에 이른다.

441 사슴을 잡기도 전에 사슴 가죽으로 골무를 만들 작정.

사슴 가죽으로 만들 물건은 여러 가지 있다. 골무 같은 것은 그 가장 말단의 것이다. 더욱이 아직 사슴을 잡지도 않았다. 사람의 어리석음을 알 수 있을 것이다.

442 산사에서는 신중단神衆壇이 제일.

신중단은 모든 보살을 모시는 곳이어서 사찰의 법당 중 제일 중요한 위치이다. 이것이 있기 때문에 절의 위엄이 생기는 것이다. 따라서 세상의 위엄과 복덕을 잡고 있는 사람에 비유한 것이다.

443 은행나무 격인가.

은행나무는 암수가 있어야 비로소 열매를 맺는다. 양성이 서로를 끌어들이는 힘은 상당하다. 그래서 이 속담은 이성의 두 사람이 서로에 대해 마음이 있음을 은유한 것이다.

444 배꼽에 거울을 단 것 같다.

인간 심리의 선악을 통찰해 감춰진 것이 없이 훤함을 말하는 것이다.

445 등에 짊어진 중.

중을 샛서방으로 삼은 여자가 있었다. 자기가 절로 갔으면 나중에 성가신 문제가 없었을 텐데 잘못하여 자기 집으로 데려 왔다. 세상의 소문이 두려워 막상 절로 돌아가 달라고 말해도 중은 움직이지 않는다. 싸워서 두들겨 패 내쫓을 수도 없다. 실로 진퇴양난이다.

446 다른 가게를 빙자해 욕한다.

내가 묵고 있는 여관 대접이 성에 차지 않아 말하고 싶은 불만은 산더미 같지만 그래도 역시 주인에게 노골적으로 말하기 어려워

전날밤 묵었던 여관을 빙자해 여러 가지로 불만을 늘어놓는 것과 같다.

447 자랑은 죽고 나서 하는 법이다.

생전에 언제 또 실수를 저지르지 않는다고도 장담할 수 없기 때문이다.

448 일 전 오 리厘짜리 밥 먹고 일 리 부족해 인사를 백 번이나 한다.

재미있다. 하지만 이렇게 하면 채권자도 기분 좋게 용서할 것이다.

449 제 돈 칠 푼은 생각해도 남의 돈 십사 푼은 생각하지 않는다.

설명할 필요 없이 뜻이 자명하다.

450 박새가 삼씨를 쪼는 듯하다.

용의주도하여 빈틈없는 모습을 형용한 것이다.

451 괜찮아 괜찮아 하고 침묵하고 있는 사이에 빌려 온 간장 한 그릇 또 버렸다.

이런 일은 나이 어린 종에게 많다. 금할 일은 빨리 금해야 한다.

452 눈 먼 말이 앞 말의 종소리를 따라 간다.

조선의 말은 모두 목에 반드시 방울을 달고 있어서 그 소리에 따라

적절히 말을 몬다. 눈 먼 말이라도 이것을 따라 가면 걸려 넘어질 염려가 없다. 세상의 무식한 사람들이 오로지 그저 지식 있는 사람의 행동에 맹종함을 말하는 것이다.

453 나간다 나간다 하면서 아이 셋 낳으면 나갈까.

세상에 이런 부부 많다. 그 중에는 이러다 열 명의 아이를 낳아서 결국 그대로 주저앉는 사람도 있다.

454 연기가 많기는 과부 집 굴뚝.

과부 집은 남자가 없어서 산에 나무 하러 갈 사람이 없다. 대개 생나무를 때서 난방을 하기 때문에 연기가 많이 나는데 남자가 있는 집의 굴뚝보다 한층 심하다. 역시 과부가 평생 고생이 많음을 엿볼 수 있다.

455 호랑이 밥상.

호랑이의 습성은 음식을 탐하여 먹이를 잡으면 한번에 다 먹어 치울 때까지 절대로 멈추지 않는다. 그러고는 먹이를 얻지 못하면 며칠을 굶주리며 지낸다. 탕자蕩子의 가게도 이와 같다. 수입이 있으면 한번에 소비해서 쾌락을 얻고, 수입이 없으면 굶주린 배를 안고 분주하다.

456 부엌에 가면 더 먹을 수 있을까 방에 가면 더 먹을 수 있을까.

항상 먹을 것을 얻는데 급급한 사람을 형용한 말이다. 부엌은 부인이 있는 곳이고 방은 남편이 있는 곳이다. 권세에 편입하려고 하는 사람은 때로는 남편에게 때로는 부인에게 붙는다. 심한 경우에는 현관으로 들어가지 않고 부엌문으로 들어간다.

457 집안이 망하려면 풍수만 나무란다.

설명할 필요 없이 뜻이 자명하다.

458 달기는 엿가게 할머니 손가락.

항상 엿을 묻히고 있기 때문이다. 하지만 할머니 손가락을 엿으로 착각하고 이를 빨아먹는 사람이 있다.

459 후레자식이 갓 쓰고 똥 누는 것은 당연하다.

조선의 풍속에 갓 쓰고 똥 누는 것은 예의가 아니라 이를 거세게 비난한다. 방탕아라면 그것도 예삿일이라고 한다.

460 돼지털 갓을 쓰고 물구나무서기를 하는 것도 제 멋.

돼지털 갓은 갓 중에서도 상품上品이라 아주 견고하다. 한 번 세게 누르면 찌그러져서 형태가 일그러진다. 하지만 갓을 쓰고 물구나무서기 기술을 발휘하는 것도 자신의 즐거움이라면 거리낄 것 없다.

461 과부의 불쌍함은 과부가 안다.[43]

실로 너무 가련하다.

462 굿하면 무당, 불사 때 절에서 내는 음식 하면 중.

무당도 중도 모두 기꺼이 갈 것이다. 환자가 있다고 들은 의사와도 같다.

463 말똥도 모르고 마의馬醫를 한다.

'맥도 모르고 의사를 한다'와 같은 의미이다.

464 제 힘도 모르고 큰 물가에 씨름하러 간다.

강변에서 하는 씨름은 위험 중 위험이다. 지면 물에 빠져 익사를 면치 못한다. 이를 하고자 하는 사람은 힘이 좋아 반드시 패하지 않을 것을 믿는 사람에게나 비로소 가능하다. 자기의 힘을 헤아리지도 않고 무턱대고 나아가는 것은 난폭한 호랑이가 강을 타는 용기라고 말하지 않을 수 없다.

465 지키는 사람 열이 도둑 하나를 못 당한다.

지키는 데는 틈이 있고 훔치는 데는 틈이 없어서이다.

466 박쥐 흉내를 내다.

새 행세도 하고 짐승 행세도 하였다는 박쥐의 우화에서 유래한 것으로 이쪽저쪽으로 이익을 쫓다가 결국 신세를 망진다는 말이다.

---

43) 과부 설움은 과부가 안다.

467 고양이 정진이다.

육식을 습성으로 하는 고양이가 채식을 한다고 해도 거짓임이 분명하다. 심술 고약한 사람이 겉으로만 성실한 체 한다고 누가 이를 믿겠는가.

468 불상이 빠진 자리가 있으면 대신 세우겠다.

반어이다. 야유하는 것이다. 불상 대신 세울 만한 사람이라면 모름지기 인자하고 성실한 성자이어야 할 것이다. 그래서 이 속담은 반대로 탐욕스럽고 흉악한 사람에게 사용한다.

469 마음만 착하면 북두칠성도 가호를 내려 주신다.

칠성은 원래 중국의 천체 숭배에서 생겨난 것으로 고려에 이르러 불가佛家가 이것을 불교 안에 받아들여 부처 모양의 성주星主를 불교식으로 모시게 하였다. 기도하면 사람의 수명이 연장된다고 한다.

470 돈 모을 생각 말고 자식에게 공부를 가르쳐라.

설명할 필요 없이 뜻이 자명하다. 돈을 남겨주면 오히려 자식에게 해가 된다.

471 마음가짐만 올바르면 죽어서 착한 귀신 된다.

설명할 필요 없이 뜻이 자명하다. 영혼불멸을 믿고 있음을 알 수 있을 것이다.

472 고생해서 가진 자식은 날 때도 고생한다.

혹은 그렇지 않음을 증명하지 못한다.

473 날씨가 맑으면 쓰시마對島까지 내다보인다.

도저히 볼 수 없다. 그래서 이 말은 반대로 사람이 어떤 것을 보는 눈이 확실하지 않음에 사용한다.

474 산 진 거북이, 돌 진 게.

권세에 의존하는 사람을 형용한 말.

475 급료는 마부가 받고 달리기는 역마가 달린다.

갑이 일하고 을이 보수를 받음을 말하는 것이다.

476 달성위궁達城尉宮의 마차꾼 대열에 끼다.

대저 마차꾼은 주인의 위세를 빌어 감히 교만하게 구는 법이지만 특히 어느 날엔가 달성위군 즉, 왕의 부마 달성위의 마차꾼이 가장 심해서 세상의 지탄을 받았다.

477 아망위에 턱을 걸었다.

아망위가 누구인지는 모르겠다.[44]

----

44) 아망위는 모자의 한 가지로, 외투·비옷·방한복 등의 깃에 덧붙여 머리에 뒤집어쓰게 만든 것을 말하며, 이 속담은 배후를 믿고 하잘 것 없는 사람이 교만을 부림을 이르는 말이다.

478 부잣집 자식 공물전貢物廛 출입하듯 한다.

공물방은 구시대의 궁궐에서 왕이 사용하는 물품을 취급하던 가게로, 이익이 가장 많았다고 일컬어진다. 하지만 부잣집 자식은 이런 곳에 출근을 해봤자 원래 자기 집에 재물이 많아서 열심히 일할 필요가 없기 때문에 출근하기도 하고 결근하기도 하며 별로 개의치 않는다. 그래서 취업해서 업무에 열심이지 않음을 비유해 이르는 말이다.

479 다동茶洞의 늦잠.

경성의 다동은 옛날에 부자들이 많이 살아서 집집마다 대부분이 늦게 일어나는 것이 습관이었다. 아침 해가 높이 떠 있는데도 아직 방을 나가지 않는다. 늦잠은 조선인의 이상적인 생활의 하나이다.

480 온양온천에 아픈 다리 모인다.

설명할 필요 없이 뜻이 자명하다.

481 그렇게 하면 뒷간에 옻칠을 하나.

뒷간은 조선의 가옥 건축법에 있어서는 가장 허술하게 만드는 곳이다. 여기에 옻칠을 할 정도라면 다른 구조물의 화려하고 사치스러움은 상상이 갈 만하다. 그와 같이 인색하게 재산을 모은 사람이 어찌 뒷간에 옻칠을 할 수 있겠느냐고 비웃는 말이다.

482 쥐엄나무에 귀신 모이는 듯하다.

쥐엄나무에는 귀신이 가장 많다고 믿어지고 있다.

483 눈자위가 짓물러 있어 파리가 몰려오지 않을 리 없다.

내게 실력이 있으면 세상의 칭찬이 부르지 않아도 저절로 찾아든다는 뜻이다.

484) 촌닭이 관청에 간 듯하다.

당황하여 허둥지둥 하다 점점 실태를 부리기에 이른다. 시골 농부가 갑자기 도회지 한복판에 와서 모든 것이 낯설고 어리둥절해 실소를 자아내게 하는 일이 많음을 비유하여 이르는 말이다.

485) 시집가는 날 등창이 난다.

기다리던 때를 맞아 공교로운 일이 생겼음을 이르는 말이다.

486) 절에 가면 중 같은 얼굴을 하고 마을에 가면 속세인 같은 얼굴을 한다.

지조 없이 방편에 따라 태도를 달리함을 말한다.

487) 포승줄로 묶은 돌.

포승이 가면 돌도 역시 따른다. 서로 떨어질 수 없는 관계에 있음을 말한다.

488) 외상이면 소도 잡아먹는다.

사람 마음이 대부분 그러하다. 집이 가난해서 한 달에 한 번 소고기 한번 먹기 어려운 사람이지만 외상이라면 소 한 마리 잡아먹기를 마다하지 않는다. 나중에 쌓이게 되는 것에 대해서는 아무런 생각이 없다.

489) 돌절구도 밑 빠질 때가 있다.
아무리 튼튼한 것도 오래 쓰면 결딴나는 날이 있다.

490) 피리 끝에 서는 것도 삼 년.
역경에 처해 인내하는 것이 삼 년임을 말하는 것이다.

491) 마을마다 후레자식이 하나씩은 있는 법이다.
여러 사람이 모여 있기 때문에 모두가 착할 수는 없음을 말하는 것이다.

492) 낡은 짚신에 구슬을 담는다.[45]
외관은 추하지만 내면에 아름다움을 담고 있다는 것이다.

493) 한 푼도 없는 놈이 떡을 좋아한다.
분수도 모르고 사치를 즐기는 것을 경계하는 말이다.

494) 말똥에 굴러도 이승이 좋다.

---

[45] 석새짚신에 구슬감기.

설명할 필요 없이 뜻이 자명하다.

495) 삼 정승 부러워 말고 내 한 몸을 견고히 해라.

욕심을 내어 밖으로 여기저기 바쁘게 돌아다니는 것은 반성하고
수양하는 것만 못하다.

496) 일가 싸움은 개싸움.

사람으로서 일가끼리 싸우는 것은 짐승과도 같은 일임을 이르는
말이다. 또 예로부터 일가가 서로 통하고 친하게 지내왔음을 알 수
있다.

497 개구리도 몸을 오그리기 때문에 뛰어오를 수 있는 것이
다.

사람도 굽혀야 펼 때가 있다.

498 콩 반쪽이라도 다른 사람의 몫이면 손을 대지 말라.

아주 작은 것이라도 다른 사람을 부러워하지 말라는 것이다.

499 하룻밤 잔 원한 없고 하루를 기억하는 은혜는 없다.[46]

사람 마음이 원한이나 은혜를 모두 쉬 잊음을 이르는 말이다.

500 하수구에 버릴 만한 하인은 없다.

---

46) 밤 잔 원수 없고 날 샌 은혜 없다.

아무리 노복이 재간이 없어도 역시 쓸 데가 있음을 말한다.

501 어린 아이도 귀여워하는 사람을 따라 간다.

설명할 필요 없이 뜻이 자명하다.

502 바쁘게 돌고 있는 맷돌에도 손을 넣을 틈은 있다.

항간에 바쁘다고 수양과 독서를 게을리 하는 사람은 거울삼아야 할
것이다.

503 가난한 사람 구제는 임금님도 못 한다.

오늘 구해도 내일 다시 헛되기 때문이다.

504 실의 엉킴은 풀리지만 새끼줄의 엉킴은 풀리지 않는다.

작은 일은 수습하기 쉬워도 큰일은 어렵다.

505 어느 구름에서 비가 올까.

세상사 미리 재서는 안 됨을 비유한 말로, 어떤 일이 생길 지 알 수
없음을 이른 말이다.

506 개와 똥을 다투랴.

광인狂人과 함께 싸워서는 안 됨을 말하는 것이다.

507 개에게 된장을 지키게 하는 것 같다.

몰래 훔쳐 먹는 것은 당연하다.

508 절간의 운이 기울면 새우젓 장사가 온다.

새우젓은 원래 절에는 쓸데없는 것이다. 이치에 맞지 않는 일이 일어남을 말하는 것이다.

509 지위가 올라갈수록 마음은 낮게 가져라.

설명할 필요 없이 뜻이 자명하다.

510 틈이 생긴 돌이 부서지고 금이 간 항아리가 깨어진다.

앞서 전조가 있으면 사실이 뒤따르기 마련임을 이른다.

511 번개가 빛나는 것은 천둥의 전조다.

의미는 앞의 속담과 같다.

512 보기 좋은 떡은 먹기에도 좋다.

내실이 아름다운 것은 외형도 아름답다.

513 이래라 저래라 주문이 많은 자리에서 춤을 추기는 어렵다.

명령하는 곳이 많아 따를 곳을 모른다.

514 늙은 말이 콩을 많이 탐한다.

탐욕스러운 사람은 늙을수록 더욱 탐욕스러워 짐을 말한다.

515 손에 붙은 밥알을 먹지 않는 사람이 있으랴.

마땅히 먹어야 할 것을 먹으라는 말이다.

516 죽은 아이 나이 세기.

설명할 필요 없이 뜻이 자명하다.

517 구걸을 해도 남에게 아첨하는 것은 싫다.

설명할 필요 없이 뜻이 자명하다.

518 울려는 아이 뺨 때린다.[47]

화를 자처한다는 뜻이다.

519 깊은 바구니에 담은 찰밥도 쏟아지는 경우가 있다.

박복한 사람은 운 좋게 녹을 얻어도 보전하지 못함을 이르는 말이다.

520 시간을 알리는 북소리 듣고 일어나 춤춘다.

옛날에는 매시마다 북을 쳐서 시간을 알렸다. 어리석은 사람은 이를 듣고 일어나 춤을 춘다. 몸소 수다스럽고 경솔한 행동을 하는 자를 비웃는 것이다.

521 두꺼비씨름 어느 쪽이 질지 이길지.

---

47) 울고 싶자 때린다.

이익을 얻기 위해 싸움을 비유하는 말이다.

522 친구 줄 것은 없어도 도둑 줄 것은 있다.

인색하게 굴다가 도둑에게 빼앗김을 비웃는 말이다.

523 내가 부르려는 노래 사돈이 먼저 부른다.[48]

내가 나무라려고 하는데 도리어 같은 일로 나를 나무란다.

524 버들고리짝 만드는 놈은 죽을 때도 버드나무 잎을 물고 죽는다.

버들고리짝을 만드는 장인은 양수척楊水尺이라 하여 백정계급이다. 일본의 에타穢多[49]이다.

525 거북이 등딱지를 등에가 쏘는 듯하다.

작은 힘으로 대세를 범하기에는 효력이 없음을 말한다.

526 사람 무는 개를 돌아본다.[50]

사람이 악인에 대한 화를 두려워하여 돌아보지 않을 수 없음을 말한다.

---

48) 내가 할 말을 사돈이 한다.

49) 중세, 근세의 천민 신분 중의 하나이다. 에도시대에는 히닌(非人)이라고 불리던 사람들과 함께 사농공상의 아래에 놓여 거주지도 제한을 받는 등, 부당한 차별을 받았다. 주로 피혁업에 종사하며, 범죄자 체포나 죄인 처형시에 동원되었다. 1871년에 법적으로는 평민이 되지만 여전히 '신평민'이라고 불렀으며, 사회적 차별은 지금도 남아 있다.

50) 개도 무는 개를 돌아본다.

527 마음은 착한 사람인데, 옆집에 불나는 것을 보고 재미있어 한다.

사람이 본디 가지고 있는 온갖 욕망慾望이 타인의 불행을 근심하지 않음을 말한다.

528 가마솥 밑이 냄비 밑을 나무란다.[51]

비슷한 사람끼리 서로를 나무람을 비웃는 말이다.

529 넘을수록 고개가 높고 건널수록 강이 깊다.

나아갈수록 역경을 만난다는 말이다.

530 값도 모르고 싸다고 한다.

사정을 잘 모르고 무턱대고 논평하는 것을 말한다.

531 오는 말이 고우면 가는 말이 곱다.

파는 말에 사는 말.[52]

532 언덕을 내려오는 수레의 여세.

멈출래야 멈출 수가 없다.

533 여름에 먹으려고 겨울에 얼음을 저장한다.

앞선 공功을 귀하게 여김을 말한다.

---

51) 가마솥 밑이 노구솥 밑을 검다 한다.

52) '오는 말이 고와야 가는 말이 곱다'에 해당하는 일본 속담이다.

534 야생마를 잡아다 길들이는 듯하다.

야인野人을 가르쳐 지도하는데 심혈을 기울임을 말하는 것이다.

535 먹는데 죄 없다.

아무리 법률이 엄중한 세상이라도 사람이 먹는 것을 가지고 죄과를 묻는 일은 없다. 먹는 것에 사양할 필요가 없음을 말하는 것이다.

536 우렁이도 집이 있다.

사람이 되어 집을 마련하지 않음을 비웃는 것이다.

537 풍년에 거지가 배로 불쌍하다.

나 먹을 것이 충족해야 남을 불쌍히 여기는 마음도 비로소 자유로워진다.

538 생나무에 갑자기 불길이 일기 시작했다.

뜻밖의 이상한 일이 발생함을 말하는 것이다.

539 내 바지를 올려 남에게 보인다.

스스로 자신의 옥의 티를 폭로하여 남에게 보임을 비웃는 말이다.

540 귀신은 경전으로 막고 사람은 인정으로 막는다.

아마 인정학人情學에 정통해 있는 사람이 만들어 낸 말일 것이다.

사람은 힘으로 막으면 이겨도 관계가 깨지고 원한을 사기 마련이다. 그러나 이성과 지혜로 막으면 이치나 도리는 천만 가지로 변화하여 쉽게 사람을 굴복시키지 못한다. 오로지 인정만은 힘과 이성과 지혜를 초월하여 능히 세상에 대해 나를 무장한다. 실로 인정을 제대로 이해하고 있는 사람이야말로 곧 인세학人世學 졸업자이다.

541 거미도 줄을 쳐야 벌레를 잡는다.

일을 이루려면 미리 설비가 필요함을 말하는 것이다.

542 소를 기르는 데는 힘이 들지만 호미를 쥐는 것보다 낫다.

송아지를 기르는 일은 쉽지 않지만 앞으로 큰 소가 되면 경작에 사용하여 나대신 밭을 갈 것이다. 그러나 지금 소를 기르는 노고는 몸소 호미를 들어 경작하는 것보다 더하다. 작은 고생을 참고 후락을 기약함을 말하는 것이다.

543 개나 고양이에게 호소하면 누가 알아주랴.

조리 없이 진술함을 비웃는 것이다.

544 자기 일이 바빠 남의 방아 돕는다.

조선의 시골에는 마을 공동의 방앗간이 있다. 떡을 만드는 쌀가루를 빻는다. 어떤 사람이 떡가루를 빻으러 가 보니 이미 먼저 와서 쌀을 빻는 사람이 있다. 자신도 빨리 쌀을 빻고 싶은 마음에 이것저것 그 사람을 도와 빨리 끝내게 한다. 사실은 자기 일을 빨리 하기 위해서이다.

545 김씨가 끼지 않는 우물은 없다.

강원도 지방의 속담이다. 강원도에는 김씨 권씨가 가장 많은데 그 중에서도 김씨는 특히 많다. 따라서 읍내의 공동 우물 수는 많지만 하나같이 김씨가 그 물을 긷지 않는 경우가 없다.

546 원님 덕에 나팔 소리를 들었다.[53]

시골 사람들은 나팔 소리를 좋아하지만 실컷 듣고 싶어도 그럴 기회가 없다. 때마침 원님 행차를 만나 비로소 평소의 소망을 이루게 되었다. 귀한 사람을 따라가다 그 덕에 분에 넘치는 영달을 얻음을 비유한 것이다.

547 참을 인의 덕을 지키면 살인도 면한다.

살인은 가장 무거운 죄로 살인자도 또한 대부분은 근본을 매어두지 못한다. 그러나 사람은 종종 일시적인 격앙을 이기지 못하고 이를 범하여 후회를 하는 경우도 있다. 그저 인내의 미덕을 지키는 사람은 용케 이를 면함으로써 그 본분을 다 할 수 있는 것이다.

548(1)[54] 개꼬리 삼 년 묵어도 황모 못 된다.

[53] 원님 덕에 나팔 분다.

[54] 여기서부터 1910년본의 속담이 재수록 되는데, 괄호 인의 숫자는 1910년본의 일련번호를 병기한 것이다. 누락된 속담과 주식의 내용이 약간 변경되거나 추가된 속담이 몇 개 있을 뿐 그 내용은 거의 그대로 수록되어 있다. 해당 속담에는 각주 형식으로 주를 달아 놓았다. 참조 바란다.

황모는 황색 족제비. 담비의 황색 털로 붓을 만드는데 상등의 털이다. 본래 질이 나쁜 것은 도저히 좋아질 수 없음을 말한다.

549(2) 까마귀가 열두 소리를 내도 하나같이 좋은 소리는 없다.

조선에서는 흔히 까마귀 소리는 흉한 것으로 여기고 까치는 길조로 여긴다.

열둘이란 많다는 의미이다.

악한 이의 말은 그 말이 모두 의심스럽다는 의미이다.

550(3) 솔개도 오래면 꿩을 잡는다고.

무능한 자도 오래 노력하면 이루는 것이 있음을 비유한 것이다.

551(4) 재수 없는 놈은 뒤로 넘어져도 코가 깨진다.

불운한 사람은 의외의 실패를 거듭한다는 말이다.

552(5) 기와 한 장 아끼다가 대들보 썩힌다.

설명할 필요 없이 뜻이 자명하다.

553(6) 이마 위에 튄 물은 뒤꿈치까지 흐른다.

좋지 않은 일에는 원류가 있음을 말한다.

554(7) 낮 말은 새가 듣고 밤 말은 쥐가 듣는다.

말을 삼가야 함을 말한다.

555(8) 열 번 찍어 안 넘어가는 나무 없다.

시삼호市三虎[55])의 비유와 같이 거짓말이 여러 번이면 결국 흔들리지 않는 사람이 없다는 것이다.

556(9) 될성부른 나무는 떡잎부터 알아본다.

설명할 필요 없이 뜻이 자명하다.

557(10) 소금에 절여지지 않는 것은 간장에도 절여지지 않는다.

큰일에 굴하지 않는 자는 작은 일에는 더욱 굴하지 않음을 말한다.

558(11) 손끝의 가시는 알아도 가슴 속의 고름은 모른다.[56])

눈앞의 작은 우환은 근심할 줄 알면서도 은폐되어 있는 큰 해에는 관심을 갖지 않는다는 말이다.

559(12) 소경이 개천 나무란다.

도랑이 있어서 빠졌다고 화를 내며 이를 질책하는 것이다.

---

[55]) 삼인성호(三人成虎): 세 사람이 짜면 저잣거리에 호랑이가 나타났다는 말도 할 수 있다는 뜻으로, 거짓말이라도 여럿이 하면 곧이 듣는다는 말.
(출전) 한비자(韓非子) 내저설(內儲說)
위(魏)나라 혜왕의 중신 방총(龐蔥)은 조나라의 인질로 끌려가는 태자의 수행원으로 선발되었다. 방총은 조나라로 떠나기 전에 왕을 알현하고, 분명히 호랑이가 없는데도 세 사람이 계속 같은 말을 하면 있는 것이 되는 것처럼 자신을 비방하는 자들이 있을 것이니 그들의 말을 귀담아 듣지 말라고 당부하였다. 그러나 결국 방총은 비방하는 목소리에 눌려 평생 고국으로 돌아오지 못했다.

[56]) 손톱 밑에 가시 든 줄은 알아도 염통에 쉬 쓰는 줄 모른다.

자신의 잘못은 문제 삼지 않고 다른 사람만 원망함을 말한다.

560(13) 도적의 때는 벗어도 화냥의 때는 못 벗는다.

도둑은 증거가 있어서 누명을 벗을 수 있어도 간통에는 누명을 벗을 증거로 삼을 만한 것이 없음을 말한다. 간통죄는 누명을 씻기가 아주 어려움을 비유한 것이다.

561(14) 아무리 잘 하는 노래라도 오래 들으면 질린다.

설명할 필요 없이 뜻이 자명하다.

562(15) 말 타자 마부가 탐난다.[57]

사람의 욕심이란 한이 없음을 이르는 말이다.

563(16) 아니 땐 굴뚝에 연기 나랴.

설명할 필요 없이 뜻이 자명하다.

564(17) 새벽달 보려고 저녁때부터 기다린다.

먼 장래의 일 때문에 노심초사하는 어리석음을 말하는 것이다.

565(18) 고삐가 길면 말에게 밟힌다.

사공이 많으면 배가 산으로 간다는 뜻이다.

---

[57] 말 타면 경마 잡히고 싶다.

566(19) 참새가 백로를 따라 걸으면 가랑이가 찢어진다.

분에 맞지 않는 흉내를 내면 결국 신세를 망치게 된다는 뜻이다.

567(20) 공든 탑이 무너지랴.

기초를 튼튼히 하여 이룬 사업은 쉽게 무너지지 않음을 말한다.

568(21) 농사꾼은 굶어 죽을 때도 볍씨를 베고 죽는다.

어리석은 자는 죽으면 재물도 소용없다는 것을 모른다는 말이다.
또 본분을 잊지 않음을 말한다.

569(22) 누울 자리를 보고 다리를 뻗어라.[58]

위치를 먼저 헤아려 보고 나서 뜻을 행하라는 말이다.

570(23) 들으면 병, 안 들으면 약이다.

나쁜 말은 귀에 담지 말라는 말이다.

571(24) 캄캄한 밤에는 아무리 눈을 깜박여도 모른다.

눈을 깜박이는 것은 몰래 내 의중을 다른 사람에게 전하는 것이다.
그러나 어두워서는 효과가 없다.

572(25) 아무리 바빠도 바늘허리에 실 매어서는 못 쓴다.

아무리 급해도 순서에 맞지 않는 일은 하지 말라는 말이다.

---

[58] 누울 자리 봐 가며 발을 뻗어라.

573(26) 눈이 보이지 않는 봉사라도 눈이 안 보인다고 하면 화를 낸다.

사람은 단점을 지적받으면 화를 낸다는 말이다.

574(27) 호랑이에게 개를 빌려주었다가 돌려받은 적이 있는가.

탐욕스러운 자는 재물에 싫증을 내는 법이 없다는 뜻이다.

575(28) 여름 불도 쬐다 말면 섭섭한 마음이 든다.[59]

사람 마음이 물건을 버리는데 인색함을 탄식하는 것이다.

576(29) 무당은 제 굿을 못하고, 점장이는 제 죽을 날을 모른다.

설명할 필요 없이 뜻이 자명하다.

577(30) 검은 개 멱 감 듯하다.

결국 개선되지 않음을 비유한 것이다.

578(31) 장님이 자고 있는지 깨어 있는지.

일의 분별이 되지 않음을 말하는 것이다.

579(32) 장님이 제 닭을 잡아먹는다.

장님은 자기 닭과 남의 닭을 잘 구별할 수 있는 방법이 없다. 그러나 그가 잡아먹은 것은 틀림없이 남의 닭이다.

---

[59] 여름 불도 쬐다 나면 섭섭하다.

고의로 나쁜 일을 범하고 조목조목 나누어 설명하는 것을 비웃어
하는 말이다.

일설—說에 말하기를 심술궂은 장난꾸러기가 하루는 닭을 많이 키
우는 장님을 부추겨, 오늘은 마침 자네와 닭고기 잔치를 열고 싶었
는데 오는 길에 들판에 닭 열 마리를 방목하는 것을 보았다. 어떻
게든 그 한 마리를 잡아다가 술 한 잔 하지 않겠느냐고 했더니 욕심
많은 장님이 얼떨결에 그 말에 속아 넘어갔다. 여기저기 끌고 다니
다가 여기라고 알려 주고 겨우겨우 잡아와서, 역시 주어 온 닭이 맛
있다며 입맛을 다신 것은 바로 다름 아닌 자신의 소중한 닭이었다.

580(33) 장님이 파밭에 들어간다.[60]

파밭은 밟아도 소리가 적게 난다. 즉 무턱대고, 함부로 라는 뜻이
다.

581(34) 음식은 돌려먹을수록 줄고, 말은 돌려 할수록 커진다.

설명할 필요 없이 뜻이 자명하다.

582(35) 말 등에 실을 것을 벼룩 등에 실어 봐라.

설명할 필요 없이 뜻이 자명하다.

583(36) 말 잃고 마구간 고친다.

설명할 필요 없이 뜻이 자명하다.

---

[60] 파밭 밟듯 하다.

584(37) 아버지 죽은 지 나흘 만에 약을 구한다.

설명할 필요 없이 뜻이 자명하다.

585(38) 떡도 떡이지만 찬합이다.

떡도 원래 맛있겠지만 먼저 무엇보다 그릇이 깨끗해야 한다는 뜻
이다.

586(39) 성나서 돌을 찼다가 내 발에 상처 났다.

역경에 처했을 때 순응하고 받아들이지 않으면 오히려 자신이 다
친다는 뜻이다.

587(40) 소리개를 매로 보았다.

주로 여자의 미추美醜를 오인했을 경우에 말한다.

588(41) 사귀어야 헤어지지.

기억해야 떠올리지와 같은 의미이다.

589(42) 달면 삼키고 쓰면 뱉는다.

사람은 누구나 스스로의 이익을 제일로 한다는 뜻이다.

590(43) 모난 돌이 정 맞는다.

강경한 자는 상해를 입기 쉽다는 뜻이다.

591(44) **부부싸움은 칼로 물 베기.**

곧바로 다시 화합한다는 뜻이다.

592(45) **참새가 이삭 떨어진 곳을 그냥 지날 수 있나.**

욕심 많은 자는 이익을 보고 용기 있게 물러나지 못한다는 뜻이다.

593(46) **밤새 통곡하고 누가 죽었는지를 모른다.**

혹은 종일 통곡하고 누구 부인의 장례인지를 모른다고도 한다. 어떤 일에 따르면서도 그 영문을 모른다. 어리석음의 극치를 말하는 것이다.

594(47) **울지 않는 아이에게 젖을 준 적이 있는가.**

구하지 않는 것은 받기 쉽지 않다는 뜻이다.

595(48) **첫술에 배부르랴.**

막 배우기 시작한 사람이 조급하게 굴어서는 안 된다는 뜻이다.

596(49) **닭 쫓던 개가 지붕 위만 부러운 듯이 바라본다.**[61]

---

[61] 닭 쫓던 개 지붕 쳐다본다. 이 속담은 흔히 '애써 이루려던 일이 실패로 돌아가 어이없게 된 경우'에 쓰인다. 그러나 위에서 본 바와 같이 이 속담에 대한 다카하시의 설명이 오늘날의 일반적인 쓰임과 달라 자칫 그의 오역으로 생각하기 쉽지만 그 원인은 오히려 다카하시 이전의 우리나라 한역속담집에서 찾을 수 있다. 즉 정약용은 「赶鷄之犬 徒仰屋檐」라고 한역하고 「동학과 경쟁하다 친구가 먼저 오른 것을 비유한 것(喩同學競進 其友先升)」이라 해석한 반면에 『열상방언洌上方言』에서 이덕무는 「狗逐鷄 屋只睇」로 번역하고 「일이 낭패되어 머쓱하게 된 것을 말한다(言事敗而無聊也)」라고 설명하고 있다. 이렇게 보면, 다카하시의 해석은 정약용의 설명을 받아들이고 있음이 엿보여 흥미롭다.

서로 경쟁하며 함께 공부하다 친구가 먼저 승진한다는 뜻이다.

597(50) 개천에서 용 나랴.

미천한 집안에서 재주와 지혜가 뛰어난 사람이 나오는 일은 드물다는 뜻이다.

598(51) 물건이 좋아야 비싸게도 팔릴 것이다.

설명할 필요 없이 뜻이 자명하다.

599(52) 내 딸이 고와야 사위를 고른다.

설명할 필요 없이 뜻이 자명하다.

600(53) 백지장도 맞들면 낫다.

아무리 작은 일이라도 협력이 중요하다는 의미이다.

601(54) 말 한 마리에 안장 두 개 놓을 수 있나.

설명할 필요 없이 뜻이 자명하다.

602(55) 뻗어가는 칡도 한이 있다.

설명할 필요 없이 뜻이 자명하다.

603(56) 미꾸라짓국 먹고 용트림을 한다.

재주 없고 거만한 자를 형용한 것이다.

604(57) 특히 그 사람을 위해 비워둔 당상은 빼앗을 수가 없다.

본래 그 사람의 몫으로 정해져 있는 것은 잃지 않는다는 뜻이다.

605(58) 개 발에 놋쇠 발싸개.

목후이관(沐猴而冠: 원숭이가 관을 썼다는 뜻으로, 옷은 훌륭하나 마음은 사람답지 못함을 이르는 말 ─ 역자).

606(59) 세상일을 좀 알았나 했더니 어느새 늙어 버렸다.

세월을 헛되이 하기 쉬움을 경계하는 말이다.

607(60) 대장간에는 식칼이 귀하다.

동량지재棟樑之材의 훌륭한 목수를 데려다 고작 책상다리를 고치게 한다는 뜻이다.

608(61) 노루 뿔이 길어봤자 뻔하지.

노루는 뿔이 짧은 동물이다. 조선에 가장 많다.

졸렬한 사람이 어쩌다 우연히 교묘한 솜씨를 발휘한 것을 냉소하는 말이다.

609(62) 자라보고 놀란 사람은 솥뚜껑 보고도 놀란다.

조선의 솥뚜껑은 자라 형태를 하고 있다.

팔공산 초목으로 진晉나라 병사로 삼는다는 뜻이다.

610(63) 콩비지로 배가 부르면 어떤 맛있는 과자도 달라고 하지 않는다.

설명할 필요 없이 뜻이 자명하다.

611(64) 자다 남의 다리 긁는다.

어두울 때는 틀리기 쉬움을 말하는 것이다.

612(65) 굽은 음경은 자기 발 등에 오줌을 눈다.

악을 행한 자는 스스로 실토한다는 뜻이다.

613(66) 남의 부모 병에 손가락 자른다.

효자는 손가락을 잘라 아버지의 병이 낫기를 하늘에 기도하는 법이다.

할 필요 없는 일에 온힘을 다한다는 뜻이다.

614(67) 어두운 밤에 굵은 막대기를 불쑥 낸다.

아닌 밤중에 홍두깨라는 뜻이다.

615(68) 여든 살에 이가 나랴.

도저히 있을 수 없는 일을 비웃는 것이다.

616(69) 소금이 썩는다.

617(70) **냉수에 구더기 끓는다.**

두 속담 모두 하찮은 일에 간섭하고 쩨쩨하게 구는 사람을 업신여기거나 비웃는 태도로 비평함을 이르는 말이다.

618(71) **밥 빌어다 죽 쑤어 먹는다.**

인색함을 비웃는 말이다.

619(72) **콩으로 메주를 쑨다고 해도 다른 사람이 믿지 않는다.**

일단 신용을 잃으면 당연한 사실을 말해도 믿어 주지 않는다는 뜻이다.

620(73) **음력 5, 6월에 얼어 죽는다더라.**

621(74) **냉수만 먹고 된 똥 누라고 할까.**

622(75) **개가 콩엿을 먹고 나무 위에 오른다.**

623(76) **손가락에 불을 지르고 하늘에 오른다.**

네 가지 속담 모두 도저히 있을 수 없는 일을 비유하는 것이다.

624(77) **눈 감으면 코 베어가는 세상이다.**

잠시도 방심할 수 없는 세상을 말하는 것이다.

625(78) 잘난 체 하는 사이에 십 리를 간다.

일이 빨리 지남을 이르는 말이다.

626(79) 노루 제 방귀에 놀라 듯.

겁쟁이의 형용이다.

627(80) 가난한 양반은 하인만 경멸한다.

밥은 굶어도 집안 좋은 양반은 역시 하인에게만은 굴하려 하지 않는다.

628(81) 힘으로 밀어 붙인다고 소가 왕이 될까.62)

왕은 힘으로 되는 것은 아니라는 의미이다.

629(82) 꿩대신 닭.

형 대신 동생에게 은혜를 갚는다는 류의 속담이다.

630(83) 똥 묻은 개가 겨 묻은 개 나무란다.

631(84) 변소 기둥 물레방아 기둥을 비웃는다.

두 속담 모두 나의 추함을 잊고 남의 추함을 말하는 어리석음을 말하는 것이다.

---

62) 힘 많은 소가 왕 노릇 하나.

632(85) 장님이 장님을 인도한다.

설명할 필요 없이 뜻이 자명하다.

633(86) 소경이 바늘귀를 꿴다.

불가능한 것을 말한다.

634(87) 못된 송아지 엉덩이에 뿔난다.

'단향목은 떡잎 때부터 향기롭다'의 반대를 말하는 것이다. 소위 건방지다는 뜻이다.

635(88) 고슴도치도 제 새끼는 예쁘다.

설명할 필요 없이 뜻이 자명하다.

636(89) 새끼 매는 어미 매를 잡아먹는다.

불효자식을 말하는 것이다.

637(90) 버릇 배우라니까 과붓집 문고리 빼어 들고 엿장수 부른다.

옛날에는 철과 엿을 교환했다. 지금도 여전히 놋과 엿을 교환하는 것을 본다. 좋은 일을 가르치려고 했더니 오히려 나쁜 일을 함을 한탄하는 것이다.

638(91) 양주揚州 밥 먹고 고양高陽 일 한다.

양주와 고양은 이웃한 땅이다. 고용된 집의 일은 하지 않고 다른 일을 함을 이르는 것이다.

639(92) 종로에서 뺨 맞고 골목길로 들어가 눈 흘긴다.

종로는 사람이 많이 다녀서 꾸물대는 시골 사람이 뺨을 맞는 경우가 있다. 그렇지만 그 자리에서는 아무 말도 하지 못하고 골목길로 들어가 눈을 부라리며 화를 내는 것이다.

640(93) 장난을 하는 것은 과부네 수캐.

설명할 필요 없이 뜻이 자명하다. 나쁜 장난을 하는 청년을 비난하는 말이다.

641(94) 썩은 갈대 울타리로 노랑 개의 코 끝.[63]

"길가에 핀 무궁화꽃 말이 그만 뜯어먹었네."[64]라는 뜻이다. 또 당치도 않은 일에 쓸데없이 참견함을 이르는 말이다.

642(95) 실신한 영감이 죽은 딸의 집을 쳐다본다.

그저 멍하기만 한 사람의 형용이다. 영감令監은 3품 이상의 관리를

---

[63] 다 삭은 바자 틈에 노랑 개 주둥이 같다.

[64] 바쇼(芭蕉)의 기행일기 「노자라시 기행野ざらし紀行」에 수록되어 있는 하이쿠이다. 이 시에는 '말 위에서'라는 설명이 있다. 즉, 바쇼는 이 시를 말을 타고 가면서 읊은 것이다. 문득 말이 멈추어 섰나 싶더니 순간 눈앞에서 무궁화꽃을 게걸스럽게 우적우적 먹어 버린 것에 대한 놀라움을 하이쿠로 남긴 것이다. 야마모토 겐키치(山本健吉, 『바쇼 감상과 비평芭蕉その鑑賞と批評』)에 의하면 이 하이쿠의 묘미는 단순한 사생(寫生)에 있는 것이 아니라 말위에 앉은 바쇼의, "무궁화꽃이라니 참 이상한 것도 먹는구나!" 라는 가벼운 놀라움이 드러나 있는 점이라고 한다.

칭하는 호칭이다.

643(96) **외손자를 예뻐하느니 파밭의 풀이나 매라.**
파밭은 풀을 맬 필요가 없는 밭이다.
쓸데없는 일을 하지 말라는 말이다.

644(97) **개똥도 약으로 쓰려면 없다.**
설명할 필요 없이 뜻이 자명하다.

645(98) **딸을 위해 굿을 할 때에도 자루를 들고 간다.**
구두쇠의 형용으로 무당에게 딸을 위한 굿을 의뢰할 때도 자루를
가지고 가서 굿에 쓴 제물 중 남은 것을 넣어 가지고 돌아옴을 이
르는 말이다.

646(99) **마방집이 망하려면 당나귀만 들어온다.**

647(100) **도매상이 망하려면 짚단만 들어온다.**
짚단과 같은 것은 아무런 이익도 되지 않는 물건이다.
약한 나무는 바람이 꺾고 우는 아이를 보고 개가 짖는다는 의미이
다.

648(101) **오이를 거꾸로 먹어도 제 멋.**
남의 눈에 벗어나는 이상한 짓이라도 제가 좋아하는 일이라면 상

관할 바가 아니라는 뜻이다.

649(102) 철이 철을 먹고 고기가 고기를 먹는다.

형제나 근친이 서로 싸우는 것을 말한다.

650(103) 제 발등의 불도 못 끄는 놈이 남의 발등의 불을 끌까.

스스로를 돌보고도 남음이 있어야 비로소 남을 돌볼 수 있다는 뜻이다.

651(104) 봉사 단청구경.

효과 없음을 말하는 것이다.

652(105) 봉화불에 김 구워 먹는다.

봉화는 큰 불이다. 소 잡는 칼로 닭 잡는다와 같은 뜻이다.

653(106) 인정이 많아 동네에 시아버지가 열둘.[65]

시아버지가 열둘이면 남편도 적어도 열두 명 있을 것이다.

654(107) 동네 처녀를 이쪽에서만 아내로 맞이하겠다고 정해
       보았자 소용없다.[66]

당사當事와 훈도시(남자의 음부를 가리는 폭이 좁고 긴 천-역주)는 상
대 쪽에서 어긋난다는 뜻이다.[67]

---

[65] 인정이 겨워 동내 시아비가 아홉이다.

[66] 동네(이웃집) 색시 믿고 장가 못 간다.

655(108) 서울이 낭이라니까 과천부터 긴다.

과천은 경성에서 삼십 리.

시골사람의 우직함을 말하는 것이다.

656(109) 의주에서 내려오는 급한 사자라도 똥 눌 시간은 있다.

아무리 급한 용무라도 얼마간의 짬은 있기 마련이라는 뜻이다.

657(110) 하늘을 나는 새도 처음에 날개를 움직였기 때문에 날 수 있는 것이다.

하늘을 나는 새는 조금도 날개를 움직이지 않고 나는 것 같지만 처음에는 날갯짓을 했음을 말하는 것이다.

거저 오는 안락은 없음을 이르는 말이다.

658(111) 화롯가에 엿을 놓았나.

화롯가에 엿을 붙여 놓으면 금방 녹아내린다. 아마 잠시도 이것을 내팽개쳐 두어서는 안 될 것이다. 마음이 아주 급한 손님이 주인의 만류도 듣지 않고 황급히 서둘러 돌아가려고 할 때에 이 속담을 사용한다.

659(112) 문을 열고 보나 닫고 보나 마찬가지다.

무서운 것을 볼 때 문을 열고 보나, 문을 닫고 틈새로 보나, 별 차이가 없을 것이다. 그러나 겁이 많은 사람은 문을 열고 볼 용기가 없

---

67) 즉, 상대는 생각지도 않는데 공연히 자기 혼자 지레 짐작으로 믿고만 있어서는 낭패를 보기 마련이라는 뜻이다.

어서 창호지에 아주 작게 바늘구멍을 내고 보는 것일 뿐이다.

660(113) 삶은 게의 다리를 뗀다.

661(114) 썩은 계란을 가지고 성城 아래를 못 간다.
썩은 계란은 아무런 가치가 없다. 성벽이 어찌 함부로 무너지겠는가. 하지만 겁 많은 사람은 역시 떨린다.

662(115) 코 안 흘리고 유복해 지랴.
이 나라는 흔히 어린아이들이 코를 흘리지 않으면 커서 복이 없다고 여긴다. 현재 고통이 없으면 나중에 복이 오지 않는다는 것이다.

663(116) 기어가도 서울까지만 가면 된다.
늦게라도 도착하기만 하면 된다는 뜻이다.

664(117) 구슬이 서 말이라도 꿰어야 보배.
옛날에 조선의 보배는 모두 꿰어서 허리에 차거나 모아 두었다가 썼다. 실용을 중시한다는 뜻이다

665(118) 부뚜막의 소금도 집어넣어야 짜다.
베어야 나무도 목재가 된다는 뜻이다.

666(119) 비단옷 입고 밤길 가기

의금야행(衣錦夜行 생색나지 않거나 보람 없는 일을 공연히 한다는 말
— 역자)이라는 뜻이다.

667(120) 밭을 팔아 논을 산 것은 쌀밥 먹을 심산.

옛 사업을 폐하고 새로운 사업으로 바꾼 것이 오히려 손해를 불러
왔다는 뜻이다. 즉 하나의 사업을 그만두고 다른 사업을 했지만 그
사업이 오히려 신통치 않음을 의미한다.

668(121) 때리는 시어머니 보다 말리는 시누이가 더 밉다.

'시누이는 오니 천 마리'[68]라는 뜻이다.

669(122) 사람을 때리러 갔다가 맞는 것은 당연지사.

남을 저주하면 자신도 해를 입는다.

670(123) 못된 벌레 장판방에서 모로 긴다.

온돌방은 원래 미끄러지기 쉬워서 똑바로 걷기 힘든데, 그렇지 않
아도 잘 걷지 못하는 어리석은 작은 벌레가 일부러 모로 기어 다니
니 그 한걸음 한걸음마다 미끄러지는 것은 당연하다.

671(124) 미친 척하고 떡 방앗간 떡 위에 넘어진다.

---

[68] 며느리 입장에서 시누이의 존재는 골치 아프고 성가신 것이어서 시누이 하나가 오니 천
마리만큼이나 며느리를 괴롭게 한다는 뜻의 일본 속담이다. 오니는 민담 등에 나오는 괴
물로, 인간의 형상을 하고 있으며 머리에는 뿔이 있고, 옆으로 찢어진 입에는 날카로운
엄니를 가지고 있다. 성격은 포악하다.

비굴하고 교활한 사람의 형용이다.

672(125) 하룻강아지 범 무서운 줄 모른다.

설명할 필요 없이 뜻이 자명하다.

673(126) 마음이 있으면 꿈에도 보인다.

설명할 필요 없이 뜻이 자명하다.

674(127) 수염이 석 자라도 먹어야 양반이지.

풍채가 아무리 훌륭하다 하더라도 자신의 힘으로 살지 못해서는 역시 천민이라는 뜻이다. 이 속담은 예로부터 이 나라 사회의 계급 조직에 대한 반항적인 민중의 소리라 할 수 있다. 즉 양반이라고 하면 그날의 끼니를 걱정하면서도 여전히 의기양양하게 평민 위에 서서 이들을 노비취급함으로써 평민은 자못 무상함을 느껴 너나 할 것 없이 이러한 속담을 외치며 뒤에서 양반을 비웃었던 것이리라.

675(128) 시골 사람이 서울사람을 못 속인다고 분개하여 사흘 간 똥을 못 눈다.

서울 사람이 시골 사람을 속이는 것은 오히려 드물며, 시골사람이 서울 사람을 속이는 일이 종종 있다는 뜻이다.

676(129) 곤장을 메고 매 맞으러 간다.

스스로 화를 자초함을 비유적으로 이르는 말.

677(130) 앉은뱅이가 서면 천 리를 가나.

'내가 대신이 되면, 장군이 되면' 등과 같은 말을 하는 사람을 비웃는 것이다.

678(131) 열두 가지 재주 있는 사람이 아침저녁 연기 내기 어렵다.[69]

여덟 가지 재주 일곱 가지 가난(八細工七貧乏).

679(132) 썩은 밤송이 삼 년 간다.

약하게 보이는 사람이 의외로 빨리 죽지 않음을 말한다.

680(133) 방귀가 자라 똥 된다.

처음에는 작은 악도 점차 큰 악으로 쌓여 커간다는 의미이다.

681(134) 목구멍이 포도청이다.

포도청은 예로부터 사람들이 가장 싫어하는 곳이다. 사람에게 목구멍이 있어 여러 가지 욕심이 생기고 맛있는 것을 먹고 싶어 하며 모두가 남의 것을 탐한다. 그렇기 때문에 포도청과 같이 싫은 곳이라는 뜻이다.

682(135) 앉은 자리에 풀도 안 난다.

심술이 너무 지독하여 녹기를 느끼고 풀조차 앉았던 자리에 나지

[69] 열두 가지 재주가 저녁거리가 없다.

않는다고 하는 말이다.

683(136) 땡감 썩은 것은 제 딸 주고 단감 썩은 것은 며느리 준다.

땡감은 썩어야 단맛이 난다. 그러나 단감은 썩은 것은 못 먹는다.

684(137) 한나라 조자용이 창을 찔러 세우는 것과 같다.

삼국지는 이 나라의 일반적인 읽을거리이다. 남녀 모두 이것을 탐독하여 유비, 관우, 장비, 공명, 조운과 같은 말은 삼척동자도 알고 있다. 특히 부녀자들은 이런 저런 이야기를 할 때면 삼국지의 인물들 이야기를 꺼내서 누가 제일이고 누구를 좋아하냐고 품평회를 하기도 한다. 이 나라의 현부인 모씨某氏가, "저는 할 수만 있다면 조자용의 아내가 되고 싶어요. 그 사람의 강인하고 변할 줄 모르는 굳은 지조는 현덕과 공명을 능가하지요."라고 조자용이 미망인을 거절한 사실을 들어 말한 이래로 여자들 사이에서는 정론定論이 되었다. 조운은 이 나라 여자들의 이상형이다. 대장부를 형용한 말이다.

685(138) 두들겨 맞지는 않을까 걱정하는 놈에게는 매만 온다.

미친개에게는 몽둥이만 보인다는 뜻이다.

686(139) 큰 잉어가 뛰면 송사리도 뛴다.

설명할 필요 없이 뜻이 자명하다.

687(140) 우물에 가 숭늉 찾는다.

688(141) **심부름 가 밥 달라고 한다.**[70]
두 속담 모두 설명할 필요 없이 뜻이 자명하다.

689(142) **우물 안 물고기.**
설명할 필요 없이 뜻이 자명하다.

690(143) **동풍에 맞는 싸리나무.**
모두 뚜렷한 주견主見이 없이 남의 의견이나 행동에 쉽게 동조함을
비유한 말이다.

691(144) **소귀에 경 읽기.**
설명할 필요 없이 뜻이 자명하다.

692(145) **안질에 고춧가루.**
설상가상.

693(146) **원숭이도 나무에서 떨어진다.**
설명할 필요 없이 뜻이 자명하다.

694(147) **한 되 주고 한 가마니 받는다.**

---

70) 싸전에 가서 밥 달라고 한다.

타인의 작은 결점을 떠들고 다니다 오히려 나의 큰 결점을 비난받게 된다는 의미이다.

695(148) 걷기도 전에 뛴다.

달걀에 털이 난다는 뜻이다.

696(149) 독 안에 든 쥐.

자루 안에 든 쥐.

697(150) 혹 떼러 갔다 혹 붙이고 왔다.

혹부리 영감 이야기 참조.

698(151) 입은 비뚤어져도 말은 바로 해라.

말이 곧고 올바라야 함을 말하는 것이다.

699(152) 우물을 파려면 한 우물만 파라.

한 일에 성공하고 나서 또 다른 일을 시작하라는 의미이다.

700(153) 주머니 돈이 쌈지 돈.

아버지 것은 아들 것이기도 하다는 뜻이다.

701(154) 지렁이도 밟으면 꿈틀한다.

702(155) 하룻밤에 만리장성을 쌓는다.

하룻밤의 연도 깊은 정이다.

703(156) 억지 없는 무덤 없다.

인간은 죽을 때가 되면 반드시 더 살고 싶다고 억지를 쓰는 법이다. 후회 없는 임종은 없다는 뜻도 된다.

704(157) 고기는 씹어야 맛이요, 말은 해야 맛이다.

조선인은 고기는 어디까지나 씹어 먹어야 하는 것으로 생각하고 있어서 연한 고기는 오히려 씹는 맛이 없다고 질긴 것을 좋아한다. 남에게 길게 훈계할 때 사용한다.

705(158) 큰 항아리 사이의 질그릇.

부부싸움은 아이에게 탈이 된다. 큰 항아리가 움직일 때마다 그 사이에 있는 접시가 깨진다.

706(159) 입에 붙은 밥풀.

입을 한번 움직이면 곧 이것을 먹을 수 있을 것이다. 일거수일투족의 노고로 이루어야 하는 일이라는 뜻이다.

707(160) 호랑이 없을 때는 여우가 선생.[71]

설명할 필요 없이 뜻이 자명하다.

---

[71] 범 없는 골에는 토끼가 스승.

708(161) 도끼날은 무디면 갈지만 사람은 죽으면 그만.

설명할 필요 없이 뜻이 자명하다.

709(162) 아이 보는 앞에서는 물도 마시지 마라.

부모는 아이의 교양에 깊이 주의해야 함을 말하는 것이다.

710(163) 열 길 물속은 알아도 한 길 사람의 마음은 모른다.

설명할 필요 없이 뜻이 자명하다.

711(164) 물은 건너 봐야 알고 사람은 사귀어 봐야 안다.

설명할 필요 없이 뜻이 자명하다.

712(165) 입에 맞는 떡.

좋아하는 일, 좋아하는 사람은 많음을 이르는 말이다.

713(166) 누워서 침 뱉기.

설명할 필요 없이 뜻이 자명하다.

714(167) 굳은 땅에 물이 고인다.

절약하는 사람은 부자가 된다는 뜻이다.

715(168) 물이 가야 배가 온다.

원인 결과를 설파하는 것이다.

716(169) **옷이 날개.**

마부도 옷.[72]

717(170) **쥐새끼(혹은 고양이)는 제 앞을 못 본다.**

무지한 자가 한 치 앞을 내다보지 못함을 말하는 것이다.

718(171) **배 먹고 그 심으로 이 닦기.**

배를 먹으면 충분한데 또 나아가 그 심으로 이를 닦다니 과욕이라는 의미이다.

719(172) **배 주고 배속 빌어먹는다.**

남에게 은혜를 베풀고 다시 그 사람에게 기대어 생활한다.

이 속담은 교묘히 이 나라의 풍습을 비웃고 욕하여 아픈 데를 찌르는 것이다. 이 나라 사람은 다른 사람에게 은혜를 베푸는 것을 의무로 생각하고 남의 은혜를 입는 것을 권리로 생각하고 있다. 세력가에게 식객食客이 천 명이요, 전국에 유민遊民이 가득하더니 오늘날 갑자기 시국이 변화하여 결정적인 형국으로 치닫자마자 떵떵거리던 양반도 향후 10년 간 조상의 제사를 능히 지켜낼 가능성이 있는 자가 겨우 열 손가락에 꼽을 정도밖에 안 되는 이유가 이것이다. 슬퍼할 일이다.

720(173) **내 물건 주고 도리어 뺨 맞는다.**

---

[72] '옷이 날개'라는 속담에 해당하는 일본 속담이다.

헛되이 은혜를 베풀지 말 것을 경계한 것이다.

721(174) 눈 가리고 아웅.

귀 막고 방울 훔친다.

722(175) 남을 현혹시켜 놓고 뺨 때린다.

집안싸움의 심리이다.

723(176) 나무 위에 오르게 하고 나무를 흔든다.[73]

늘 속는 사람의 아픈 데를 찌르는 따끔한 충고이다.

724(177) 그런 말 하지 않았더라면 사탕 하나라도 사줄 것을.

말이 많음을 경고하는 것이다. 이 나라 사람만큼 말 많은 경우도
드물 것이다. 또한 때때로 지나친 말은 화를 자초하는 경우가 있음
을 깨닫는 사람도 있을 것이다. 실제로 나쁜 짓을 저지른 사람을
질책할 때, 고분고분 듣고 사죄를 하면 불쌍한 생각이 들어 나무라
고 나서 사탕이라도 하나 사주고 싶은 마음도 생기지만, 강하게 억
지 주장을 하며 굽히지 않을 때는 더욱 화가 치밀어 그렇게까지 할
것도 없는 일에도 결국 극단적인 말과 감정을 가지게 되고 만다.

725(178) 언청이만 아니어도 천하제일의 미인이다.

큰 결점은 모든 미를 감춘다는 뜻이다.

[73] 나무 위에 오르라 하고 흔드는 격.

726(179) 언청이가 콩가루 먹은 듯하다.

설명할 필요 없이 뜻이 자명하다.

727(180) 언청이가 감자를 먹으면 코로 나온다.

설명할 필요 없이 뜻이 자명하다.

728(181) 산 입에는 음식이 들어간다.

혹은 '산 입에는 거미줄 치지 않는다'라고도 한다. 살아있는 한 죽지는 않는다. 오늘 밤 먹을 것이 없어도 아무렇지도 않게 곰방대에 가느다랗게 실 같은 연기를 피우는 이 나라 사람의 낙천관을 토로하고 있는 것이다.

729(182) 고양이 목에 방울 달기.

730(183) 쇠목에 방울 단다.

무용지물을 말하는 것이다.

731(184) 양 손에 떡을 쥐고 있다.

바빠서 즐겁고 기쁨을 형용한 말이다.

732(185) 똥 누러 갈 적 마음 다르고 나올 적 마음 다르다.

설명할 필요 없이 뜻이 자명하다.

733(186) 배보다 배꼽이 크다.

734(187) 바늘보다 실이 굵다.

735(188) 코가 얼굴보다 크다.

설명할 필요 없이 뜻이 자명하다.

736(189) 그릇은 변변치 못해도 장맛은 맛있다.[74]

설명할 필요 없이 뜻이 자명하다.

737(190) 개구리 올챙이 적 생각 안 한다.

부자가 교만하지 않기는 어렵다는 뜻이다.

738(191) 화분에 심으면 강아지풀도 화초다.

위치가 사람의 가치를 좌우한다는 뜻이다.

739(192) 미운 놈 떡 하나 더 준다.

마음이 넓을 것을 권고하는 것이다.

740(193) 풍채와 용모를 보고 이름을 짓고, 몸을 보고 옷을 만들어라.

설명할 필요 없이 뜻이 자명하다.

---

[74] 뚝배기보다 장맛.

741(194) 세 살 적부터 무당을 했지만 아직 막대기 같은 귀신 하나 못 보았다.[75]

이런 사람을 처음 보았다고 할 경우에 사용되며 또 성공하기 어렵다는 뜻이기도 하고 어리석고 둔한 사람의 형용이기도 하다.

742(195) 제 버릇 개 주나.

설명할 필요 없이 뜻이 자명하다.

743(196) 점잖은 개 부뚜막에 오른다.

의외의 일을 말하는 것이다. 착한 사람이라고 생각했던 사람이 의외의 일을 하여 놀람을 뜻한다.

744(197) 세 살 버릇 여든까지 간다.

설명할 필요 없이 뜻이 자명하다.

745(198) 똥이 무서워서 피하랴.

더러워서 피하는 것이다.

양반이 천민에게 시비를 거는 것과 같다.

746(199) 가난해서 비단 옷을 안 입는다.

모두 팔아버리고 의식 때를 위해 남겨 둔 것만 있어서이다.

---

75) 세 살 적부터 무당질을 하여도 목두기 귀신은 못 보았다.

747(200) 부모가 죽었는데 춤을 춘다.

어리석은 자의 형용이다.

748(201) 자라나는 호박에 말뚝을 박는다.

무정하고 잔혹함을 말하는 것이다.

749(202) 덤불속 호박이 잘 자란다.

주인에게 발견되지 않기 때문이다.

750(203) 불난 집에 풍구질 한다.

남의 불행을 더욱 괴롭게 만듦을 이르는 말이다.

751(204) 임신한 부인의 배를 찬다.

앞의 속담과 같은 의미이다.

752(205) 항우項羽도 댕댕이덩굴에 넘어진다.

원숭이도 나무에서 떨어진다.

753(206) 잘못되면 조상 탓이라고.

성공하면 자기의 힘이라고.

754(207) 메밀은 세모지만 굴러가다가 결국 서는 모가 있다.

천하를 이리저리 떠돌아다니는 떠돌이가 마흔 살이 되도록 집을 이루지 못하더라도 결국 정착할 곳이 있다.

755(208) 똥마려운 아가씨가 국건더기 썰 듯하다.

국건더기는 원래 주의해서 썰 필요가 없는 것이다. 하물며 똥마려운 아가씨는 빨리 하려고만 해서 아무렇게나 잘라 버린다. 그래서 어떤 일을 적당히 해 치운다는 뜻이다.

756(209) 상복 입은 아이 보다도 친족이 더 슬퍼한다.[76]

설명할 필요 없이 뜻이 자명하다.

757(210) 한강이 팥죽이라도 담을 그릇이 없어 못 먹는다.[77]

마땅히 취할 것을 취하지 않는 어리석은 자를 비웃는 것이다.

758(211) 동냥은 안 주고 쪽박만 깬다.

설명할 필요 없이 뜻이 자명하다.

759(212) 된장 아까워 못 잡아먹는다.

이 나라의 풍속은 개를 먹는다. 특히 시골에서는 개를 최고의 진미로 여기며, 음력 가을절기(9월 9일)에는 개를 잡아먹는 것이 상례이다. 이 날 개고기를 먹지 않으면 잡귀를 피하지 못한다는 미신이 있다. 개고기에는 일종의 악취가 있어 이를 없애는 데는 된장이 좋다고 한다. 그래서 개고기는 된장으로 양념하는 법이라고 한다. 이

---

[76] 상제보다 복재기가 더 설어한다.
[77] 한강이 녹두죽이라도 쪽박이 없어 못 먹겠다.

속담은 개고기는 먹고 싶지만 양념할 된장이 아까워 개를 잡아먹지 못함을 말하는 것이다. 인색한 자는 결국 손해를 본다는 말이다.

760(213) 도둑이 매를 든다.

도둑은 뻔뻔스럽다.

761(214) 뚱뚱한 사람같이 부어오르라는 거냐.

부자가 가난한 사람에게 왜 그렇게 혈색이 좋지 않은가. 좋은 것 좀 먹고 맛있는 것 좀 먹으라고 한 말에 대해 대답하는 말이다.

762(215) 처제가 파는 엿이라도 싸야 사지.

계산은 혈연보다 힘이 있음을 말하는 것이다.

763(216) 등에 업은 아이를 찾아 이웃 세 집에 묻고 다닌다.

어리석은 자의 형용이다.

764(217) 제비는 작지만 강남에 간다.

민담부의 흥부전 참조.

765(218) 가재는 작지만 돌도 진다.

앞 속담과 같은 의미이다.

766(219) 모기 보고 칼 빼기.

설명할 필요 없이 뜻이 자명하다.

767(220) 가는 날이 마침 장날.

이 나라의 지방 읍리邑里에는 매달 정해 놓은 날에 장이 선다. 부근의 산물이 이 날 다 모여 떠들썩하기는 제삿날 같다. 보통 열흘에 한 번으로 정해져 있다. 아무 생각 없이 시골의 아는 곳을 찾아갔더니 마침 도착한 날이 그 읍의 장날이라 활기차고 재미있었다는 뜻으로 행운이 오는 것도 이와 같음을 암시하고 있다.

768(221) 까마귀 날자 배 떨어진다.

까마귀가 고의로 배를 떨어뜨린 것은 아니지만 결국 까마귀의 죄가 되고 마는 것이다. 까마귀는 원래 얄미운 새이다.

769(222) 느릿느릿 걸어도 황소걸음.

설명할 필요 없이 뜻이 자명하다.

770(223) 제 먹기는 싫어도 개 주기는 아깝다.

인색한 사람은 남에게 주지도 않고 음식을 썩힌다.

771(224) 기르던 개에게 발뒤꿈치 물린다.

설명할 필요 없이 뜻이 자명하다.

772(225) 한 잔 술에 눈물난다.

한 잔의 술도 같은 자리의 손님에게 공평하게 나누어 줘야만 한다. 한 잔의 술은 더욱 남의 눈물을 흘리게 하는 힘이 있기 때문이다.

773(226) 주인집 장 떨어지자 나그네 국 마단다.

이 나라는 10년 전까지만 해도 나라가 아주 태평하여 백성들은 그저 안일한 삶을 살았다. 그래서 인심 역시 자연히 후하여 모르는 사람이라도 밥을 달라고 하면 밥을 주고, 묵기를 구하면 마땅히 이를 허락하는 것이 관습이었다. 사람을 묵게 하면 다른 것은 없어도 반드시 된장국을 대접하는 것이 법도이다. 그런데 이 날 마침 주인이 된장이 떨어져 걱정하던 참에 객이 자신은 된장국을 싫어한다고 말했다는 의미로 일이 아주 잘 맞아 떨어져 더할 나위 없다는 뜻이다.

774(227) 예쁘지도 않은 여자가 달밤에 넓은 삿갓을 쓰고 나온다.[78]

무능한 사람이 능력 있는 사람의 흉내를 낸다는 뜻이다.

775(228) 아무리 누더기라도 비단옷.

썩어도 생치.

776(229) 도둑을 앞으로 잡지 뒤로 잡나.

---

[78] 달밤에 삿갓 쓰고 나온다.

도적은 증거를 확보하고 잡아야 한다는 뜻이다.

777(230) 늦게 배운 도둑이 날 새는 줄 모른다.

두 가지로 해석할 수 있다. (1)재미가 붙으면 시간 가는 것을 모른다. (2)빠져서 본분을 잊는다.

778(231) 돌로 치면 돌로 쳐 돌려주고 엿으로 치면 엿으로 쳐 돌려준다.

은혜를 갚을 때는 덕으로 하고, 원한을 갚을 때는 복수로 한다는 뜻이다.

779(232) 사흘 굶으면 떠오르지 않는 생각이 없다고 한다.

굶주림이 사람의 마음을 타락시킴을 말한다.

780(233) 도살장에 들어간 소가 살아 나올까.

설명할 필요 없이 뜻이 자명하다.

781(234) 자기 칼도 남의 칼집에 들어가면 마음대로 안 된다.

타인에게 돈이나 책을 빌려주면 다시 이것을 자유롭게 사용하지 못한다는 뜻이다.

782(235) 서툰 시인이 한시 삭법을 신경 쓰나.

서툰 시인은 일단 시 형태로 만들기만 할 뿐이다. 손님을 대접할 때 보잘 것 없음을 겸손히 말할 경우에 많이 사용한다. 그저 손님을 기다린다는 마음만은 이해해달라는 뜻이다.

783(236) 오르지 못할 나무는 쳐다보지도 말아라.

되지도 않는 욕심을 부리지 말아라.

784(237) 믿던 나무에 곰팡이가 슬었다.

'이 일은', '이 사람은' 하고 믿었던 것이 어긋났다는 뜻이다.

785(238) 죽은 석숭보다 살아 있는 돼지가 낫다.[79]

석숭(石崇)은 옛날의 대부호이다.[80]

설명할 필요 없이 뜻이 자명하다.

786(239) 원수가 외나무다리에서 만났다.

공교롭다는 뜻이다. 좁은 판자의 외나무다리 위라서 피하려고 해도 피할 수가 없다. 당연히 싸울 수밖에 없다.

787(240) 강 건너 배 탄다.

때늦음을 비유한 말이다.

788(241) 자식 둔 골은 범도 돌아본다.

부모의 정을 말하는 것이다.

---

[79] 죽은 정승이 산 개만 못하다.
[80] 중국(中國) 진(晉)나라 때의 이름난 부호이다.

789(242) 말 많은 집 된장은 시다.[81]

분명히 집안 살림을 잘 꾸리지 못함을 말하는 것이다.

790(243) 급히 먹은 밥이 체한다.

빨리 이루려고 해서는 안 됨을 말하는 것이다.

791(244) 제 배 부르면 하인에게 밥하지 말라고 한다.

제멋대로임을 형용하는 말이다.

792(245) 산이 높아야 골이 깊다.

신체 장대한 사람이 힘도 세다는 의미이다.

793(246) 떫은 감이라도 먹어 본다.

쓴 말도 경청해야 함을 말하는 것이다.

794(247) 어린아이의 말도 귀에서 멀리하지 말아라.

널리 지식을 구하라는 말이다.

795(248) 한번 똥을 눈 개는 평생 거기에 똥을 눈다.

습관의 무서움을 말하는 것이다.

796(249) 너무 물건을 아끼면 개똥이 된다.

---

81) 말 많은 집 된장이 쓰다.

항간에 있는 이야기이다. 인색한 구두쇠는 다른 데서 들어온 물건을 남에게 주는 것이 아까와 모아 두었다가 결국에 썩혀서 개도 먹이지 못하고 만다. 또 다른 지방에서는「개 주려고 죽 쑨다」고도 한다.

797(250) 달리는 말에 채찍질.[82]

일이 순조롭다 하더라도 방심하지 말라는 것이다.

798(251) 콩 심은데 콩나지 팥나랴.

인과의 이치를 말한 것이다.

799(252) 내 코가 석 자 비뚤어졌다.[83]

남이 자기에게 바쁘니까 도와달라고 의뢰할 때 자기도 바쁘다고 대답할 경우 등에 사용한다.

800(253) 아는 길도 물어 가라.

신중할 것을 이르는 말이다.

801(254) 못된 개 코끝에 상처가 끊일 새 없다.

설명할 필요 없이 뜻이 자명하다.

802(255) 실뱀이 대해를 흐릴 수 있을까.

사이비 호걸을 비웃는 것이다.

[82] 가는 말에 채찍질.
[83] 내 코가 석 자.

803(256) 십 년 계속된 세도勢道 없고 열흘 피는 꽃 없다.

인간사가 찰나임을 들어 한 말이다.

804(257) 뛰는 놈 위에 나는 놈 있다.

세상은 넓으니 오만한 마음을 버리라는 말이다.

805(258) 소금 먹은 놈이 물킨다.

대부분 전과자가 나쁜 일을 한다는 말이다.

806(259) 먹을 가까이 하면 검어진다.

설명할 필요 없이 뜻이 자명하다.

807(260) 배 삯 없는 놈이 제일 먼저 배에 올라탄다.

인간사의 우스운 실태를 묘사한 것이다. 어느 입학 시험장에도 공부 잘 할 것 같은 얼굴을 하고 있는 사람이 합격한 예가 없다.

808(261) 도둑이 제 발 저린다.

하룻밤에 수백 리 험한 길을 끄떡없이 달리던 도적이 운이 다해 붙잡히려고 그런 건지 그 건강한 다리가 저절로 마비되어 결국 순순히 이름도 없는 포졸의 손에 잡힌다.

809(262) 미치광이가 범을 잡는다.[84]

---

[84] 우둔한 것이 범을 잡는다.

호랑이를 잡는 사람이 미치광이 외에 또 있으랴. 무송武松[85]이 호랑이를 잡은 것도 그가 취해 있을 때였다.

810(263) 젊어서 고생은 사서라도 한다.

고생이 너를 옥玉으로 만든다.

(264)[86] 돈이 제갈량諸葛亮

묘하고 매정한 말이다. 고금 제일의 귀재와 돈을 비유한 기발한 착상이라 해야 할 것이다.

811(265) 서툰 요리사 후박나무 도마를 나무란다.

죄가 어찌 도마에 있겠는가.

812(266) 부엉이도 제 소리는 좋은 소리로 생각한다.[87]

인간의 자아도취를 말하는 것이다.

813(267) 익은 밥이 날로 돌아갈 수 없다.

설명할 필요 없이 뜻이 자명하다.

814(268) 등잔 밑이 어둡다.

---

[85] 중국 소설 수호전(水滸伝)에 등장하는 인물이다. 예리하고 사나운 거인으로, 술을 마실수록 강해지며 맨손으로 호랑이를 잡을 정도로 권법에 능통한 사람이다.

[86] 이미 292의 속담으로 소개되었으나 설명에 약간 차이가 있어 그대로 인용해 두었다.

[87] 부엉이 소리도 제가 듣기에는 좋다고.

설명할 필요 없이 뜻이 자명하다.

815(269) 솥 속의 콩도 쪄야 익지.

둥근 돌도 힘을 가해야 움직인다.

816(270) 바늘 도둑이 소 도둑 된다.

작은 악이 자라 큰 악이 됨을 말하는 것이다.

(271)⁸⁸⁾ 지나치게 입바른 사람은 못 큰다.

의회의 답변에 요령이 없는 대신은 적다.

817(272) 불에 놀란 놈은 부지깽이에도 놀란다.

설명할 필요 없이 뜻이 자명하다.

818(273) 홀아비는 이가 서 말, 과부는 은이 서 말.

설명할 필요 없이 뜻이 자명하다.

819(274) 가을비는 할아버지 턱수염 밑에서도 피할 수 있다.⁸⁹⁾

아주 잠깐 오다 그침을 비유한 말이다.

820(275) 가을 더위와 노인의 건강.

---

88) 1914년본에는 누락된 속담이다.
89) 가을비는 장인의 나룻 밑에서도 긋는다.

믿을 수 없음을 말하는 것이다.

821(276) 대수롭지 않게 여긴 풀에 눈을 찔린다.

방심은 대적.

822(277) 첩이 죽었을 때 본처가 흘리는 눈물, 본처가 죽었을 때 첩이 흘리는 눈물.

극소의 형용이다.

823(278) 벙어리 냉가슴.

마음속의 번뇌를 호소하려 해도 호소하지 못함을 형용한 말이다.

824(279) 아무것도 못하는 놈이 가문만 훌륭하다.

자기는 둔재로 무능한데 조상이 남긴 가문만 높다.

825(280) 무딘 도끼에도 발 베인다.

설명할 필요 없이 뜻이 자명하다.

826(281) 열 사람의 숟가락이 모이면 한 그릇이 된다.[90]

827(282) 큰 무당이 있으면 작은 무당은 춤을 추지 않는다.

해가 있으면 달이 나오지 않는다. 미치지 못함을 부끄러워하는 것

---

[90] 열의 한 술 밥이 한 그릇 푼푼하다.

이다.

828(283) 굿은 하고 싶은데 며느리가 무당춤 흉내를 내며 춤추는 것이 밉다.

며느리가 의외로 춤을 잘 출 때는 평소에 미운 며느리가 더욱 밉기 때문이다. 엉큼한 사람이 시기하는 것에 대한 마음을 말하는 것이다.

이 나라는 남녀차별이 지나치게 엄하여 여자는 규방 깊이 틀어박혀 있어서 마음은 점점 의기소침해지고 생각은 더욱 좁아져 자연히 고부간도 표면적으로는 절대적인 복종의 모습을 띠면서도 은근히 시기심을 갈고 닦아 서로 다투는 일이 지금의 일본 가정 이상으로 많은 듯하다. 더욱이 양쪽이 모두 세상 물정을 모르는 사람이라 그 싸움은 상당히 애들 싸움같이 유치하고, 싸움의 원인도 참으로 포복절도할 만한 것이다. 이제 이 나라의 민담을 하나 적어 이를 설명하겠다.

〈며느리들의 시어머니 험담〉

며느리와 시어머니 사이가 원만하지 못한 것은 어느 나라나 마찬가지지만 특히 이 나라와 같이 완전히 일반 세상과 동떨어진 규방에만 칩거하는 여자들은 점점 속도 좁아져 서로가 상대의 마음을 이리저리 추측하고 곡해하여, 시어머니는 며느리를 도리에 어긋난다고 하고, 며느리는 시어머니를 가혹하다고 하며 서로 다투는 바람에 이 나라에는 평온한 안방이 드물다고도 한다.

시어머니가 편치 않은 젊은 며느리 셋이 모인 적이 있었다. 그 중의 한 며느리가 뽀로통한 표정으로 말하기를, 우리 시어머니만큼 세상에 잔소리가 많은 사람은 없을 것이다. 한번은 내가 김을 구우려고 화로에 올려놓은 채로 두고 잠깐 밖에 나왔더니 시어머니가 보고서 나를 조심스럽지 못하다느니 하다 말고 내팽개쳤다느니 하면서 심하게 혼냈다고 하며 자못 억울한 듯이 원망을 늘어놓았다. 한 사람이 이에 질세라 우리 시어머니도 어찌 댁의 시어머니에 지랴. 엄하기로는 말도 못한다. 저번에 내가 다리미질을 하려는데 다리미 손잡이가 좀 헐거워져 자칫하면 빠질 것 같아 마침 거기 누워 계신 시아버지의 머리 위에서 가볍게 톡톡 두들겨 손잡이를 끼워 넣으려고 했더니 시어머니가 이것을 보고 나무라서 불이 날 정도로 혼났다며 몸을 흔들며 몹시 분해했다. 세 번째로 또 한 며느리도 말하기를, 그렇게 있지도 않은 일에 걸쩍지근하게 욕하는 것은 우리 시어머니도 절대로 댁의 시어머니 못지 않다. 언젠가 내가 도포(현재의 일본 옷과 같이 소매가 넓은 옷으로 옛날에는 학자들이 입었다)의 바늘땀 두세 개를 가리웠더니 바늘땀 어쨌냐? 하나라도 잃어버려서는 어디 도포를 만들었다고 하겠냐며 때릴 듯이 나무랐다고 금방이라도 눈물을 흘릴 듯이 욕을 했다고 한다.

829(284) 초가삼간이 탄 것은 아깝지만 빈대 죽는 것이 기쁘다.[91]

또 어떤 지방에는 초가삼간 대신에 절이라고 하는 경우도 있다. 사람의 증오심이 때로는 이해력을 능가하는 경우가 있음을 말한다.

----

[91] 초가삼간 다 타도 빈대 죽는 것만 시원하다.

830(285) 평생 일 잘한 손을 관 밖에 내어 묻는다.[92]

너무 아깝기 때문이다. 하지만 실제로는 이것을 반대의 의미로 하여 너무 재주 없음을 비웃는 경우에도 사용한다.

831(286) 뿔 뺀 쇠 상이라.

얼굴 생김새가 우스꽝스러움을 비웃는 말이다.

832(287) 계란에도 뼈가 있다.

이 속담은 민담에서 유래된 것이다. 아래에 기록한다.

〈계란유골鷄卵有骨〉

　옛날 이 나라의 어느 왕 때에 있었던 일이다. 어느 유서 깊은 집안의 양반으로 운이 아주 나쁜 사람이 있었다. 재능이 뒤떨어지는 것은 아니었는데 어느 관직에 올라도 뜻밖의 재액과 화난으로 누를 입어 파직을 당하게 되었다. 결국 일가가 식량이 없어 거의 아침저녁으로 밥 짓는 연기조차 피우지 못하는 지경에 이르렀다. 그러나 역시 워낙 지체 높은 집안이라 누군가 주선하는 사람이 있어서 그가 운이 없어 고생하는 것을 왕에게 상세히 아뢰었다. 왕도 모르는 척 할 수 없는 사람인지라 참으로 안타깝게 여기고 잠시 대책을 강구하여 말씀하시길, "정말로 운이 없는 사나이로다. 그러나 지금 갑자기 공로도 없이 고위직에 등용하기도 어렵거니와 또 내탕고(內帑庫)[93]의 물품을 하사한다고 해도 다른 사람의 평판도 좋지

---

[92] 솜씨는 관 밖에 내어 놓아라.
[93] 조선 시대에 임금의 개인적인 재물을 두던 곳.

못할 것이다. 이에 한 가지 방법이 있다. 내일 날이 밝으면서부터 저녁에 해가 질 때까지 만 하루 동안 도성의 남대문으로 들어오는 상인의 매물을 모두 사들여 그에게 주겠노라."고 하시며 어서 이 일을 그에게 전하라고 하셨다. 그 사람도 왕에게 아뢰기를 잘했다고 생각하고 서둘러 그에게 알려서 다음날 날이 밝는 대로 남대문에 서서 좋은 물건을 가지고 오는 상인이 없나 하고 기다리고 있었는데, 이 날은 어찌된 일인지 왕래가 빈번하기로 유명한 경성 제일의 대문에 인적이 끊겨 상인 같은 사람은 들어오지 않았다. 빈손을 흔들고 가는 한가한 사람이나 그렇지 않으면 경호가 엄한 양반의 행렬 정도로, 어느새 밤까마귀는 남산에 모여 울어대고 날도 저물려 한다. 그는 절절이 운이 없음을 크게 탄식하였다. 바야흐로 귀가 길에 오르려는 순간 저쪽에서 가난한 시골 사람이 계란 상자를 등에 지고 "계란, 계란"이라고 외치며 오고 있다. 하다못해 이거라도 가져가야겠다고 생각해 불러 세워 왕의 명령을 말하고 그 달걀을 모두 집으로 가지고 돌아왔다. 이윽고 반찬거리로 쓰려고 깨 보니 껍질 안은 아주 딱딱하고 온통 뼈뿐이다. 그것 참 이상하다고 생각하여 또 하나 깨 보니 마찬가지로 뼈뿐이다. 또다시 몇 개를 깨보아도 모두 흰자, 노른자가 없이 계란의 뼈라고도 할 수 없는 이상한 뼈들이 우수수 떨어져 나올 뿐이었다고 한다.

833(288) 부르지 않은 손님이 온다.

설명할 필요 없이 뜻이 자명하다.

834(289) 염불에는 마음이 없고 젯밥에만 마음이 있다.

승려의 천한 마음을 형용하는 말이다.

835(290) 굿이나 보고 떡이나 먹어라.

쓸데없는 일에 참견하는 사람을 나무라는 말.

836(291) 양지가 음지 되고 음지가 양지 된다.

사람의 운이 바뀌어 달라지는 것을 말하는 것이다.

837(292) 물에 물탄 듯 술에 술 탄 듯.

아주 잘 섞여 잘 어울림을 나타낸다.

838(293) 쇠뿔도 하나하나 다르고 염주의 구슬도 하나하나 같
          지 않다.94)

사람의 의견은 얼굴 같이 서로 다름을 말하는 것이다.

839(294) 비단보로 개똥을 싼다.

겉모양은 당당하지만 마음은 비열한 것을 비유한 말이다.

840(295) 열 손가락 깨물어 아프지 않은 것 없다.

많은 아이를 가진 부모 마음을 말하는 것이다.

---

94) 쇠뿔도 각각 염주도 몫몫.

841(296) 울며 겨자 먹기.

여자들이 울면서 조루리淨瑠璃[95)를 듣는 것과 같다.[96)

842(297) 여든 되어 얻은 아들.

자식을 몹시 사랑하는 사람을 조소적으로 형용한 것이다.

843(298) 불구자는 한 사람도 착한 마음을 가진 사람이 없다.

몸이 온전하지 못하면 마음 역시 온전하지 못하다.

844(299) 거꾸로 연지.

내가 말하려고 하던 공격의 말을 반대로 상대에게 들었다는 뜻이다.

845(300) 제 딸은 예쁘다.

세상에 자기 자식을 예뻐하지 않는 사람이 있겠는가.

846(301) 딸이 셋이면 집안이 망한다.

여존남비女尊男卑[97)로 여자의 정절을 엄책하여 이혼을 용인하지
않고 재혼을 허용하지 않으며, 얼마 전까지만 해도 재혼녀가 나온
집안의 남자는 관리로서의 특권을 박탈당할 정도인 이 나라의 사
회관습은 시집보낸 자기 딸이 혹시 상대의 마음에 들지 않을까 친
정 쪽은 밤이고 낮이고 안심할 새가 없다. 그래서 결혼할 때 사위

---

95) 샤미센의 반주에 맞추어 특수한 억양과 가락을 붙여 엮어 나가는 이야기의 일종이다.

96) 하기 싫은 일을 마지못해 함을 이르는 말.

97) 시집간 딸이 허물 잡히지 않도록 물질로 정성을 다하는 풍습을 女尊男卑로 풍자했다.

에게 보내는 의복에 정성을 다함은 물론, 그 딸이 여러 자식을 낳아 어머니가 되고서도 역시 일상복까지 계속 보내지 않을 수 없다. 딸의 친정나들이는 '집에 도둑이 들었다'는 우스갯소리가 있을 정도로 딸 많은 집의 어려움은 실로 말로 다 표현할 수 없다. 딸은 항상 어머니가 맡는데, 어머니는 가정경제에 절대 무능력자이기 때문에 현재 남편의 주머니 사정이 어떤지, 가산家産이 어느 정도인지 등에는 전혀 무관심하고, 딸자식 예뻐하는 마음과 이 나라 여성들이 공통적으로 가지고 있는 지기 싫어하는 마음에서 앞뒤 재지 않고 갖가지 물건을 보내주는 것이다. 한국말로 '아헤(아이 – 역자)'라는 말은 남자아이만을 의미하며 여자아이는 포함되지 않는다. 또한 이로써 이 나라가 얼마나 여자아이의 출생을 꺼려하고, 또 천하게 여기는지를 알 수 있을 것이다.

또 '딸이 셋이면 밤에 문 열고 잔다'라고도 한다. 도둑맞을 것이 없어서 문을 닫을 필요가 없는 것이다.

847(302) 죽은 자식의 음경을 만진다.

'죽은 자식 나이 세기'보다 더 적절하다.

848(303) 빈손으로 왔다 빈손으로 간다.

빈손으로 왔다가 빈손으로 가는 것이 인간의 본분이다. 무엇 때문에 고생하며 돈을 아끼랴. 사후의 만금이 무슨 소용이 있겠느냐는 뜻이다.

849(304) 양반이냐 두 냥 반이냐.

양반은 귀족이다. 그리고 동음어 양반兩半은 한 냥 반 즉 3전이다. 따라서 귀족은 3전錢과 같은 뜻이다. 계급제도의 억압에 고통 받는 평민은 항상 귀족에 대해 분한 마음을 참지 못하고, 기회가 있으면 이를 경멸하고 조소하여 다소나마 스스로의 즐거움으로 삼는다. 그래서 그 말이 3전과 같은 것을 빌미로 '귀족은 3전이다'라고 말하고 싶지만, 그래서는 너무 노골적이어서 충분히 연구해서 얻은 지식의 묘미가 부족하다. 따라서 '양반이냐 두 냥 반이냐'라고 기교를 부린 것이다. '뭐 그 놈이 양반이라고? 귀족이야 5전이야?'라고 말함으로써 뼛속까지 통쾌함을 느끼는 것이라고 할 것이다.

850(305) 신선놀음 하느라 도끼자루가 썩는다.

설명할 필요 없이 뜻이 자명하다.

851(306) 벌레 끓는 것이 무서워 장을 못 담근다.

된장은 벌레가 빨리 끓는다. 하지만 반드시 집에 만들어 놓아야만 한다. 이것을 만들지 않는 것은 연기가 맵다고 밥을 해먹지 않는 것과 같이 어리석은 일이다.

852(307) 오뉴월 바람도 불면 차갑다.

음력 오월 유월은 무척 덥다.

853(308) 전에 꼬리 흔들던 개가 나중에 문다.

인정의 뒤바뀜을 개탄하는 말이다.

854(309) 서당 개 삼 년 지나면 시문詩文에 능하다.[98]

둔재를 비웃는 말이다.

855(310) 설상가상.

우는 얼굴에 벌침.

856(311) 쾌락 많은 곳에는 범이 있다.

설명할 필요 없이 뜻이 자명하다.

857(312) 뛰면 벼룩 날면 파리.

성가시고 싫은 것은 벼룩과 파리 외에 없기 때문이다.
조선인이 빈대보다 벼룩을 두려워하는 것도 재미있다.[99]

(313)[100] 노는 입에 염불.

일본의 늙은 남녀도 역시 마찬가지이다.

858(314) 새 발에 피.

아주 적다는 뜻이다.

---

[98] 서당 개 삼 년에 풍월을 읊는다.

[99] 이 주는 1910년본에는 없는 내용으로 새로이 보충된 주이다.

[100]1914년본에는 누락된 속담이다.

859(315) **가죽이 있어야 털이 난다.**

설명할 필요 없이 뜻이 자명하다.

860(316) **땅 짚고 헤엄치기**

설명할 필요 없이 뜻이 자명하다.

861(317) **호랑이 입에 날고기.**

술 좋아하는 술꾼에게 술.

862(318) **경성에 가야 과거에 급제하지.**

과거는 천하에 가장 어려운 일이다. 서울로 올라가 시험에 응한다
고 해도 급제를 할지는 물론 알 수 없다. 하지만 시험을 치르려고
서울에 가는 사람은 역시 출발도 하지 않고 시골에 있는 사람보다
몇 보라도 급제할 수 있는 길에 오른 사람이라고 할 수 있을 것이
다. 같은 의미의 속담은 이 외에도 있다.

863(319) **때려봤자 처 형제.**

설명할 필요 없이 뜻이 자명하다.

864(320) **볏가리의 쥐.**

해를 입은 정도가 격심함을 이르는 말이다.

(321)[101] **절간에 젓갈 장수.**

178

쓸데없음을 이르는 말이다.

865(322) 등화에 나비.

설명할 필요 없이 뜻이 자명하다.

866(323) 큰 화로에 점설點雪.[102]

큰 빚에 삿갓 하나라는 뜻.

867(324) 호랑이 없는 굴에는 여우가 호랑이 된다.

설명할 필요 없이 뜻이 자명하다.

868(325) 깜깜한 밤에 주먹을 내민다.

설명할 필요 없이 뜻이 자명하다.

869(326) 영리한 고양이 멀리를 못 본다.[103]

원숭이도 나무에서 떨어진다는 뜻이다.

870(327) 소나무 키워 정자 만들겠다.

정자가 완성되는 것이 언제일지 모르는 너무 먼 경영을 말하는 것이다.

---

[101] 1914년본에는 누락되어 있는 속담이다.

[102] 紅爐點雪(홍로점설): ①뜨거운 불길 위에 한 점 눈을 뿌리면 순식간에 녹듯이 사욕이나 의혹(疑惑)이 일시에 꺼져 없어지고 마음이 탁 트여 맑음을 일컫는 말 ②크나큰 일에 작은 힘이 조금도 보람이 없음을 가리키는 말.

[103] 약빠른 고양이 앞을 못 본다.

871(328) **고양이가 본 쥐.**

설명할 필요 없이 뜻이 자명하다.

872(329) **범을 키워 근심을 남긴다.**

설명할 필요 없이 뜻이 자명하다.

873(330) **독 아까워 쥐를 못 잡는다.**

설명할 필요 없이 뜻이 자명하다.

874(331) **못된 개를 도리어 돌아볼 때도 있다.**

설명할 필요 없이 뜻이 자명하다.

875(332) **글을 아는 것은 근심을 키우는 일이다.**

설명할 필요 없이 뜻이 자명하다.

876(333) **남의 잘못을 말하기는 식은 죽 먹기다.**

아주 용이함을 말한다.

877(334) **남의 큰 병은 제 두통만도 못하다.**

설명할 필요 없이 뜻이 자명하다.

878(335) **시작이 반이다.**

설명할 필요 없이 뜻이 자명하다.

879(336) 어리석은 자는 말이 많다.

설명할 필요 없이 뜻이 자명하다.

880(337) 시동생 열은 안 미워도 시누이 하나가 밉다.

여자의 마음을 말하는 것이다.

881(338) 샘 옆에서 목말라 죽을 사람.

설명할 필요 없이 뜻이 자명하다.

882(339) 비위가 구더기를 생으로 먹을 정도로 좋다.

구더기는 된장에 끓는 작은 벌레이다.

사람의 마음속이 아주 험악함을 말하는 것이다.[104] 구더기를 날로
먹으면 배도 더러울 것이다.

883(340) 논두렁을 베고 죽을 놈.

망명亡命해서 죽을 놈이라는 뜻이다.

884(341) 한 몸에 두 지게 질 수 있나.

지게는 기계이다. 한국 사람들이 물건을 나를 때 사용한다. 한 사
람당 반드시 하나씩 있다.

885(342) 남에게 해악을 끼치는 고약한 마음은 누구에게나 있나.

---

[104] 1910년본 주에는 '도량이 매우 넓음을 이르는 말이다'라고 되어 있다.

방심을 경계하는 말이다.

886(343) 채소가 될 풀은 이미 3월부터 안다.

단향목은 떡잎부터 향기롭다는 의미이다.

887(344)[105] 천금에 집을 사고 팔백금에 이웃을 산다.

기카쿠其角[106]의 구에 말하기를 「매화향이 가득하고 이웃은 오규 소라이荻生徂徠[107]더라」라고 한다. 사무라이는 살 곳을 정할 때 이웃을 본다.

888(345) 담은 물은 색을 따른다.

색에 따라 물든다는 말이다.

889(346) 잠자는 호랑이의 코를 찔러 깨운다.

어리석음의 극치를 말하는 것이다.

890(347) 빨리 가려고 하면 도달하지 못한다.

급할수록 돌아가라.

105) 엄격히 말하면 1910년 본에는 '천금에 집을 사서 팔백금에 이웃에 판다'로 소개되어 있으며, '어리석음을 비웃는 말이다'라는 주가 달려 있다.

106) 에도시대 전기의 대표적 하이쿠 시인 다카라이 기카쿠(宝井其角, 1661~1707)를 말한다.

107) 1666~1728. 에도 중기의 유학자이다. 처음에는 주자학을 공부하였으나, 고문사학을 창시하고 많은 저술을 남겼다.

891(348) **피를 입에 머금어 남에게 뿜으려고 하면 먼저 그 입이 더러워진다.**

남에게 해를 입히면 자신도 그와 같이 된다는 뜻이다.

892(349) **한 입으로 두 말 하는 놈은 3천 6명의 아버지를 가진 놈이다.**

거짓말은 아주 싫어해야 할 것임을 말하는 것이다. 거짓말을 나쁘게 생각하지 않는 이 나라의 사회를 반영한 반사적 산물이다.

893(350) **백성의 입을 막는 것은 강을 막는 것보다 어렵다.**

설명할 필요 없이 뜻이 자명하다.

894(351) **손바닥이 마주쳐야 소리가 나지 않겠느냐.**

설명할 필요 없이 뜻이 자명하다.

895(352) **전치全痴는 마누라를 자랑하고 반치半痴는 자식을 자랑한다.**

그런데 최근에는 전치가 어찌 그리 많은지.

896(353) **하늘을 보아야 별을 따지.**

'경성에 가야 과거급제를 하지'와 같은 뜻이다. 하늘을 올려다보는 사람은 땅을 내려다보는 사람보다도 별을 딸 수 있는 길에 힌 발 앞서 있는 것이다.

897(354) 입술이 없으면 이가 시리다.

설명할 필요 없이 뜻이 자명하다.

898(355) 고추는 마른 놈이 더 맵다.[108]

몸집이 왜소한 사람도 비웃지 말라는 뜻이다.

899(356) 산에 가야 호랑이를 잡지.

896과 같은 의미이다.

900(357) 못 먹는 버섯은 3월부터 난다.

대기만성의 반대이다.

901(358) 한 자를 짜도 베 짜는 기계는 다 갖추어야만 한다.

설명할 필요 없이 뜻이 자명하다.

902(359) 게 잡아 물에 놓아 준다.

물고기는 살 것이다. 혹은 '고기 잡아 물에 놓아 준다'라고도 한다.
노력이 허사가 됨을 말한다. 놓아 줄 것이라면 잡을 필요가 없을
것이다.[109]

903(360) 어망을 쳤더니 기러기가 걸려들었다.

---

108) 작은 고추가 맵다.
109) 1910년본 주에서는 '물고기는 살 것이다. 소용없다는 뜻이다'라고 설명한다.

설명할 필요 없이 뜻이 자명하다.

904(361) 여자가 한을 품으면 오뉴월에도 서리가 내린다.

백성을 두려워해야 함을 말하는 것이다.

905(362) 칠 년 병에 삼 년 쑥을 찾는다.

설명할 필요 없이 뜻이 자명하다.

906(363) 밀가루 장사 하면 바람이 불고 소금장수 하면 비가 온다.

인생에는 공교로운 일이 많음을 말하는 것이다.

907(364) 참새는 죽을 때도 짹할 뿐.

죽음을 큰 일로 생각하지 말라는 뜻이다.

908(365) 향청에서 문 닫으라고 소리친다.110)

향청은 관아의 숙직하인이 있는 곳이다. 따라서 폐문의 명령은 마땅히 대청에서 내려지는 법이다. 다툼으로 인해 하인방에서 이 명령이 내려진 것일 것이다. 위아래가 걸맞지 않음을 말하는 것이다.

(366)111) 외눈박이가 쇠뿔을 들이박는다.

장님 뱀 숲을 두려워하지 않는다는 뜻이다.

---

110) 향청에서 개폐문한다.

111) 이 속담은 1914년본에서는 누락되었다.

909(367) 범 잡으러 갔다가 토끼를 잡았다.

설명할 필요 없이 뜻이 자명하다.

910(368) 방망이 깎는 사이에 도둑은 벌써 달아났다.

설명할 필요 없이 뜻이 자명하다.

911(369) 고목에 꽃이 핀다.

설명할 필요 없이 뜻이 자명하다.

912(370) 넝쿨에서 떨어진 둥근 박.

혹은 호박이 떨어졌다고도 한다. 희망 줄에서 떨어졌다는 뜻이다.

913(371) 고추가 커서 매울까.

설명할 필요 없이 뜻이 자명하다.

914(372) 함정에 빠진 호랑이 그물에 걸린 물고기

설명할 필요 없이 뜻이 자명하다.

915(373) 하늘에 막대기를 단다고.

불가능한 일을 말하는 것이다.

916(374) 똥이 무서워서 치우는 것이 아니다

설명할 필요 없이 뜻이 자명하다.

917(375) 천둥에 개 뛰어들 듯.

당황하여 허둥지둥하는 것을 형용한 것이다.

918(376) 염불했다고 방심하지 마라.

설명할 필요 없이 뜻이 자명하다.

919(377) 뱀도 맞으면 문다고 한다.

힘없는 약한 자의 정신력을 말하는 것이다.

920(378) 물은 제 골로 흘러간다.

인과의 이치를 설명하는 것이다.

921(379) 개머리에 갓.

설명할 필요 없이 뜻이 자명하다.

922(380) 봉사가 아보다라경阿呆駄羅経[112] 읽듯 하다.

쓸데없이 말수가 많아 요령을 얻지 못함을 말한다.

923(381) 귀머거리 다른 곳을 향해 대답한다.

설명할 필요 없이 뜻이 자명하다.

924(382) 오로지 부싯돌 뿐.

---

[112]阿呆陀羅経. 불경의 훈독을 흉내 내어 세태를 우스꽝스럽게 풍자한 속요.

부싯돌은 얼마 전 까지만 해도 백성들의 필수품이었다. 가난으로 씻은 듯이 모든 것을 팔아치워 이것 하나 남은 것이다.

925(383) 황소 불알 떨어지면 주워서 구워 먹으려고 장작 안고 뒤따라간다.[113]

실로 기상천외하다 할 만하다. 이러한 기이한 말은 이 나라 사람이 아니면 결코 할 수 없다. 정말이지 무사태평하고 느긋하며 근로를 싫어하여 빈둥빈둥 놀고 게으른 이 나라 국민의 어리석음을 명쾌히 설파하고 있다.

926(384) 죽은 아이의 눈을 열어 본다.

설명할 필요 없이 뜻이 자명하다.

927(385) 병은 이미 깨졌다.

도리 없다는 뜻이다.

928(386) 힘 센 아이를 얻으려 하지 말고 말 잘하는 아이를 얻을 생각을 해라.

이 나라가 얼마나 언어를 중시하는지를 알 것이다.

929(387) 열 명이 먹다가 아홉이 죽은 줄도 모르고 간다.

인간의 이기심의 발로를 나타낸 것이다. 아홉 명이 죽어도 나 혼자

---

113) 황소 불알 떨어지면 구워 먹으려고 다리미 불 담아 다닌다.

만 살면 아무렇지도 않게 먹으며 가는 것이다.

930(388) 죄 없는 두꺼비 돌에 맞아 죽었다.

두꺼비는 돌 사이에 숨는 습성이 있다.

목숨은 어떻게도 할 수 없음을 말하는 것이다.

931(389) 산신의 제물祭物 위로 메뚜기가 날아다닌다.

묘를 정하면 먼저 그 산신을 모시는 제사를 지낸다. 제사는 신성한
것이다. 그러나 무심한 메뚜기가 그 위를 날아다니는 것을 어찌 하
겠는가.

932(390) 물장수 삼 년에 남은 것은 물고리 뿐이다.

이것은 평양의 속담이다. 평양은 우물물이 아주 나빠서 먹는 물은
모두 대동강에서 길어 온다. 물을 길어 올리는 노동자가 이에 종사
하여 밤낮으로 강에서 물을 길어 사람들에게 공급한다. 원래 천한
직업이라 이익도 적다. 물을 길어다 올리기 위해서는 어깨에 메는
것이 아니라 등에 판자를 짊어지고 이것에 멜대를 가로로 질러 넣
는데, 멜대의 양 끝에 쇠고리가 있어 물통을 여기에 걸어 적절히
균형을 잘 잡아가며 허리를 써서 나른다.

933(391) 철 먹은 똥은 안 썩는다.

나쁜 일은 반드시 탄로 난다는 뜻이다.

934(392) 침묵은 무식을 면한다.

설명할 필요 없이 뜻이 자명하다.

935(393) 쥐를 잡으려 해도 접시가 아깝다.

설명할 필요 없이 뜻이 자명하다.

936(394) 현명한 여자는 어리석은 남자만 못하다.

동양에서 일반적으로 통용되는 사상인 듯하다.

937(395) 십 년 공부 순간에 잊는다.

내가 경험하는 바가 아니겠는가.

938(396) 다른 사람의 큰 병은 내 감기만큼도 고통스럽지 않다.

설명할 필요 없이 뜻이 자명하다.

939(397) 고래 그물에 새우가 걸렸다.

설명할 필요 없이 뜻이 자명하다.

940(398) 동풍에 참외밭 주인의 한숨.

참외는 동풍에 피해를 입는 일이 많다. 푸른 채소에 소금이라는 뜻이다.

941(399) 자루에 넣은 송곳.

설명할 필요 없이 뜻이 자명하다.

942(400) 벼랑을 가는 걸음.

주의 깊은 걸음걸이의 형용이다.

943(401) 진날 개와 장난한 것 같다.[114]

개의 발은 반드시 흙투성이라서 누구나 곤란하다.

944(402) 장님 집으로 들어가는 문 틀리지 않듯.

설명할 필요 없이 뜻이 자명하다.

945(403) 물에 빠진 생쥐 꼴.[115]

물에 빠진 사람의 뜻밖의 재능을 나타냄을 비유한다. 생쥐와 같은 꼴.

물에 빠진 생쥐는 정말로 초라하다.

946(404) 네 소가 쇠뿔로 찌르지 않았는데 우리 토담이 무너지라.

타인을 비난하려고 하는 인간의 습성을 말하는 것이다. 내 토담이 자연이 무너졌는데도 이것을 이웃집 소의 죄로 돌려 나무라는 것이다.

---

114) 진날 개 사귄 이 같다.

115) 1914년 원본에는 해당 속담이 누락된 채로 주석만 달려 있다. 본 번역본에서는 1910년 본을 참고로 해당 속담을 보충하여 번역하였다.

947(405) 해변의 개는 범 무서운 줄을 모른다.

사탕도 먹어 봐야 단 줄 안다.

948(406) 작년에 고인 눈물이 올해 나온다.

설명할 필요 없이 뜻이 자명하다.

949(407) 호랑이 꼬리를 잡으면 놓지 못 한다.

묘한 말이다.

950(408) 까치가 아침의 기쁨을 전한다.

설명할 필요 없이 뜻이 자명하다.

951(409) 길을 두려워하는 사람은 호랑이를 만난다.

설명할 필요 없이 뜻이 자명하다.

952(410) 먹을 가까이 하면 검어진다.

설명할 필요 없이 뜻이 자명하다.

953(411) 물에 익숙한 사람은 물에 빠진다.

설명할 필요 없이 뜻이 자명하다.

954(412) 물을 보는 기러기.

955(413) 꽃을 보는 벌과 나비.

두 속담 모두 희열의 모습을 형용한 것이다.

956(414) 냉수에 이 부러진다.

우스워서 견디지 못함을 이르는 말이다.

957(415) 평지에서 낙상한다.

뜻밖의 일에 실패했다는 뜻이다.

958(416) 꿈에 보는 돈.

설명할 필요 없이 뜻이 자명하다.

959(417) 등잔 뒤는 아주 밝다.

등잔 밑이 어둡다의 반대이다.

960(418) 밤중은 무례하다.

한밤중에 잠들고 나면 무례한 경우가 많음을 말하는 것으로, 예의
도 한밤중까지라는 냉소적인 의미를 포함한다.

961(419) 앉은뱅이 말이 멀리 간다.

있을 수 없는 일에 대한 비유이다.

962(420) 밥 속에 떡을 얹는다.

설상가상과 같은 의미이다.

963(421) 벙어리가 꿀을 먹는다.

달다고 말하려고 해도 말할 수 없다.

964(422) 동쪽을 물으면 서쪽을 대답한다.

고의인지 아닌지는 물을 필요가 없다.

965(423) 김씨가 마시고 이씨가 취한다.

설명할 필요 없이 뜻이 자명하다.

966(424) 작은 복은 근면하면 얻을 수 있어도, 큰 운수는 도저히 막기 어렵다.

큰 부귀는 천명에 있지 사람의 힘으로 되는 것이 아님을 말한다.

967(425) 사람이 늙으면 지혜, 물건이 오래되면 신神.

설명할 필요 없이 뜻이 자명하다. 이 나라의 풍속을 잘 나타내고 있다.

968(426) 악인은 마땅히 피해야 한다.

악인에게 맞서는 것은 어리석다는 말이다.

969(427) 낮에 나오는 귀신.

두려워 할 것이 못 됨을 비유한 말이다.

970(428) 상 밑에서 숟가락을 주웠다고 한다.

이상하지 않은가. 하지만 새를 사가지고 와서 잡았다고 하는 사냥
꾼은 지금도 있다.

971(429) 남의 잔치에 배 놔라 감 놔라 하며 참견한다.[116)]

말도 안 되는 간섭을 이르는 것이다.

972(430) 눈雪을 짊어지고 우물을 판다.

눈으로 물을 만드는 일은 아주 간단한데 다시 우물을 파는 어리석
음을 비웃는 말이다.

973(431) 남의 신랑이 드나든다.

내 신랑이 오는 것은 모든 여자들이 좋아한다. 그런데 이것은 다른
사람의 신랑이기 때문에 아무데도 쓸모가 없음을 말하는 것이다.

974(432) 빛 좋은 개살구.

개살구는 먹지 못하는 좋지 않은 살구이다.

975(433) 박 바가지 쓰고 벼락을 피하려고 한다.

어리석음을 비웃는 말이다.

---

116) 남의 제사에 배 놔라 감 놔라 하며 참견한다.

976(434) 발 빠른 놈이 먼저 얻는다.

우승열패優勝劣敗를 비유한 말이다.

977(435) 오나라 초나라의 흥망을 내 알 바 아니다.

농부의 천하태평인 마음이 평화롭다.

978(436) 형산荊山[117]의 백옥 진토에 묻힌다.

설명할 필요 없이 뜻이 자명하다.

979(437) 입은 삐뚤어졌어도 피리는 잘 분다.

의외의 재능을 지니고 있음을 말하는 것이다.

980(438) 노승이 먹을 간다.

노승의 무료한 모습을 말하는 것이다. 첩이 베개를 가지고 논다와
같은 의미이다.

**981(439) 소진蘇秦[118]도 말실수 할 때가 있고 항우項羽[119]도 낙
상할 때가 있다.**

982(440) 동냥은 다른 사람과 함께 가지 마라.

---

117) 중국 안휘성, 호북성, 산동성, 하남성에 있는 산의 이름.
118) 중국 전국시대의 모사(謀士). 낙양 사람으로 진(秦)나라에 대항하는 다른 대국의 동맹
   책을 성공시켜 6국의 재상을 겸임하였다. 연횡책(連衡策)을 제창한 장의(張儀)와 더불
   어 종횡가(縱橫家)라 일컬어진다.
119) B.C. 232~B.C. 202. 중국 진나라 말엽의 무장. 이름은 적(籍).

자기 몫을 빼앗기기 때문이다.

983(441) 하늘이 무너져도 소가 달아날 구멍은 있다.[120]
만사 어려워도 실망하지 말라는 말이다.

984(442) 어린애 젖 달라는 듯하다.
설명할 필요 없이 뜻이 자명하다.

985(443) 여드레에 팔 리 간다.
조선의 1리는 일본의 10분의 1리이다. 따라서 걸음걸이가 늦음을
말하는 것이다.

986(444) 천하의 벙어리가 모두 말을 해도 너는 말하지 말고 조용히 있어라.
쓸데없는 말참견을 하는 사람을 훈계하는 말이다.

987(445) 안 마당에 닭이 걷는 듯하다.
여자가 아름다움을 뽐내며 걷는 모습의 형용이다.

988(446) 치댄 공으로 그냥 떡이라고 한다.
떡이라고 하기에는 부족하지만 역시 반죽을 치댄 것이니 그런대로

---

[120] 이 속담을 정약용과 이익이 「솟아날 구멍이 있다」의 한역으로 「牛」자를 원 뜻과는 관
계없이 음차(音借)해 각각 「天之方蹶 牛出有穴」(『이담속찬耳談續纂』), 「天墻頹壓 牛出
有穴」(『백해언百諺解』)로 한역한 것에 대한 다카하시의 오해로 보여진다.

떡이라 해야 하지 않겠는가. 떡이라고 생각하고 먹지 않겠느냐는 것이다.

989(447) 달은 발 없이 걸으며 바람은 손 없이 나뭇잎을 딴다.

설명할 필요 없이 뜻이 자명하다. 자연의 의인법.

990(448) 성문에서 불을 놓으면 재앙이 연못의 물고기에 달한 다.

설명할 필요 없이 뜻이 자명하다.

991(449) 길가에 집을 세우려고 하면 삼 년이 지나도 못 세운다.

지나가는 사람들이 이렇게 저렇게 비평하여 몇 번이고 고치게 되기 때문이다.

992(450) 호랑이의 위엄을 빌리는 여우.

설명할 필요 없이 뜻이 자명하다.

993(451) 뽕나무도 거북이도 말을 삼가지 않아 재앙을 걱정하고 있다.

위나라 조조가 진을 치고 있던 중 상처를 낫게 하는 약으로 동해의 큰 거북이에 버금가는 것이 없다고 하여 장부를 보내 이것을 잡아 도읍지로 가져오게 했다. 도중에 큰 고개를 넘다가 잠시 쉬는데, 거북이가 이 때 혼잣말로 말하기를, '어떤 장작을 사용해 굽는다

해도 나는 죽지 않는다'고 하였다. 이 때 그 옆에 살고 있던 능천凌天의 큰 뽕나무가 웃으며 말하기를, '나를 가지고 태워도 죽지 않을까'라고 하였다. 장부 한 사람이 몰래 이 문답을 들었다. 조조가 명령하여 거북이를 구우니 과연 껍질이 견고하여 구워지지 않았다. 장작 만 관을 다 써도 여전히 거북이는 살아있다. 그가 백방으로 방법을 수소문하여도 아는 자가 없다. 이 때 한 장부가 큰 고개 위에서 거북이와 뽕나무가 한 말을 떠올려 큰 뽕나무를 베어오게 하여 이것을 장작으로 만들어 구웠더니 거북이는 결국 죽었다. 그래서 뽕나무와 거북이 모두 말을 삼가지 않아 결국 죽고 말았다는 것이다. 혹자는 오나라의 손권이라고도 한다.

994(452) **장부의 일언一言은 천 년이 가도 바뀌지 않는다.**
설명할 필요 없이 뜻이 자명하다.

995(453) **입을 지키는 것은 병瓶과 같이 해야 하고, 나쁜 뜻을 막는 것은 성城과 같아야 한다.**
설명할 필요 없이 뜻이 자명하다.

996(454) **참새 천 마리는 봉황 한 마리만 못하다.**
설명할 필요 없이 뜻이 자명하다.

997(455) **모기도 모이면 천둥소리를 낸다.**
설명할 필요 없이 뜻이 자명하다.

998(456) 제齊나라 치는 것을 구실로 삼다.

춘추전국시대에 길을 빌려 괵虢나라를 망하게 함을 이르는 것이
다.

999(457) 입에서 아직 젖비린내가 난다.

설명할 필요 없이 뜻이 자명하다.

1000(458) 또 쫓기는 중에 있다.

이사李斯[121]의 고사. 관계없는 일에 뜻밖의 봉변을 당하다.

1001(459) 내 발은 맏아들보다 뛰어나다.

내 발로 걸어다녀야 나를 살릴 수 있다. 내 뒤를 이을 맏아들이 나
를 도울 의무가 있지만 도저히 내 발에는 미치지 않는다.

1002(460) 지나치게 앞으로 뻗은 팔은 떨어진다.

앞질러 먼저 가서 다른 사람을 떠보는 사람이 오히려 실패한다는
뜻이다.

1003(461) 가락을 붙여 시를 읊고 있다.

조선인의 시음詩吟은 지나치게 길고 느리다. 그래서 아무 용무도
없는데 오래 앉아서 말도 안 되는 이야기를 하고 있는 사람을 말한

---

121) 중국 진나라의 정치가로 초(楚)나라 상채(上蔡) 출신이다. 진시황을 섬겨 재상이 되었
   으며 군현제 시행, 분서갱유, 문자, 도량형 통일 등을 진언하였다. 진나라 통일의 일등
   공신이었지만 진시황 사후에 중상모략으로 사형당했다.

다.

1004(462) 제 털 뽑아 제 구멍에 넣는다.

인색한 사람의 형용이다. 남에게 털 하나 뽑아 주지 않는다.

1005(463) 옹기장사가 셈을 한다.

옛 이야기에 옹기 장사가 길거리에서 앞으로의 장사 이익을 챙길 계산을 했는데 마침내 큰 이익을 얻어 아내를 맞이하고 첩을 들여 처첩이 서로 싸우는 데에 생각이 이르러, 이를 중재하는 흉내를 내다 손으로 옹기를 쳐서 소중한 옹기를 모두 쓰러트려 깨버린 것을 말한다.

1006(464) 멀쩡한 다리에 침을 놓는다.

설명할 필요 없이 뜻이 자명하다.

1007(465) 자다 얻은 병.

자다 다음날 깨어나 보니 병을 얻었더라. 뜻밖의 화를 당함을 말하는 것이다.

1008(466) 병들면 죽겠지.

부당한 추측을 말하는 것이다.

1009(467) 꿩 먹고 알 먹는다.

탐욕스러운 자가 다 먹어 치워 버림을 말하는 것이다.

1010(468) 우물고누는 첫수 하나로 승부가 난다.

우물 고누놀이는 이 나라 아이들의 놀이로, 그림과 같이 사방형의

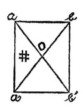

땅에 대각선을 그려 거기에 만들어지는 삼각형 중의 하나에 우물을 그린다. ab a′b′에 쌍방의 돌을 놓고 반드시 각각 한 번에 돌을 하나씩 맞춰 aa′의 한 쪽만 제외하고 ab, bb′, a′o, bo, b′o 등으로 서로 움직여 상대의 돌을 봉쇄하는 쪽이 이기게 되어 있다.

단 첫수에 돌을 0에 두는 것은 금지되어 있다. 왜냐하면 만일 맨 처음에 여기에 a 혹은 a′의 돌을 놓을 경우 상대방의 돌은 이미 갈 곳이 없이 봉쇄되고 말아서 승부는 거기서 결정 나기 때문이다. 이 속담은 곧 이것을 말하는 것이다. 세상에서 처음의 한 수로 결정이 나는 일에 응용하여 사용한다.

1011(469) 때리는 시늉을 하면 우는 시늉을 한다.

사회는 모두 연극이다.

1012(470) 달리는 말에 채찍질을 한다고 경상도까지 하루에 갈 수 있으랴.

주야로 부지런히 전념하는 사람이 대성공하지 못함을 비웃는 것이다.

1013(471) 상하의 일이 모두 뜻대로 되지 않아 이름뿐인 석숭 石崇[122]이 되었다.

이거 저거 하려다 모두 실패하여 그림의 떡에 질리는 신분이 되었다는 뜻이다.

1014(472) 호랑이 잡는 칼로 개를 잡는 것 같다.

설명할 필요 없이 뜻이 자명하다.

1015(473) 숙모가 죽어 풍년이 되었다.

숙모의 유산을 상속했거나 아니면 잔소리꾼의 죽음을 축하하고 있는 것이다.

1016(474) 거미줄로 방귀를 묶는다.

묶을 수 없는 것이다.

1017(475) 시어머니 미워 개 팬다.

며느리가 시어머니는 도저히 손을 댈 수 없기 때문에 하다못해 집에서 기르는 개라도 패서 울분을 푸는 것이다.

1018(476) 친구 따라 강남 간다.

강남은 몇 만 리의 먼 이국이다. 동심의 강인함을 말하고 있는 것이다.

---

[122] 중국(中國) 진(晉)나라 때의 부호였던 석숭에서 온 말로, 부자를 비유하여 일컫는 말이다.

1019(477) 죽은 뒤 이름난 문장.

문장이라는 두 글자는 이 나라에서는 두 가지 의미로 사용된다. 하나는 소위 일본에서 쓰이는 의미에서의 문장이다. 다른 하나는 학자가 문장에 뛰어나 당대에 문으로 이름을 떨친 사람을 부르는 말이다. 이 나라는 예로부터 문학을 숭상하여 문장은 재상에 필적하며, 그 사람됨이 맑고 고결함은 오히려 재상을 능가한다. 이렇게 존중할 만한 이름도 사후에는 소용없다는 뜻이다.

1020(478) 먹어서 굶어죽는다.

봉급이 많음에도 불구하고 가족은 항상 굶어서 얼굴빛이 푸르다.

1021(479) 남의 옆구리를 찔러 어거지로 절하게 한다.

오늘날 일본의 대관 귀족 중에도 이런 말도 안 되는 사람이 있다든가.

1022(480) 죽은 아내의 남편이 사후의 사위.

귀신이 붙을 곳을 잃음을 비유한 것이다.

1023(481) 아버지는 아들이 자기보다 훌륭하다고 하면 기뻐하고 형은 동생이 훌륭하다고 하면 화를 낸다.

형제간의 인연의 진함은 부자간의 친함을 능가하지 못한다.

1024(482) 구관이 명관.

관찰사 군수의 교체시, 등임자를 신관, 마치고 가는 사람을 구관이라고 한다. 구관이 명관인 것은 무익하다. 하지만 재임 중에 명관이 아니었던 사람이 구관이 되어 명관이 되는 경우도 제법 적지 않았다. 이는 기은비紀恩碑가 많이 세워진 연유이다.

1025(483) 제사상에 배를 잊는다.

가장 중요한 것을 잊었다는 말이다.

(484)[123] 열 소경 지팡이 하나 가지고 싸운다.

얼마나 그 싸움이 웃기고도 난폭하겠는가.

1026(485) 허리 부러진 호랑이.

호랑이는 두려워해야 하지만 허리가 부러져서는 고양이보다도 못하다. 재능이 있는 선비도 이와 다르지 않다. 그래서 옛사람이 말하길 시요불일굴是腰不一屈이라고 하였다.

1027(486) 죽은 아이를 업고 다닌다.

불쌍하기도 하고 웃기기도 한 형용이다.

1028(487) 눈 먼 말을 타고 절벽을 지난다.

도리에 어긋나고 난폭함의 비유이다.

---

[123] 이 속담은 1914년본에서는 누락되어 있다.

1029(488) 방탕한 자식의 결심은 사흘.

설명할 필요 없이 뜻이 자명하다.

1030(489) 대갓집은 기울어도 삼 년은 간다.

설명할 필요 없이 뜻이 자명하다.

(490)124) 싫어하는 아이를 가장 먼저 달랜다.

싫어하는 반찬을 제일 먼저 먹어 치운다.

1031(491) 앵무새는 말을 잘하지만 역시 날짐승이다.

인물의 진가는 흉내 낸다고 좋아지는 것이 아니다.

1032(492) 돌 하나 피하려다 수만 개의 돌에 맞는다.

작은 일에 견디지 못하고 일가를 추위와 굶주림에 빠뜨리는 사람들은 대개 이런 부류이다.

1033(493) 가자니 태산泰山 돌아서려니 승산升山.

승산도 험한 산이다. 진퇴양곡이라는 뜻이다.

1034(494) 중머리에 상투.

설명할 필요 없이 뜻이 자명하다.

---

124) 이 속담은 1914년본에서는 누락되어 있다.

1035(495) 동지에 산딸기.

있을 수 없는 일을 말한다.

1036(496) 똥 싼 놈은 달아나고 방귀 뀐 놈이 붙잡혔다.

원래 원흉은 법망에서 샌다.

1037(497) 마흔에 처음으로 버선 신는다.[125]

시골 사람들을 비웃는 말이다. 시골 사람은 보통 연중 맨발이다.

1038(498) 고양이 쥐 생각하는 듯하다.

설명할 필요 없이 뜻이 자명하다.

1039(499) 국왕도 노인을 우대한다.

노인을 우대해야 함을 말하는 것이다.

1040(500) 우리 마을의 다른 집 벼룩이 와서 물었다.

우리 집 벼룩도 다른 집에서 왔다고 말하고 싶은 것이 사람 마음이
다.

1041(501) 비단 속옷이 춤추면 면 속옷도 춤춘다.

대어가 뛰면 작은 물고기도 뛴다는 뜻이다.

---

125) 사십에 첫 버선.

1042(502) 잉어와 붕어가 오면 송사리도 나도 물고기라며 온다.

앞 속담과 같은 의미이다.

1043(503) 사돈이 말을 하는데 쌀알을 흘린 것까지 내세워 말
한다.

며느리 쪽의 친척. 사위 쪽의 친척을 서로 사돈이라고 한다.

흠잡기 시합을 하는 것이다.

1044(504) 네 입이 큰 바구니같이 커도 말은 하지 마라.126)

설명할 필요 없이 뜻이 자명하다.

1045(505) 작은 나무가 열매를 맺었다.

의외이다.

1046(506) 먹고 자고 먹고 자는 식충도 역시 복을 타고난다.

설명할 필요 없이 뜻이 자명하다.

1047(507) 여래도 십간십이지를 세고 계실까.

여래상의 손 모양을 보고 말하는 것이다. 간지는 사람의 운명을 보
는데 사용한다.

1048(508) 맛없는 떡 먹으려다 맛있는 떡을 잃었다.

---

126) 아가리가 광주리만 해도 막말은 못한다.

설명할 필요 없이 뜻이 자명하다.

1049(509) 마른 나무에서 물 나올까.

관청에서 가난한 백성의 재물을 강제로 마구 빼앗아 가면 피만 나올 뿐이다.

1050(510) 봉사가 넘어지면 지팡이가 나쁘다고 한다.

설명할 필요 없이 뜻이 자명하다.

1051(511) 물에 빠진 사람 건져냈더니 망건 값 달란다.

망건이란 말꼬리로 만들어 이마에 대는 것이다. 물에 젖으면 망건이 축축해진다. 그래서 건져 올리자마자 망건 값을 요구하는 것이다. 자선을 베풀었다가 오히려 손해를 입는 경우를 들어 말하는 것이다.

1052(512) 비단옷 입었다고 어깨를 추켜세워 자랑한다.

항상 면옷만 입었던 사람일 것이다.

1053(513) 중이 고기가 맛있다고 마을로 내려와 소 매두던 바닥의 널빤지를 핥는다.

남의 오래된 부인을 중이 각시로 삼는 것을 말한다.

1054(514) 언 발에 오줌 누기.

일순간의 효능뿐이다. 결국 효과가 없다는 뜻이다.

1055(515) 부러진 칼자루에 옻칠을 한다.

소용없지 않겠는가.

1056(516) 금강산도 식후경.

금강산은 천하제일의 절경이다. 하지만 배가 고프면 좋아라 보고 즐길 사람이 없다.

1057(517) 사람 큰 것은 덕이지만 나무 큰 것은 해다.

큰 나무는 빨리 베어진다.

1058(518) 내 돈 서 푼은 남의 돈 사백 원 보다 중하다.

통쾌하다.

1059(519) 석류는 떨어져도 떨어지지 않는 유자를 부러워하지 않는다.

자기도취가 강한 사람을 말하는 것이다.

1060(520) 아무리 쫓겨도 신을 벗고 갈까.

이 나라 사람은 결코 맨발로 다니지 않는다.

1061(521) 총명이 둔필鈍筆만 못하다.

아무리 총명한 사람이라도 둔필이 적어 놓은 것보다 정확하지 못하다는 말이다.

1062(522) 갑을 혼내고 을을 원망한다.

힘없는 사람이 대부분 이러하다.

1063(523) 작은 새망에 기러기가 걸렸다.

설명할 필요 없이 뜻이 자명하다.

1064(524) 매여 있는 개가 누워 있는 개를 비웃는다.

미결수未決囚 마차에 탄 사람이 걸어가는 사람을 비웃는 것과 같다.

1065(525) 한 푼 장사에 두 푼 손해보고 팔아도 팔아야 장사다.

어쨌든 돈만 되면 된다. 조선인 중에는 지금도 여전히 이런 사고방식을 가진 사람이 있다.

1066(526) 가난하면 서울로 나가 살아라.

시골에서 가난해진 사람은 집과 밭을 팔아 서울로 나가 막노동을 하는 것은 이 나라의 풍속이다.

1067(527) 한 푼도 없는 놈이 두 푼 가진 체 한다.

돈은 겉보기보다도 적은 것이 보통이다.

1068(528) 선생님 앞에서 책만 넘기고 있다.

지난날 이 나라의 서당에서는 아침부터 밤까지 소리 내어 글을 읽었다. 그러나 결국 아이들도 질려서 실제로 소리를 내어 읽지는 않고 그저 입을 움직이며 다같이 함께 책을 넘길 뿐이다.

1069(529) 싸움은 말리고 흥정은 붙이랬다.

이는 인정상 당연하지 않겠는가.

1070(530) 소금 지고 물에 들어가는 것도 생각 나름.

독립독행獨立獨行을 존중해야 함을 말하는 것이다.

1071(531) 두부 한 모를 칠 푼씩 사서 먹는 것도 내 마음.

앞의 속담과 같은 의미이다.

1072(532) 돌도 십 년을 뚫어지게 보고 있으면 구멍이 뚫린다.

정신력을 강조하는 사람의 주문呪文이 될 만하다.

1073(533) 가문 덕에 존경 받는다

설명할 필요 없이 뜻이 자명하다.

1074(534) 어魚와 노魯는 판별이 안 된다.

설명할 필요 없이 뜻이 자명하다.

1075(535) **바위 위의 개발자국.**

개 발자국이 남을 리 없다.

1076(536) **그 마을에 가면 그 마을 법에 따르라.**

설명할 필요 없이 뜻이 자명하다.

1077(537) **똥 누고 있는 친구가 권주가를 부른다.**

권주가는 이 나라의 연회 시 기생이 부르는 노래이다. 그 중에 牧
童遙指杏花村(목동요지행화촌: 목동이 멀리 술집을 가리킨다—역자)
등의 글귀가 들어 있다. 권주가가 아무리 주흥酒興을 돋운다고 해
도 똥 누고 있는 사람이 이를 불러 어찌 하겠는가.

1078(538) **조금씩 먹으면 작은 똥 누나.**

어찌 그러하겠는가.

1079(539) **경성에 갈래도 아직 짚신도 못 만들었다.**

시골 사람은 항상 짚신을 신는다. 서울에 가려고 하면 신부터 만들
어야 한다.

1080(540) **지식 같지도 않은 놈이 불행한 일이 있는 집에 가서
위패를 훔친다.**

미워해야 할 일을 말하는 것이다.

1081(541) 이(치아) 많은 팔 십 노인 같다.

설명할 필요 없이 뜻이 자명하다.

1082(542) 물고기 한 마리가 물 흐린다.

간신 하나가 나라를 망하게 한다는 뜻이다.

1083(543) 개 먹이려고 죽 쑤었다.127)

개는 고생해서 매에게 빼앗긴다.

1084(544) 꿩은 머리만 풀숲에 숨긴다.

설명할 필요 없이 뜻이 자명하다.

1085(545) 산이 웃으면 들이 울고 들이 웃으면 산이 운다.

조선의 농지는 수리시설이 없이 그저 내리는 대로 두는 천수에 의
존한다. 그래서 홍수로 입은 피해는 아주 드물고 가뭄으로 흉작이
되는 해는 빈번하다. 이 속담은 그러한 풍경을 잘 말하는 것이다.
큰 비가 오면 산은 무너져 울지만 들판은 풍작으로 곡물이 넘실대
며 웃는다. 가뭄이 들면 산은 무너지지 않지만 흉작으로 들판은 생
기가 없다. 큰 비에 산이 무너진다면 산림이 없는 민둥산임을 알
수 있을 것이다.

1086(546) 죽은 중을 얻어 매질을 배운다.

---

127) 죽 써 개바라지 한다.

저항할 힘이 없는 사람을 공격함으로써 자신의 입신출세의 밑거름
으로 삼는 것을 말한다.

1087(547)[128]팔아도 내 땅.

도박에서 나온 속담이다. 오늘 져서 내 땅을 팔아 넘겼다 하더라도
꼭 이겨서 다시 사겠다는 말이다.[129]

1088 너무 구두쇠라 미간에 박힌 송곳도 빨아들인다.

송곳도 금속이기 때문이다. 그러나 송곳이 미간에 박혀 살기는 어
렵다. 결국에 이익을 따라 죽는다.

1089 청기와 제조업자.

청기와는 청색이나 암갈색 유약을 바른 기와이다. 전 왕조의 종묘
사직, 궁궐이 대부분 이 청기와로 되어 있다. 그러나 이 제조법은
기밀에 속하기 때문에 후손에게 물려줄 때도 장인의 자녀 중 한 사
람에게만 전수하여 다른 곳으로 누설되지 않도록 법으로 정하고
있다. 이 속담은 감추고 남에게 전하지 않는 일이 있는 경우에 사
용한다.

1090 대청을 빌려 방에 든다.[130]

---

[128] 이것으로 1910년본의 재수록은 끝이다.

[129] 1910년본의 주는 '내가 팔아서 우리나라 사람이 이를 사면 역시 내 전답이 아니겠는가'
라고 되어 있다.

[130] 행랑 빌리면 안방까지 든다.

처마를 빌려 언젠가 몸채에 든다.

1091 이층에 올라가게 하고 사다리 치운다.

남을 속여 결국 곤란에 빠뜨림을 이르는 말이다.

1092 베개를 높이 베는 사람은 목숨이 짧다.

조선에 널리 전해오는 이야기에 의하면 동방삭東方朔[131]은 종이한 장을 베게로 한다고 한다. 실제로 어린아이는 베개가 높은 것을좋아하지 않는다.

1093 돈은 없지만 망건의 품질은 나쁘다.

비평은 쉽다. 살 힘이 없어서 이것저것 물건을 고를 입장은 못 되지만 조악한 물건을 좋다고는 말할 수 없는 것이 사람 마음이다.

1094 퉁소가 거리에 나오면 목소리가 사라진다.

다른 모든 음은 창피해서 소리를 죽이는 것이다. 서시西施[132]가 나오면 여자들은 모두 얼굴빛이 좋지 않다.

1095 과거 급제는 못하고 소리꾼倡夫만 앞세운다.

조선시대에는 과거에 급제한 사람이 소리꾼을 고용하여 행렬을 지

---

[131] 중국의 한나라 무제 때의 사람으로 해학(諧謔)과 변설로 유명하다. 속설에 서왕모(西王母)의 복숭아를 훔쳐 먹고 장수(長壽)했다고 하여 '삼천 갑자(甲子)동박삭'이라고 일컬어진다.

[132] 월나라의 유명한 미인.

어 시가를 누볐다. 이것을 유가遊街라고 한다. 급제도 못하고 유가를 하는 것은 우습기 짝이 없는 일이다.

1096 봄바람에 죽은 노인.

초봄의 바람은 끊임없이 계속 불어온다. 이것은 사람에게 독이다. 추운 겨울을 넘긴 노인이 이 시기에 이르러 죽는 일이 적지 않다.

1097 노성 윤씨의 식도락食道樂.

1098 연산 김씨의 묘도락墓道樂.

1099 회덕 송씨의 가도락家道樂.

노성, 연산, 회덕은 충청남도의 땅이다. 윤씨, 김씨, 송씨는 모두 명문의 대양반이다. 각각의 호사스러움이 있는 듯하다.

1100 한번 뱉은 말은 주워 담을 수 없다.

설명할 필요 없이 뜻이 자명하다.

1101 시어미 죽으면 안방은 내 차지.

설명할 필요 없이 뜻이 자명하다.

1102 말 많기는 과붓집 하녀.

하지만 화젯거리를 만드는 것은 과부가 아니겠는가.

1103 굶어 죽기는 재상되기보다 어렵다.

따라서 백이伯夷는 백대百代에 전해진다.

1104 큰집 잔치에 작은집 돼지 잡는다.

一將功成萬骨枯(일장공성만골고)[133]라고나 할까.

1105 뻣뻣하기는 경상도 남자다.

이것도 지방 속담이다. 하지만 경상도 사람은 원래 진지하기로 유명하다.

1106 굿하지 말고 세 끼 밥이라도 먹어라.

설명할 필요 없이 뜻이 자명하다.

1107 이웃이 이종사촌.

이웃끼리 친하게 지내야 함을 말하는 것이다.

1108 연못을 파면 개구리가 모인다.

권세를 얻으면 손님이 몰려온다.

1109 가는 말이 고와야 오는 말이 곱다.

설명할 필요 없이 뜻이 자명하다.

---

133) 한 장수(將帥)의 공명(功名)은 수많은 병졸들의 희생(犧牲)으로 이루어진다는 뜻이다.

1110 밥 얻으러 갈 새는 있어도 추수를 보러 갈 새는 없다.

게으른 사람을 비웃는 말이다. 가을 수확시에 지주가 밭에 나가 감독을 하는 것이 조선의 관례이다. 그렇지 않으면 소작인에게 속을 우려가 있다.

1111 가루는 칠수록 고와지나 말은 할수록 거칠어진다.

설명할 필요 없이 뜻이 자명하다.

1112 친 아버지가 장작 패는 곳에는 가지 않지만 양아버지가 떡 찧는 곳에는 간다.

장작 패는 일을 돕는 것은 힘들어도 떡 찧는 일을 돕는 것은 떡을 얻을 희망이 있다. 인간의 마음이 이득을 중시함을 비유한 것이다.

1113 숯을 재서 불 피우고 쌀을 세어 먹는다.

인색함의 극치를 형용한 것이다.

1114 십 년 기생집茶屋 출입에 남의 얼굴색 읽는 것만 배웠다.

놀랍고 기발하다. 방탕아가 얻는 것이란 기껏해야 이런 정도일 것이다.

1115 동네 처녀가 성장한 것은 모른다.

처녀들은 항상 내방에 칩거하여 남자에게 얼굴을 보이는 일이 드물다.

1116 제 얼굴 미운 것은 말 안 하고 거울을 깬다.

여자의 마음을 잘 파악한 것이다.

1117 금주령에 누룩 거래.

고려 및 조선시대에 종종 전국에 금주령이 내려졌던 것은 역사적으로 분명한 사실이다. 하지만 이러한 때에도 술누룩은 활발히 거래되었다. 금주령이 실제로는 행해지지 않았음을 알아야 할 것이다.

1118 상부의 명령으로 파총把摠[134]되어 관모 걱정.[135]

조선의 평민은 모두 병역의 의무가 있다. 한 마을에 특별히 눈에 띄어 십장什長[136], 오장伍長[137]으로 임명되는 사람이 있다. 그 사람은 달갑지도 않은 임명을 받아 관모를 사서 쓰지 않으면 안 된다. 흔히 말하는 이른바 달갑지 않은 친절이라는 뜻이다.

1119 먼저 망건을 쓰고 얼굴을 씻는다.

앞뒤가 뒤바뀜을 말하는 것이다. 얼굴을 씻고 나서 나중에 건을 쓰는 법이기 때문이다.

1120 사람 죽인 놈이 아홉 번 명복을 빈다고 말한다.

그것으로 자기 죄를 숨기려고 하는 것이다.

---

[134] 조선후기 각 군영(軍營)에 속한 종사품 무관 벼슬을 이르던 말.

[135] 파총 벼슬에 감투 걱정한다.

[136] 인부를 직접 지시 감독하는 인부의 우두머리.

[137] 군대에서 한 오(伍)의 우두머리를 이르던 말.

1121 백정이 양반 흉내 내도 개가 짖는다.

백정은 조선 사회 중 가장 천한 계급으로 도살을 업으로 한다. 그
중에는 종종 부자가 있다. 타향으로 가서 좋은 옷에 선비 흉내를
내도 예민한 개는 이를 식별하여 심하게 짖는다. 이는 실제로 조선
인들도 이상하다고 한다.

1122 중이 먹는 소면은 생선을 밑에 넣고 담는다.

어육을 감추는 것이다.

1123 보리로 만든 술은 아무리 해도 보리 냄새가 가시지 않는
다.

조선에도 역시 이전부터 보리로 만든 술이 있다. 쌀로 만든 술에
비해 품질이 많이 떨어진다.

1124 흉년에 윤달이다.

흉년이 빨리 지나갈 것을 기도하는데 마침 윤달이다. 백성의 어려
움은 한층 더 심해진다.

1125 솥은 검지만 밥은 검지 않다.

실명힐 필요 없이 뜻이 자명하다.

1126 노적가리에 불 지르고 싸라기 주워 먹는다.

경중輕重을 잘못 판단함을 말한다.

1127 감자밭에서 바늘 찾는다.[138]

찾기 어려운 것을 말한다.

1128 떡집에서 술 찾는다.

엉뚱하다는 말이다.

1129 꿀병 겉핥기.

뭐가 달겠는가.

1130 평양 감사도 저 싫으면 하는 수 없다.

감사는 작은 왕이다. 특히 평양 감사는 왕 중의 왕으로 여겨진다.
진정한 국왕이 되는 것은 신하의 처지에서 원해서는 안 되는 것이
다. 평양 감사는 조선인의 보편적인 이상이다. 하지만 만일 어떤
사람이 이를 싫어한다면 마다할 것이라는 뜻이다.

1131 친구의 권유로 상제喪制의 삿갓을 쓴다.

상제의 삿갓은 챙이 넓고 대나무로 짠 갓이다. 얼굴을 덮어 남에게
보이지 않게 할 수 있다. 이 속담은 줏대 없는 사람이 남의 말에 의
해 움직이는 것을 형용한 것이다.

1132 아버지의 하인이라도 내 하인만 못하다.

도저히 자기 하인처럼 거리낌 없이 쓸 수 없다.

---

138) 솔밭에서 바늘 찾기.

1133 귀신 듣는 데서 떡 이야기 하지 마라.

조선의 귀신은 떡을 좋아한다고 믿어지고 있다.

1134 학이 '뚜르르' 하고 울면 황새도 '뚜르르' 하고 운다.

부화뇌동附和雷同[139]을 말하는 것이다.

1135 소 잃은 자는 소를 찾고 말 잃은 자는 말을 찾는다.

설명할 필요 없이 뜻이 자명하다.

1136 고양이에게 고깃간 맡긴다.[140]

설명할 필요 없이 뜻이 자명하다.

1137 장승전長承箭에 떡고물 발라 놓고 떡값을 청구한다.

장승전은 이정을 기록하기 위해 도로변에 세워둔 나무인형이다. 이는 귀신을 쫓는 것으로 믿어진다. 떡고물을 발라둔다는 것은 기도의 뜻을 나타내는 것이다. 대체로 항간에 신의 가호를 구하는 일은 이와 비슷하다. 신변에 불행이 닥치면 약간의 제물을 바치고 그것으로 불행을 면하게 해줄 것을 억지로 요구한다.

1138 빙 주고 약 준다.

원한을 주고 은혜를 베푼다.

---

[139] 우레 소리에 맞춰 함께 한다는 뜻으로, 자신의 뚜렷한 소신 없이 그저 남이 하는 대로 따라가는 것을 의미한다.

[140] 고양이 보고 반찬 가게 지키라는 격이다.

1139 목수 많은 집은 반드시 기운다.[141]

의견이 분분하여 통일성이 없어서이다.

1140 장대로 하늘 재기.

설명할 필요 없이 뜻이 자명하다.

1141 논 흔적은 없어도 공부한 공은 남는다.

설명할 필요 없이 뜻이 자명하다.

1142 먹은 소가 똥 눈다.

설명할 필요 없이 뜻이 자명하다.

1143 꿈도 꾸기 전에 해몽.

재미있다.

1144 관리가 되기 전에 양산 준비.

양산은 고관이 외출 할 때, 부하가 들어 햇빛을 가려주는 것이다.

1145 새벽에 가면 저녁에 온 사람이 있다.

위에는 위가 있음을 비유한 것이다.

1146 도끼 등에 날을 단다.

---

141) 목수가 많으면 집을 무너뜨린다.

224

함경도 속담이다. 쓸데없는 일에 힘을 낭비하는 어리석음을 비웃는 말이다.

1147 비단옷을 입으면 이종사촌까지 따뜻하다.

이것도 함경도의 속담이다. 이것으로 외딴 지역의 풍속은 검소하여 비단옷을 입기 어려웠음을 알 수 있을 것이다.

1148 세상은 원형이정元亨利貞[142]이 제일이다.

원형이정이란 정도正道라는 뜻이다. 한자어가 이 정도로 일반화되어 있다.

1149 비 오는 것은 밥 짓는 여자가 제일 먼저 안다.

비가 오려고 하면 연기가 낮게 땅으로 깔리기 때문에 밥 짓는 여자가 먼저 이를 안다.

1150 쓸데없는 질투로 소중한 아이가 해를 입는다.

부인의 마음이 황폐해져 자녀에게까지 심하게 굴기 때문이다.

1151 죽는 데는 급사急死가 제일.

고통이 없어서이다.

---

[142] ① 주역의 건괘(乾卦)의 네 가지 덕, 곧 천도(天道)의 네 가지 원리를 이르는 말이다. 원(元)은 만물의 시작인 봄·인(仁), 형(亨)은 여름·예(禮), 이(利)는 가을·의(義), 정(貞)은 겨울·지(智)를 뜻한다. ② 사물의 근본 원리나 도리.

1152 지금 먹기는 곶감이 달다.

조선에는 땡감이 많다.

1153 생일잔치에 많이 먹으려고 일주일 전부터 굶다가 결국 굶어 죽었다.

어리석은 자의 어리석음을 형용한 것이다.

1154 마음이 편해져서 헤어진다.

오히려 처음부터 알지 못했던 것만 못하다.

1155 송아지 열 마리 가진 암소는 안장을 내려놓을 틈이 없다.

항간의 다자다고多子多苦(자식이 많으면 고생이 많음 — 역자)를 말하는 것이다.

1156 싫은 사람에게는 달려가 인사를 한다.

경원敬遠주의를 잘 표현하고 있다.

1157 다리 아래서 원을 꾸짖는다.

원님은 마주 대할 때는 송구하여 그저 엎드려 절할 뿐이다. 다만 다리 아래에서는 다리 위의 사람을 보지 않고 마음대로 욕을 하여 다소나마 푼다.

1158 고려공사高麗公事

고려 말기에 왕권이 약해져 아침에 제도를 명했다가 저녁에 바꾸어 백성들이 무엇을 따라야 할지 알지 못했다. 이 속담이 생기게 된 유래이다.

1159 승려도 아니고 속인俗人도 아니다. 동쪽으로도 해야 하고 서쪽으로도 해야 한다.

주된 견해가 정해져 있지 않은 사람을 비웃는 말이다.

1160 개미는 작아도 탑을 쌓는다.

설명할 필요 없이 뜻이 자명하다.

1161 회인懷仁군에 감사가 왔다.

회인은 충청북도 청주의 남쪽으로 산간에 있는 가난한 군이다. 어느 날 갑자기 감사가 여기에 왕림한다. 군의 관리 내지 읍 사람들은 이를 어떻게 접대해야 할지 모른다. 그저 황망할 따름이다. 회인 지방의 속담이지만 이것은 단순히 회인뿐만 아니라 산간의 외딴 읍은 모두 이러했을 것이다.

1162 대청마루에 밤을 널어놓고 말리며 군수가 참새를 쫓는다.

이것도 회인懷仁의 속담이다. 외딴 지역 사람들은 소박하여 관사가 한가함을 형용한 말이다.

1163 군수가 올 때 울고 갈 때 또 운다.

이것 역시 회인懷仁의 속담이다. 군수가 회인으로 임명되면 외지고 구석진 오지인데다 주민들은 가난하고 몽매해서 마치 귀양 가는 것 같이 생각되어 운다. 그러나 일단 부임되고 나서는 관사가 한가하고 백성들은 인정이 두텁고 꾸밈이 없이 순박할 뿐만 아니라 산수가 제일로 맑고 뛰어남을 드디어 알게 되어 점점 떠나기 힘들다. 결국 이 선향에서 늙기를 소원하기에 이른다. 전임의 명을 받으니 그리워서 떠나기 싫어 또 운다. 이와 같은 의미의 속담이 어쩌면 다른 지방에도 있을 것 같다.

1164 호랑이도 굶으면 내시라도 먹는다.

내시는 성기를 잘리기 때문에 사람 축에도 들지 않는 것으로 여겨진다.

1165 썩은 밧줄도 당겨야 끊어진다.

아무것도 노력하지 않고 이루어지는 것은 없음을 말하는 것이다.

1166 경첩은 녹슬지 않는다.

항상 활동하기 때문이다.

1167 대나무 통은 썩지 않는다.

앞의 속담과 같은 의미.

1168 똥 중에서도 고양이 똥이 가장 나쁘다.

고양이 똥의 악취는 정말 참기 어렵다.

1169 내일의 천자보다 오늘의 재상.

이러한 의미의 속담은 이 이외에도 있다.

1170 착한 사람의 아이는 굶어죽는 법이 없다.

적선을 한 집에는 여경餘慶[143]이 있음을 말한다.

1171 술이 아무리 독해도 마시지 않는 사람은 취하지 않는다.

설명할 필요 없이 뜻이 자명하다.

1172 남의 집 금송아지는 우리 집의 보통 송아지만 못하다.

내 것이 아닌 것은 내게 가치가 없다.

1173 잘 달린다는 칭찬을 듣고 중이 모자를 벗어 들고 달린다.

세상의 거짓 칭찬에 편승하여 헛되이 내 몸을 괴롭히는 비정상을 비웃고 있는 것이다.

1174 한번 새어 니간 물은 다시 주위 담을 수 없다.

설명할 필요 없이 뜻이 자명하다.

---

[143] 남에게 좋은 일을 많이 한 보답으로 뒷날 그의 자손이 받는 경사.

1175 개처럼 일하고 재상처럼 먹는다.[144)]

개처럼 일하는 것은 천하고 힘들다. 하지만 나중에 능히 재상과 같이 안락하게 생활할 수 있다면 인생의 희망을 이뤘다 할 수 있을 것이다.

1176 명태 한 마리 주고 제사상 뒤엎는다.

작은 이익을 주고 큰 해를 입힘을 말한다.

1177 박쥐에 꿀을 주는 듯하다.

조선의 아이들은 박쥐를 잡을 때 막대기 끝에 꿀을 약간 발라 핥게 하면서 살짝 다가가 잡는데 이것이 본 속담의 유래이다.

1178 머리를 잡아야 꼬리를 잡을 수 있다.

꼬리를 잡았다고 해도 머리를 잡지는 못한다. 이른바 각종 운동 방법은 이것이 최선이다.

1179 장님 입구를 틀리지 않는다.

의외로 사람 됨됨이가 좋은 경우 등을 비유한 말이다.

1180 급류의 물은 산을 뚫지 못한다.

오히려 조용히 흘러 끊이지 않는 물이 산을 뚫는다.

---

144) 개같이 벌어서 정승같이 산다.

1181 미친 사람이 호랑이에게 물린 듯하다.

역량을 생각하지 않고 강적을 맞아 패배함을 이르는 말이다.

1182 꼬치는 탔는데 생선은 날 것이다.

세상에 이런 일을 종종 본다.

1183 도둑은 주인을 미워한다.

주인이 없어서 마음대로 물건을 훔칠 수 있는 집을 좋아하는 것이다.

1184 잘난 체 하는 것은 끝까지 바보를 고집하는 것만 못하다.

바보스럽게 구는 것을 처세법의 제일로 삼는다.

1185 대천변의 전답은 사는 것이 아니다.

가격은 저렴하지만 홍수의 근심이 끊이지 않는다.

1186 나이 어린 사람에게는 돈을 빌려 줘라.

먼저 세상의 진미를 맛보게 하는 것이다.

1187 사람을 속이는 것은 하늘을 속이는 것이다.

설명할 필요 없이 뜻이 자명하다.

1188 친구 줄 것은 없어도 도둑 줄 것은 있다.

설명할 필요 없이 뜻이 자명하다.

1189 조조의 화살이 도리어 조조를 쏜다.

조조는 간사한 사람이다. 남을 함정에 빠뜨리기를 잘 하는 사람이다. 하지만 결국에는 스스로가 다치게 됨을 말하는 것이다. 삼국지가 널리 읽히고 있는 것은 이 속담으로도 알 수 있을 것이다.

1190 일신기거―身起居의 자유는 버선을 넓게 하는데 있고 일가화합―家和合의 안락은 축첩하지 않는데 있다.

그런데 버선을 꼭 끼게 만들고 축첩을 하는 것은 조선 양반들의 폐습弊習이다.

1191 열 관리와 사귀느니 한 가지 죄를 범하지 말라.

설명할 필요 없이 뜻이 자명하다.

1192 자식 많기를 바라기보다 교육에 힘써라.

설명할 필요 없이 뜻이 자명하다.

1193 세상물정 모르는 천재는 발 넓은 바보만 못하다.

이것은 종종 학자의 의견이 정치가에게 무시당하는 이유가 이것이다.

1194 서문지기 떡을 찧는다.

이것은 평안남도 덕천군 지방의 속담이다. 옛날에 한번 덕천 군수가 서문지기에게 돈을 주지 않고 떡을 찧게 한 일이 있었다. 그 후 이것이 관례가 되어 매번 공짜로 떡을 찧게 했다. 이 속담이 생겨난 연유이다.

1195 죽은 닭에게도 호세戶稅를 부과한다.

역시 덕천군의 속담이다. 조선 말기 정치가 어지러워져 어린이나 하인까지도 한 사람으로 간주하여 세금을 부과했다. 이 속담은 이를 극단적으로 표현한 것이다.

1196 자고 있는 중도 떡 다섯 개.

하는 일 없이도 공양한 떡을 나눠 받는다.

1197 어린 중에게 고기를 먹인다.

사람을 꾀어내서 죄악에 빠뜨린다는 뜻이다.

1198 변두리에 가서 쌀알 줍는다.

실패해서 생계가 곤란함을 비유한 말이다.

1199 어미와 딸이 두부 만들 듯하다.[145]

두 사람이 사이좋게 일하고 또 그 결과도 좋음을 이르는 말이다.

---

145) 어이딸이 두부 앗듯.

1200 파리 한 섬을 다 먹었다 해도 실제로 안 먹었으면 그만이다.

어떤 불명예스러운 말을 듣더라도 양심에 부끄러운 것이 없으면 걱정할 것이 없음을 말하는 것이다.

1201 고양이 쥐 아끼듯 한다.[146]

설명할 필요 없이 뜻이 자명하다.

1202 파리새끼가 머리에 구더기를 낳았다.

남에게 능욕 당함을 비유한 것이다.

1203 수돌이가 영변에 갔다 돌아온 듯하다.

옛날에 수돌이라는 어리석은 자가 영변으로 심부름을 갔다가 용무를 분별하지 못하고 돌아왔다. 심부름 간 사람이 돌아와서 요령부득인 경우를 비유한 것이다.

1204 식칼은 제 손잡이를 자르지 못한다.

설명할 필요 없이 뜻이 자명하다.

1205 칼을 뽑았으면 그냥 칼집에 넣지 마라.

이것은 평안북도 벽동군의 속담이다. 북방사람들의 기상이 얼마나 날쌔고 사나우며 피를 두려워하지 않는가를 알 수 있을 것이다.

---

146) 고양이 쥐 생각한다.

1206 아무리 이름난 칼이라도 사용법을 알아야 자를 수 있다.

설명할 필요 없이 뜻이 자명하다.

1207 나이 어린 딸이 먼저 시집갔다.

설명할 필요 없이 뜻이 자명하다. 시집가는 것은 딸의 성공이다.

1208 꿩이 걷는 것처럼 능숙하게 날면 매에게 잡히지 않는다.

실로 꿩은 나는 것이 서툴지만 걷는 것은 능숙하다. 흔히 일장일단이 있는 사람이 자신의 단점을 다른 사람의 장점과 비교하는 것은 모두 꿩과 매와 같음이라.

1209 마른 말은 꼬리가 길다.

재미있는 것을 찾아냈다. 말이 말랐다고 해서 특히 꼬리가 긴 것은 아니다. 왠지 꼬리가 길어 보이는 것이다. 사람도 그러하다. 가난하면 자연히 가난하게 보이고 부자로 살면 또 복스럽게 보인다.

1210 인仁을 행하고자 하면 파산하고 재산을 늘리려고 하면 인을 행하지 못한다.

이것이 인仁이 성군聖君의 제일로 꼽히는 까닭이다.

1211 여자의 웃음은 지갑의 눈물.

허영은 여자의 천성이다. 여자가 기뻐하면 지갑이 마른다.

1212 우리 집 연기는 남의 집 불보다 좋다.

1213 닭은 금강석을 보고 보리로 생각지 않는다.

설명할 필요 없이 뜻이 자명하다.

1214 새 짚신을 사기 전에 헌 짚신을 버리지 마라.

이 속담을 잘 실천하면 세상에 낭인의 수가 아주 줄어들 것이다.

1215 강한 말은 매인 말뚝에 상처를 입는다.

처세에 있어서의 강함을 꺼리는 말이다.

1216 말꼬리에 붙은 파리가 만 리를 간다.

1217 구멍 파는 데는 검은 끌에 뒤지고, 쥐 잡는 데는 천리마 가 고양이에 뒤진다.

두 속담 모두 중국에서 유입된 것이다.

1218 도둑은 달을 싫어한다.

불쌍하도다. 암흑의 인간이여.

1219 장님에게 눈으로 알리고 귀머거리에게 속삭인다.

설명할 필요 없이 뜻이 자명하다.

1220 흙 먹는 지렁이는 세상의 흙을 아까와 한다.

흙을 다 먹을까 걱정하는 것이다.

1221 흰 술은 사람의 얼굴을 빨갛게 만들고 황금은 선비의 마음을 검게 만든다.

설명할 필요 없이 뜻이 자명하다.

1222 다리 부러진 대장이 성안에서 화내고 있는 듯하다.

아무리 분노가 맹렬하더라도 한 발짝도 성 밖으로 나오지 못한다.

1223 호랑이 배에서 개.

자식이 어리석고 못남을 이른다.

1224 죽은 자식의 귀모양이 좋다는 말을 하지 마라.

귀 모양에 따라 운세를 점친다. 그러나 아무리 귀모양이 좋아도 죽은 자는 소용없다.

1225 머리가 크면 장군, 발이 길면 도둑.

조선 사람은 머리가 큰 것을 숭상한다. 특히 앞뒤로 직경이 큰 것을 좋다고 한다.

1226 남의 집 불구경 안 하는 군자 없다.

조선의 시골은 예로부터 남의 집 화재에 달려가 구하지 않고 대부분 그저 방관하며 태연하다. 그러나 일단 진화가 되면 다음날부터 바로 마을 사람들이 협력하여 재건하는 일에 종사하고 주인은 그냥 식사만 대접하고 수고비를 내지 않는 것이 보통이다. 그래서 불과 며칠 지나지 않아 다시 집이 세워지는 것을 본다. 이것은 내가 강원도 지방에서 실제로 종종 경험한 바이다. 이 속담을 가지고 싸잡아서 일률적으로 남의 환난을 걱정하지 않는다고 해석하는 것은 옳지 않다.

1227 속옷 벗고 은가락지.

속옷도 못 입을 정도의 사람이 은가락지를 끼는 것은 신분에 걸맞지 않다.

1228 십 리 모래밭에도 눈을 찌르는 가시가 있다.

세상에는 친구도 많지만 적도 있음을 말한다.

1229 아무리 참새가 소란을 피워도 구렁이는 꿈쩍하지 않는다.

두려워할 만한 것이 못 되기 때문이다.

1230 굽은 나무가 조상묘를 지킨다.

물건은 모두 제각기 용도가 있음을 말하는 것이다.

1231 장님 집의 유리창.

어울리지 않음을 말하는 것이다.

1232 장님 눈모양이 어떠하든 점만 잘 치면 그만이다.

조선의 맹인들은 모두 점치는 일을 업으로 한다. 이미 맹인이라면 눈의 형태 같은 것은 물을 필요도 없는 것이다.

1233 멧돼지를 잡으러 간 사이에 호랑이에게 집돼지를 잡아 먹혔다.

작은 이익을 바라다 큰 손해를 만났다.

1234 홀아비 굿 날 물려가 듯하다.

손이 잘 돌지 않기 때문이다. 기일을 연기할 때 사용한다.

1235 도박금 칠 푼에 도박꾼은 아홉 명.

경쟁이 치열할 수밖에 없다.

1236 밥알 하나가 열 귀신 쫓는다.

아프고 난 후에 굿을 하기보다 평소에 섭생에 주의하여 자양분을 잘 섭취해야 함을 이르는 말이다.

1237 장옷 속에서 엿 먹기.

남몰래 혼자서 사업을 경영하는 경우 등에 사용한다.

1238 먼저 난 귀는 못 써도 나중에 난 뿔은 쓴다.

후진을 두려워해야 한다는 뜻이다.

1239 오수五獸가 움직이지 않는 형국.

쥐, 고양이, 개, 호랑이, 코끼리이다. 쥐는 고양이를 보고 움직이지 못하고, 고양이는 개를 보고 움직이지 못하며, 개는 호랑이를 보고 움직이지 못하고, 호랑이는 코끼리를 보고 움직이지 못한다.

1240 중이 머리빗 값을 모은 적이 있나.

술 못 마시는 사람이 세운 곳간이 없다.[147]

1241 부자는 여러 사람의 먹이.

인정은 어느 나라나 마찬가지다.

1242 남의 아버지는 내 아버지.

내 아버지를 아끼고 존경한다면 남의 아버지도 아끼고 존경해야 한다.

1243 굶주린 개가 뒷간 보고 기뻐한다.

음식을 가리지 않음을 말한다.

1244 얻은 죽에 머리가 아프다.

남에게 물건을 줄 때도 예의와 법도를 실천하지 않으면 주고도 오히려 상심함을 이르는 말이다.

---

147) 술 못 마시는 사람이 술을 마시지 않는다고 해서 술값을 모아 곳간을 세웠다는 이야기를 들은 적도 없다는 뜻이다.

1245 나이 든 개 문 지키기가 힘들다.

대가에서 먹여 주고 길러 주는데 내 능력이 여기에 부합하지 못함을 걱정하는 것이다. 능력 없는 자가 분에 넘치는 우대를 받으면서 내심 근심과 고통이 있음을 비유한 말이다.

1246 중을 보고 검을 빼다.

사람 보는 눈이 없음을 비유한 것이다.

1247 강 건너고 나서 지팡이, 다 거둬들이고 나서 봉투.

狡兎死良狗煮(교토사양구자)[148]와 같은 류이다.

1248 주은 물건은 사돈의 개라도 돌려주지 않는다.

조선인은 습득을 소유권과 동일시함을 알 것이다.

1249 데리고 온 자식이 자기보다 세 살 위.

어울리지 않는 것을 든 것이다.

1250 절에 가서 부처를 삶는다.

집에 있으면서 주인을 모독하는 자를 비난하는 것이다.

1251 할아버지와 손녀딸 같은 부부.

도리에 어긋나 언어도단인 경우에 사용한다. 그러나 요즘 세상에

---

[148] 狡兎死走狗烹(교토사주구팽: 토끼가 죽으면 사냥개를 삶아 먹는다는 뜻으로, 일이 있을 때는 실컷 부려먹다가 일이 끝나면 돌보지 않고 학대함)과 같은 말이다.

는 어처구니없는 사람이 점차 줄고 있다.

1252 부처의 숙부도 일하지 않으면 먹지 못한다.
설명할 필요 없이 뜻이 자명하다.

1253 밤에 거울을 들여다보면 좋아하는 여자를 못 만난다.

1254 저녁에 세수를 하면 곰보를 아내로 맞는다.

1255 식후에 바로 누우면 소가 된다.

1256 해가 있을 때 불을 켜면 나쁜 며느리를 얻는다.

1257 내가 가는 길을 여우가 가로질러 가면 장사가 잘 된다.

1258 개미가 이사를 가면 비가 온다.

1259 돼지가 소란을 피우면 바람이 분다.

1260 아침에 소설을 읽으면 가난해진다.

1261 식사 때에 큰 소리를 내면 가난해진다.

1262 용무도 없는데 빗자루 질을 하면 욕을 먹는다.

1263 자기 머리카락을 남에게 밟히면 미움을 받는다.

1264 옷의 끈을 길게 하면 여자가 따른다.

1265 이빨자국이 있는 음식을 먹으면 싸운다.

1266 쥐꼬리를 잡으면 음식 맛이 없어진다.

1267 외출할 때 제일 먼저 여자를 보면 신상에 해가 있다.

1268 밤중에 발톱을 깎으면 시체를 지키는 사람이 된다.

1269 깊은 산속에서 목마르다고 말하면 호랑이를 본다.

1270 뜨거운 술을 불어 마시면 코끝이 빨개진다.

1271 자면서 이를 갈면 가난해진다.

1272 고양이가 시체 위를 지나가면 일어난다.

1273 겨울날에 들꽃이 피면 풍년이다.

1274 주인이 길을 떠난 후 그의 방을 쓸면 발병이 난다.

이상은 모두 황해도 송화松禾군 지방의 미신이다. 의외로 일본의 미신과 일치하는 것도 있어 흥미롭다.

1275 공로는 일한 사람에게, 죄는 저지른 사람에게.

설명할 필요 없이 뜻이 자명하다.

1276 나쁜 풀을 베면 좋은 풀도 베어진다.

玉石共焚(옥석공분)[149]

1277 싫은 볼기는 맞아도 싫은 음식은 먹지 않는다.

설명할 필요 없이 뜻이 자명하다.

1278 사냥을 가는데 총을 가져가지 않는 듯하다.

설명할 필요 없이 뜻이 자명하다.

1279 볶은 콩에 꽃이 피랴.

설명할 필요 없이 뜻이 자명하다.

1280 법을 모르는 관리가 볼기로 힘을 나타낸다.

관官을 두려워하고 미워하는 까닭이다.

---

[149] 玉石俱焚(옥석구분)이라고도 한다. 옥과 돌이 함께 불타 버린다는 뜻으로, 착한 사람이나 악한 사람이 함께 망함을 이르는 말이다.

1281 어릴 때에 굽은 나무는 나중에 안장의 재료가 된다.

어릴 때의 습관을 두려워해야 함을 말하는 것이다.

1282 풀의 초록색도 잘 보면 각각이다.

조화의 오묘함은 한낱 풀잎 끝에서도 볼 수 있다.

1283 소는 농가의 조상.

전라남도의 속담이다.

1284 백성은 두더지다.

두더지가 흙을 떠나면 죽는 것 같이 농사꾼도 전답을 떠나면 살 수 없다.

1285 집에 호랑이 하나 있으면 번창한다.

집안의 누군가 한 사람이 호랑이 같이 위엄을 가지고 가사를 감독하고 지휘하면 가족이 경외하며 순종하여 감히 태만으로 흐르는 일이 없다.

1286 몸이 무사한 것은 관리의 덕이요, 배부른 것은 하늘의 덕이라.

대개 배에 들어가는 물 길지고 하늘의 힘이 필요하지 않은 것이 없기 때문이다.

1287 남이 은장도를 찬다고 자기는 부엌칼을 꽂는다.

남을 흉내 내는 우스움을 말하는 것이다.

1288 빈 집에 사람을 넣는다.

도박을 하는데 돈 없는 사람도 넣어 돈 있는 사람의 돈을 빼앗는 경우에 사용한다.

1289 뽕도 따고 님도 보고.

시골 처녀의 마음을 잘 설명하고 있다.

1290 귀신에게 복숭아나무 막대기.

귀신은 복숭아나무를 기피한다고 믿고 있다.

1291 관찰사가 가는 곳이 선화당宣化堂150)

선화당은 관찰사가 있는 곳이다. 하지만 관찰사가 있는 곳은 장소를 불문하고 선화당이 되는 것이다.

1292 키가 작은 사람이든 큰 사람이든 하늘에 닿지 않는 것은 마찬가지다.

오십 보 백 보와 거의 비슷하다.

1293 음식과 술을 같이 하기에는 친구가 좋아도 환난을 구하는

---

150) 조선 시대에 각 도의 관찰사가 집무하던 정당(正堂).

데는 형제가 아니면 안 된다.

형제가 친구보다 중함을 말하는 것이다.

1294 절에 있는 여자를 아주머니라고 부르는 놈은 중의 조카이다.

절에 있는 여자는 어떤 이름으로 불리더라도 실은 중의 아내이다. 이것을 형수라고 부르는 사람이니 중의 처조카임이 분명하다.

1295 아이 기르는 법을 배우고 시집가는 사람이 있으랴.

육아가 부인의 자연적인 본능임을 말하는 것이다.

1296 나는 덤불에서 미끄러져 떨어진 숫돌과 같다.

숫돌을 덤불 속에 떨어뜨리면 쏙 빠져 나무뿌리의 풀 사이에 가려질 것이다. 다른 사람과 함께 은밀한 일을 계획하면서 형세가 좀 불리해지자 몸을 빼 자기는 무관하다고 하는 자를 말한다.

1297 인정人情151)은 말에다 싣고 진상은 꼬치에 꿴다.

인정은 대소 관리의 왕과 백성과의 사이에서 취하는 것이고, 진상은 왕의 손에 들어가는 것이다. 인정은 심히 많고 진상은 심히 적다. 백성은 야위고 왕도 살찌지 않는 연유이다.

1298 옛날에는 빼앗기기 바쁘고 지금은 받기에 바쁘다.

---

151) 지난날, 벼슬아치들에게 은근히 주던 선물이나 뇌물 따위를 이르던 말이다.

이것은 최근 총독부의 시정 이후에 생겨난 말이다. 실로 총독부의 정치는 백성에게 환원함으로써 백성을 풍요롭게 하는 일을 도모해 왔다. 과거의 조선 왕조가 수탈만 일삼고 환원하지 않았던 것과 비교하면 백성들에게 이런 느낌이 생겨나는 것도 당연하다.

.

다카하시 도루의 부록

연보와 저술목록

다카하시 도루高橋亨의 연보와 저술목록[152]

1. 연표

년월일	연령	주요 활동 내용
1878.12.3	1	니가타新潟현 출생.
1884.4	7	가와지무라 심상소학교에 입학. 아버지가 나가오카長岡 농학교 교사로 전임되면서 나가오카심상소학교로 전학하여 동 고등소학교에서 수학. 니가타시의 고등소학교로 전학했지만 중퇴하고 호쿠에쓰학관北越学館에 유학. 아버지가 호쿠에쓰학관 및 조동종학림曹洞宗学林에서 한학을 가르침.
1893.4	16	니가타현립 심상중학교에 편입학
1895.3	18	니가타현립 심상중학교졸업
1895.9		제4고등학교에 입학
1898.7	21	제4고등학교 한학과 졸업
1898.9		동경제국대학 문과대학에 입학
1900		지가사키茅ヶ崎에서 1년간 요양
1902.7	25	동경제국대학 문과대학 한학과 졸업.
1902.12		규슈九州일보 주필主筆로 하카타博多로 부임.
1903.가을	26	기후岐阜현 세키関시의 개업의 오타太田가의 장녀 쓰카하라 유즈카하라ゆう와 결혼.
1903.12		한국정부의 초빙을 받아 시데하라 다이라幣原坦의 후임으로 관립중학교 용교사傭教師로 도한渡韓. 아내 유는 한성병원에 근무하며 조선 왕실의 시의侍醫를 위촉받음.
1909.6	32	하쿠분칸博文館에서 「韓語文典」을 출간. 한문을 매개로 한글을 배워 한국어를 자유로이 구사.「韓語文典」은 도한 후 6년에 걸친 연구와 문법을 가르친 체험의 집대성이다.
1910.9	33	닛칸쇼보日韓書房에서 「조선 민담집 부록 속담朝鮮の物語集附俚諺」을 출간. 한국인의 풍속, 습관을 조사하여 당시 조선

152) 연표와 저서 및 논문은 『조선학보』제14집(高橋先生頌壽記念號)(1959.10), 『조선학보』 제48집(高橋亨先生記念號)(1968.7)에 의해 작성한 것이다.

		에 전해지는 민담과 속담을 수집한 것이다. 우사미宇佐美 내무부장관의 추천으로 조선총독부 종교조사 촉탁을 명령받음. 데라우치寺內총독에게 조선 문헌의 수집을 진언하여 이후 총독부의 사업으로 조선 각지의 고서, 금석문 등의 수집을 담당하게 됨.
1911.1	34	합병직후 총독부의 명령으로 유생들의 동향을 조사하기 위해 삼남지방을 순회. 의병장들의 책상 위에 『퇴계집』이 놓여 있는 것을 보고 놀라 이를 계기로 한국유학을 연구하게 됨. 시찰 후 세키야關屋학무국장의 추천으로 조선 도서조사 촉탁에 임명되어 참사관실에 이관되는 조선 왕실의 규장각 도서를 조사. 정만조鄭萬朝 쿠사바 킨자부로草場謹三郎 등과 함께 「조선도서해제朝鮮図書解題」를 저술.
		경성고등보통학교 교사로 임명. 동료 하정荷亭 여규형呂圭亨과의 친교는 그가 사망하는 1921년까지 계속됨.
1912.여름	35	사고史庫조사를 위해 강원도 오대산 월정사 영감암에 반달간 머무는 동안 월정사 및 그 선방의 상원사 승려들의 반듯한 근행을 보고, 승려에 대한 인식을 달리하게 되어 조선 불교 연구에 뜻을 두게 됨.
1914.6	37	닛칸쇼보에서 『조선 속담집 부록 민담朝鮮の俚諺集附物語』을 출간. 경성 백악 아래에 있는 고택을 사서 이주. 이 무렵부터 학위논문을 구상.
1916.5	39	대구고등보통학교장으로 임명. 고등관 5등을 하사받음.
1919.12	42	조선의 신앙과 사상에 관한 논문「조선의 교화와 교정朝鮮の教化と教政」으로 박사학위 수여. 중등학교 교장이 박사가 된 효시.
1921.1	44	1년 반 구미 각지로 출장. 23일 조선총독부 시학관으로 임명되어 고등관 3등을 하사받음. 구미출장의 목적은 해당지역의 견문을 겸하여 시학관으로서 구미의 학교를 널리 견학하는 것이었다. 런던에 1년간 체류하면서 유럽 각지를 견학. 특히 전후의 인플레로 인한 고통이 예사롭지 않은 가운데에서도 여전히 과학교육에 대한 경비를 아끼지 않는 독일의 정책에 감탄. 영국에서 미국으로 건너가 스탠포드대학 등 상류

		학교를 시찰하고 일본인 자제의 교육실태를 견학함.
1922.9	45	구미출장을 마치고 귀국.
1923.11	46	경성제국대학 창립위원회 간사로 임명.
1925.3	48	대학의 중국서적 구입을 위해 중국 출장. 북경 체재 중에 특히 호적胡適과 친교를 맺음.
1926.4	49	경성제국대학 교수에 임명되어 법문학부 근무. 조선어학 문학 제1강좌를 담당. 고등관 2등을 하사받음.
1927.8	50	조선사 강의 중에 「조선유학대관」을 집필 간행.
1929.10		호분칸宝文舘에서 「조선불교李朝佛教」를 출간.
1929.11	52	제주도 민요를 듣고 이전부터 흥미를 느끼고 있던 차에 기회를 얻어 제주도로 건너감. 이후 계속해서 각지의 민요 채집에 노력함.
1931.4	54	고등관 1등을 하사받음.
1934	57	이 해와 이듬해(1935)에 걸쳐 제국학사원의 보조를 받아 오구라小倉교수와 조선내 각지의 민요를 채집.
1940.6	63	경성 사립 혜화전문학교장에 취임. 학교기구를 개혁 보충하여 아키바류秋葉隆씨 등 성대城大 교수를 초빙.
1940.11		-조선문화 특히 조선유학에 관한 오랜 연구가 인정되어 조선총독부로부터 제1회 조선문화 공로상을 수상. -경성제국대학 명예교수로 임명.
1941.5	64	은퇴하여 야마구치山口현 하기萩시에서 오로지 붕어 낚시를 즐김.
1944.12	67	일찍이 경학원내에 명륜학원을 두어 유생을 교육한 것이 인연이 되어 경성 경학원經学院 제학提学 겸 명륜연성소장 조선유도朝鮮儒道연합회 부회장을 맡게 됨.
1945.1	68	재차 도한. 경성 광화문에 거함. 이 무렵 농경학에 열중하여 「농업학교」건설을 시도하던 중 일본 패망.
1945.10		가족과 함께 하기시로 철수.
1946	69	「순수역단純粹易斷」을 개업하여 운수나 길흉을 점침. 처음에는 자신의 운세가 잘 들어맞는 것을 알고 이를 세상 사람들을 위해 사용하고자 했으나 이후 반년의 잠재의식 연구 후 확고한 자신감을 얻어 자택개업을 함. 매주 5일간은 점치는

1949.9	72	일에 종사하고 나머지 2일은 붕어낚시를 즐김.
1949.9	72	후쿠오카福岡 상과대학 교수로 부임.
1950.5	73	덴리天理대학 교수로 부임. 대학 승격에 따른 기구 확충에 참여. 조선문학 조선사상사 등을 강의하는 한편, 외무성유학생 및 미국인 E·와그너 등의 지도를 담당.
1950.9		조선학회를 발촉하고 부회장직을 맡음. 학회는 조선학 연구성과의 공개 및 학자간의 친목을 목적으로 함.
1956.9	79	덴리대학 오야사토연구소 제2부의 주임을 겸하면서 학내에 동양문화연구기관 설치를 주창한 것이 계기가 되어 기존의 종교문화연구소를 모체로 오야사토연구소 제1, 2부를 창립.
1958	81	덴리대학 오야사토연구소 제2부 기요 발간 준비에 착수하여 「도호가쿠기요東方学紀要」라 명명.
1967	90	향년 90세로 세상을 떠남.

2. 저서 및 논문

■ 저서

韓語文典 博文舘, 1909.6

朝鮮の物語集 附俚諺, 日韓書房, 1910.9

朝鮮の俚諺集 附物語, 日韓書房, 1914.6

朝鮮儒学大観(朝鮮史講座内)朝鮮史学会, 1927.8

李朝仏教 宝文舘, 1929.10

朝鮮儒学史 未発表

朝鮮文化思想史 未発表

朝鮮文学史 未発表

済州島の民謡 未発表

■ 논문

漢易を難して根本博士の易説に及ぶ, 哲学雑誌189・190・193, 1902.11・12
・1903.3

日韓両語法の酷似せる一例, 朝鮮24, 1910.2

李朝の科挙に就て, 朝鮮28, 1910.6

韓国の俚諺—京城地方の俚諺一般—, 帝国文学16-8, 1910.8

朝鮮人の教育状態に就て, 朝鮮33, 1910.11

花潭記, 朝鮮42, 1911.8

朝鮮儒学大観, 朝鮮及満洲 50・51・52・58・62・64, 1912.4・5・6・9・11・12

朝鮮の忠孝貞, 哲学雑誌27-315, 1912.7

朝鮮の仏教に対する新研究, 朝鮮及満洲 60, 1912.10

海印寺大蔵経板に就いて, 哲学雑誌29-327, 1914.5

朝鮮仏教宗波遁減史論, 東亞之光9-10・11, 1914.9・10

朝鮮寺刹の研究, 東亞研究 6-1・2・3, 1916.1・2・3

朝鮮寺刹の研究, 朝鮮彙報, 1916.3

学校教育状況視察報告, 朝鮮彙報, 1917.2

朝鮮人, 日本社会学院年報4-3・4・5, 1917.3・4・5

朝鮮の白丁, 日本社会学院年報6-1・2・3, 1918.1・2・3

檀君傳説に就きて, 同源1, 1920.2

朝鮮人国家観念の変遷, 太陽, 1920.4

朝鮮改造の根本問題, 太陽, 1920.8

朝鮮宗教史に現はれたる信仰の特色, 朝鮮総督府学務局, 1920.12

朝鮮教育制度略史, 朝鮮総督府学務局, 1920.12

李朝に於ける僧職の変遷, 朝鮮81, 1921.11

朝鮮寺刹の研究, 朝鮮84, 1922.2

朝鮮に於ける儒教, 斯文5-2, 1923.4

朝鮮に於ける文化政治と思想問題, 太陽, 1923.5

僧兵と李朝仏教の盛衰, 朝鮮教育会教育参考資料 2 , 1924.3

高麗の才人僧㲋菴, 東洋8, 1924.8

華人如是我観, 太陽32-7, 1926.6

吾人は学生に斯く希望す, 文教の朝鮮(京城帝国大学開学記念號), 1926.6

朝鮮文学研究, 日本文学講座12 新潮社, 1927.11

小倉文学博士著郷歌及吏読の研究を読む, 京城日報, 1929.5.5・5.8・5.9

李朝儒学史に於ける主理派主気派の発達　朝鮮支那文化の研究, 京城帝国大学法文学会第二部論纂1, 1929.9

朝鮮仏教に就いて, 朝鮮仏教66・67, 1929.11・12

教化(教育と宗教), 日本地理大系朝鮮篇, 改造社, 1930.9

朝鮮墳墓の斎宮と天地八陽経, 宗教研究, 新8-1 1931.1

朝鮮墳墓の斎宮と天地八陽経, 朝鮮佛教, 81・82 1931.2・3

朝鮮官本論語諺解に就て, 斯文13-4・5, 1931.4・5

朝鮮に於ける朱子学, 斯文13-11, 1931.10

朝鮮の民謡, 朝鮮201, 1932.2

弘斎王の文体反正, 青丘学叢7, 1932.2

栗重要谷先生と郷約, 青年輔導講習会講演速記(昭和六年十月総督府主催), 1932.3

伊藤公と朝鮮仏教, 朝鮮仏教84, 1932.11

民謡に現はれたる済州の女, 朝鮮212, 1933.1

朝鮮の民謡, 朝鮮総覧, 1933.3

併合前に於ける朝鮮学校の実況, 青丘学叢12, 1933.5

山に返れ, 朝鮮仏教88, 1933.5

北鮮の民謡, 朝鮮219, 1933.8

嶺南大家内房歌詞, 朝鮮222, 1933.11

白雲和尚語録解題, 京城帝国大学法文学部, 1934.3

最も忠実なる退渓祖述者権清臺の学説, 小田先生頌寿記念朝鮮論集, 1934.11

朝鮮の儒教, 朝鮮239, 1935.4

五臺山月精寺靈鑑庵の思い出, 朝鮮243, 1935.8

朝鮮仏教の歴史的依他性, 心田開発に関する講演習(朝鮮総督府中枢院),

朝鮮250, 1936.2

日本の武士道と朝鮮の両班道, 国民教育2, 1936.2

朝鮮学者の土地平分説と共産説, 服部先生古稀祝賀記念論文集, 1936.4

朝鮮民謡の歌へる母子の愛情, 朝鮮255 1936.9

嶺南の民謡に現はれたる女性生活の二筋道　創立十周年記念論文集文学篇, 京城帝国大学大学会論纂6, 1936.10

山臺雑劇に就て, 朝鮮261, 1937.2

挹翠軒遺稿 訥斎先生集 批選亀峰先生集 小引 奎章閣叢書3, 京城帝国大学法文学部, 1937.7

朝鮮の民謡 朝鮮文化の研究, 京城帝国大学文学会編, 1937.10

大覚国師義天と高麗仏教, 朝鮮276, 1938.5

朝鮮のユーモア 語文論叢, 京城帝国大学文学会論纂8, 1939.2

近頃見た三つの朝鮮本, 京城書物同好会会報4, 1939.6

崔致遠 崔致遠來注十鈔詩, 朝鮮293, 1939.10

李退溪, 斯文21-11・12, 22-1・2・3, 1939.11・12, 1940.1・2・3

王道儒教より皇道儒教へ, 朝鮮295, 1939.12

李朝文学史の研究(金臺俊 共著), 服部報公会, 1939.12

時局下の朝鮮仏教徒, 総動員2-6, 1940.6

朝鮮の芸術を語る(座談会記事), 総動員2-7, 1940.7

東洋思想と西洋思想, 総動員2-8, 1940.8

朝鮮学術史 世界精神史の諸問題二, 理想社出版部, 1941.3

白岳文庫旧蔵朝鮮本目録, 京城書物同好会会報12, 1941.7

朝鮮信仰文化の二重性と之を統治するもの, 天理大学学報2-1・2, 1950.11

李朝僧将の詩, 朝鮮学報1, 1951.5

高麗大蔵経板印出顛末, 朝鮮学報2, 1951.10

書評紹介 朝鮮文化叢書, 朝鮮学報2, 1951.10

書評紹介 湖岩全集, 朝鮮学報2, 1951.10

顔回と孔子門の学風, 天理大学学報6, 1952.1

書評紹介, 玄相允著朝鮮儒学史, 朝鮮学報3, 1952.5

済州道の民謡, 文学20-9, 1952.9

朝鮮の思想・宗教及び文学, 世界歴史事典十二巻, 平凡社, 1952.10

朝鮮の陽明学派, 朝鮮学報4, 1953.3

故前間恭作, 庶藥考, 小序, 朝鮮学報5, 1953.10

書評紹介, 秋葉隆著朝鮮民俗誌, 朝鮮学報6, 1954.8

三国遺事の註及び檀君伝説の発展, 朝鮮学報7, 1955.3

故鮎貝房之進, 借字攷, 小序, 朝鮮学報7, 1955.3

書評紹介, 金元植著韓国古活字概要, 朝鮮学報7, 1955.3

書評紹介, War Damage to Korean Historical Monuments , 朝鮮学報7, 1955.3

済州道名攷, 朝鮮学報9, 1956.3

大覚国師義天の高麗仏教に対する經綸に就いて, 朝鮮学報10, 1956.12

書評紹介, 서울大学校論文集1-3, 朝鮮学報10, 1956.12

茂亭遺草引, 朝鮮学報11, 1957.3

書評紹介, 斗渓雑筆, 朝鮮学報12, 1958.3

書評紹介, 薝園国学散藁, 朝鮮学報12, 1958.3

荷亭遺作-, 演本沈靑伝, 朝鮮学報13, 1958.9

虛應堂集及普雨大師, 朝鮮学報14, 1959.10

조선속담집 부록 민담

(1914)

원문

朝鮮の俚諺集 附物語

文學士 高橋亨 著

日韓書房

朝鮮總督府圖書之印

甲一三

自　序

余曩に「朝鮮の物語集附俚諺」に於て朝鮮俚諺の一部を蒐めて之を公にせしが、爾

來此に四星霜、幸に公私諸般の便宜を得て更に廣く細に之を蒐集するを得殆ど朝

鮮俚諺の全部を我が書嚢裡に收め得るに至り乃ち前著を改訂して俚諺を主とし物

語を添へて本書を成せり。　俚諺は單に俚諺其物として觀るも一種刺戟的にして含

蓄に富める味を有するものなれ共、更に其の俚諺の行はるゝ社會事情を明らめた

る上にて之を玩味する時は一層潑刺として躍るが如き意義の生動するものなり。

例へば芭蕉蕪村の景色を歌へる秀句は單に俳句として讀むもよく壯大幽玄の趣に

富めりと雖其の句の詠出されたる實境に臨みて之を讀めば一層明に作者の美的觀

念を直覺して刹那に芭蕉となり蕪村となるが如し。予は實に一俚諺を獲る毎に如

上の趣味の油然として興り手の舞ひ足の踏む所を知らざるものありき。

自　序

一

二

朝鮮の社會研究は各種の方面の研究の綜合の上に成就せらるべき性質のものなれ
共假りに予の從來攻究に着手せる朝鮮の思想及信仰卽哲學及宗敎より觀れば朝鮮
社會の內面に蕩瀁する特性として大約六項を數ふるを得べし。一思想の固着性、
二思想の無創見、三暢氣。四文弱。五黨派心六形式主義是なり何れも此の國の地
質、地理乃至社會組織に根して成立せるものなり。思想の固着性とは一度是認して
我が思想となしたる以上は時間の流に超逸して何時迄も之を把持して動くことな
きを謂なふり。思想の無創見とは哲學及宗敎に於て支那思想の外何等朝鮮に於て
獨立的に創造せられたるもののなきを謂ふなり。暢氣とは氣分寛裕迫らず大に痛慮
すべく失望すべき場合に處して能く樂天的平靜を維持するを謂ふなり。文弱とは
文を尙びて武を賤み遂に凜乎たる武的精神を失へるを謂ふなり。黨派心とは常に
私黨を樹てゝ以て個々の利益を遂げんとする心を謂ふなり。形式主義とは形を履
みて實を忘れ名を得て實を顧みざるを謂ふなり。是等六性は之を開けば更に又十

數性となるべく大略以て朝鮮民族性の常識的解説たるに庶幾かるべし。上下二千年の朝鮮歴史は是の六性の具體化にして而して現在尚ほ朝鮮人は不知不識此の六軌道の上を往きつゝあるものなり。されば朝鮮の俚諺も先づ此等六民族性を心に置きて而して之を味はゝ蜜を嘗めて舌を忘れ馬に跨りて鞍を忘るゝの妙あらん。

本書は蓋に「朝鮮の物語集」に於て施せる註解をば其の儘載せたるもの多し。從て事實今の朝鮮と類せざるもの亦た尠からず。例へば道路の如き各道爭うて治道し往時の朝鮮一流の惡道は芷しく其の數を減せり。土地の調査施行せられたれば所有權確定して横暴なる兩班も常民の田畓に一指を觸るゝこと能はず。社會的階級漸く打破せられつゝあれば賤民、平民、中人、兩班の差別撤せられ中流社會の多くは自ら兩班と稱せり。之と同時に職業の貴賤漸く絶えて收入多きを尚ぶに至れり。かくて朝鮮社會の表面は步一步日本を擬倣して之に接近しつゝあり。され共是を以て直ちに前述六個の民族性迄失遺して全く民族的にも日本に同化しつゝありと

思ふは恐らくは誤解ならん。元朝の高麗を臣腐せしむるや抑々元宗の十三年忠烈王諱辮髪胡服して元より還りしより恭愍王が其の元年に辮髪を解きし迄約九十年間は高麗社會の表面は宛然として元の其れなりき、然れ共一旦中原に事起りて朱氏鹿を爭ふや九十年間の元風は一朝にして洗除せられたり。固より當時と今とは各種の事情に於て相異れりと雖亦以て皮相論者をして深省を發せしむるに足らん兎に角前著の註釋に依りて舊朝鮮の社會相の一端を窺ひ得べきが故に今亦た之を留めたり。

本書收むる所の一千二百餘の俚諺は之を諸般の目に分類すれば一層讀者に便利を與ふる事多かるべしと雖今や多事にして力此に及ばざるを遺憾とす。然れ共分類するとせざるとは價値に増減するなきは勿論なり。

大正三年初春三月下浣

於京城白岳山房

著　者　識

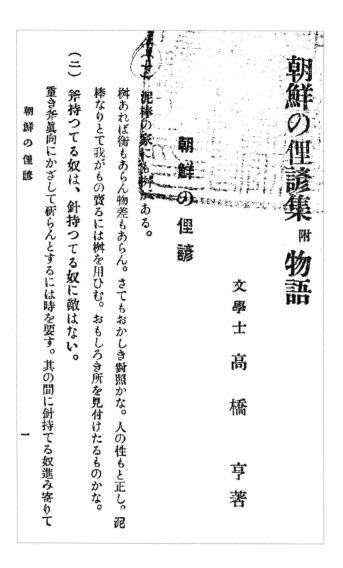

朝鮮の俚諺集 附 物語

朝鮮の俚諺

文學士 高橋 亨著

泥棒の家にも桝がある。

桝あれば衡もあらん物差もあらん。さてもおかしき對照かな。人の性もと正し。泥棒なりとて我がもの賣るには桝を用ひむ。おもしろき所を見付けたるものかな。

（二）斧持つてる奴は、針持つてる奴に敵はない。

重き斧眞向にかざして斫らんとするには時を要す。其の間に針持てる奴進み寄りて

朝鮮の俚諺

一

朝鮮の俚諺集

（三）　一斗遣つて一舛貰つて何になる。
　　　　意明かなり。

（四）　鋼鐵か燒ければ一層熱い。
　　　　鋼鐵は軟鐵よりは燒難し。され共一旦灼熱すれば熾烈なること軟鐵に優る。堅き男
　　　　の遊びを覺えては極まらずんば止まざるに譬へつべし。

（五）　脊中を毆つて腹を撫でる。
　　　　人情の陰險眞に斯くの如し。

（六）　緣起の惡い風は水口門から吹いて來る。
　　　　水口門は京城の東南門なり、凶門とせらる。城內死人あれば多く此門より搬き出す。

（七）　食はれない草は五月雨の初から生へる。
　　　　大器晚成の反對。

（八）　明るい月夜も曇つた晝に及ばない。
　　　意明かなり。

（九）　虎が畏しくて山に往かれない。
　　　意明かなり。

（一〇）　虎が嚙むと知つたら山に來なかつた。
　　　意明かなり。

（一一）　太鼓は打てば打つ程聲を出す。

（一二）　子供は打てば打つ程哭く。
　　　意明かなり。

（一三）　いくら祠堂を立派に建てゝもお祭が出來ないで如何するか。
　　祠堂は祖先の靈屋なり。兩班の家には邸の奥に之を建て宗孫之に奉侍す。財力の有
　　無に稱ひて美しく建つ。され共祠堂獨り美しくして其の子孫不肖に生るれば勢祭祀
　　も斷絕するに至らん。

朝鮮の俚諺

三

（一四）鹽俵を水の中で運べと云はれても運ばれやうか。不可能の事はあく迄不可能なるをいふなり。

（一五）善く知つてる奴を捉へて縛る様だ。盗人を捕へて見れば吾兒なり、と迄は行かされ共これ亦心持善からざるべし。

（一六）仁王山の冷い石を食つて活きても、サドンの飯は食ふな。仁王山は京城の西峯にして全山禿けて木なく。巌石磊塊として聳ゆ。サドンとは嫁の里壻の里を謂ふ。嫁壻の里互に虚勢を張る風俗想ふべし。

（一七）前で尾を掉る犬が後から踵を噛む。意明かなり。

（一八）グツ〳〵して終に養女を悴の嫁にした。婚姻の費用の嵩むを恐るればならん。

（一九）傍の者を突いて先方にまづ禮をさせる。

四

先方我と身分あまり違はねば、或は先きに禮をせぬか知れず。かくては我か體裁悪

し。されば傍の者を使嗾して先方をして先づ拜を行はしむるなり。

（三〇）　六十の老人三つ子に效へらる。

意明かなり。

（三一）　泣いてる顔に唾をしかける。

酷薄の者を舉け言へるなり。

（三二）　まだ齒も生へないで骨の着いた肉をしゃぶる。

早熟者の生意氣を形容せるなり。

（三三）　蒲團の中で操練。

無事の日の空威張。

（三四）　坊主も自分の髮を自分で剃れない。

我に緊要なる事も自から爲す能はず、他人の手を借らざるべからざることあるを言

へるなり。

（三五）　下の者は口があつても物が言はれない。
　　　若し物言はゞ加何にならん。

（三六）　眠ればこそ夢をみる。
　　　眠らずして夢をみんと欲するは愚なり。

（三七）　市日毎に沙魚が出るか。

（三八）　一度市日に沙魚を多く買ひて利益せしと見えたり。
　　　我が癖十ある奴が癖一つある人を譏る。
　　　世間多く然り。

（三九）　我が兒の惡い事。
　　　これ許り思ひたくなく　知りたくなきはあらざるべし。され共世にはこれの見えざ
　　　る親多し。

（四〇）　匙の飯も盛り上げれば澤山盛れる。

才なしとて勉強を廢する勿れ等の意なり。

（三九）　泊り所の澤山ある旅人が夕飯に外づれる。

おもしろし。この次の親類の家にて、此の次の友達の處にてと思ふ中に、はや暮れて時刻過ぎたり。

（三八）　妻の從兄弟の墓にお參りする樣だ。

更に情の移らぬを云ふなり。

（三七）　赤豆は碎けても飯の中にある。

朝鮮人は平素赤豆飯を食す。赤豆の碎くるは損にはならず。米屋が我が店の米を食ふが如きか。

（三六）　腕は內へは曲るが外へは曲らない。

我が方へ取り込むことはいと易きが、出して人に與ふるは難しといふなり。

朝鮮の俚諺

七

（三五）　一度の敗は兵家の常。
意明かなり。

（三六）　虎に嚙まれても氣を確かにせよ。
朝鮮の傳說に虎の人を嚙むや一度之を投け揚け、其の我が左に落ちたる時は食はず
して行くといふあり。さればたとひ虎に嚙まれたりとて狼狽すべからず。或は左に
落ちて助かることなきにあらずと言ふなり。

（三七）　水泳上手が水で死ぬ。
意明かなり。

（三八）　チゲを負うてお祭をしても自分の樂み。
チゲを負うて祭祀をなすも、價高き毛の腕貫穿めて泥河の蟹の穴を掘るも、共に不
似合なり。され共我が樂みとしてするには何の差支もなしと謂ふなり。

（三九）　毛の腕貫を穿めて蟹の穴を掘るも自分の樂み。

（四〇）　一里の道に午飯を包む。
要なき用意を謂へるなり。

（四一）　穴の中の蛇は何尺あるかわからぬ。
無言の人の測知られざるに似たらん。

（四二）　虎は描いても骨は描けぬ。
意明かなり。　杜詩の馬の齒より出しならん。

（四三）　嫁が年取ると姑になる。
この自明なる徑路なるに拘らず嫁と姑との仲惡しきことよ。　實に人世は矛盾なり。

（四四）　懶け者は畦を數へる。
何ぞ畦を數ふる隙に耕さゞる。

（四五）　谷が深くて虎が出、林が深くて化物が出る。
意明かなり。

（五二）　烏は黒くても肉は黒くない。

　　世に偽善と偽惡とあり。予は偽惡を愛す。此の俚諺は偽惡を謂へるなり。

（五一）　墓に花が哭く。

　　墓に花哭けば祥ありと信ぜらる。是れ亦風水説より來る。

（五〇）　堅くさへあれば壁に水が溜まるか。

　　儉約なれば金儲へらる。され共如何に儉約なりとて働かざれば金儲らるゝ筈なし。壁は即働かぬ人の儉約なり。

（四九）　同じ慣ならば赤裳。

　　赤裳は色美しければなり。同じ給料ならば派手な職業を擇ぶに似たり。

（四八）　主人の洗濯をすれば自分の踵の垢が取れる。

　　奴婢の主人の爲に鞠躬勞働すべきを勸奨せるなり。

（四七）　飯の食へない者に辨當の相談。

（吾二）　未熟な巫女が人を殺す。

（吾一）　相談の纏らざること嘗然なり。

（吾三）　傑に銀裝刀。
奇拔。

（吾三）　醫者亦然り、故に曰く死は天命なりと。

（吾四）　眞瓜を棄てゝ胡瓜を食ふ。
愚なるを形容せるなり。

（吾五）　郡守に物を賣るにも懸け價がある。
郡守は人民の最も怖るゝ所なり。され共商賣はこれをも恐れざるなり。

（吾六）　小供の笞でも澤山打たれれば痛い。
意明かなり。

（吾七）　腐つた繩で虎を縛す。

朝鮮の俚諺

二

（五八）詮なきを形容せるなり。

（五九）油を零して荏を拾ふ。
愚なるを言へるなり。

（六〇）牛に話した事は漏れないが、妻に話した事は漏れる。
され共よく妻に秘密を守るもの少し。

（六一）弓を挽いて涙を拭く。

（六二）弓を挽くには弦を引いて右頬を過ぐ。今手甲の鼻下を過ぐるに當り兼ねて涙を拭く
なり。兼ねて他事を行ふに譬ふ。

（六三）嫁の踵が鶏卵の様に見えると言つて憎む。
踵の鶏卵の如きは美しき婦人なり。憎しと思へば美しく見ゆるも亦憎ましきなり。

（六四）春の雉子は自分で啼いて人に取られる。

（六五）山豕を捕へやうとして家豕を失ふ。

意明かなり。

（六四）　蟹も網も一所に失ふ。
　　　　元も子も亡くせしなり。

（六五）　飢えて錦が一度の飯。
　　　　王孫飢えて錦を典す。世に成下り者許り見じめなるはあらず。

（六六）　養え瀧ぎつてる羹の味は分らぬ。
　　　　態々舌を燒くものもなければ。

（六七）　電光で煙草をつける。
　　　　不可能事をおもしろく形容せるなり。　電光にて烟草つかば發祥すといふ迷信あり。

（六八）　可愛い兒には棒を與へ、憎い兒には飴をやる。
　　　　妙語、奇語。棒持てる兒は飴欲しくば之を取るを得べし。

（六九）　子の生れない前に襁褓を用意する。

朝鮮の俚諺

一三

（七〇）　かゝる家には多く子生れぬものなり。

（六九）　春の雨が澤山降ると姑の手が濶くなる。
　　　　春の雨多き年はよく稔ること必定なり。常にはもの惜みする姑なれ共自然心大ま
　　　　かになりて他人に物をやるにも量多くする様になるなり。手濶ければ容る所多し、
　　　　濶手は吝嗇の反對なり。

（六八）　百足は死んでも仆れない。
　　　　支ふる所繁ければなり。

（六七）　しまへに生へた角が一番長くなつた。
　　　　後の雁が前になるなり。

（六六）　火の無い爐、女の無い壻。
　　　　比況の妙を盡せり。

（六五）　鬼を避けやうとして虎に出逢ふ。

（七五）　山よりは虎が大きい。

小難を憚る勿れといふなり。

（七六）　孕まない嫁に子を産めと苛める。

虛許の注意して視よ……なり。

され共あまり多く産めば又産み過ぐとて苛むあり。

（七七）　可愛い兒には笞を澤山やれ。

答は此の國の兒童教育の第一要具なり。家庭然り。學校然り。これ亦朝鮮兒童の長者に對して極めて從順なる一原因なり。

（七八）　酒肴を見れば誓も忘れる。

幾度となく禁酒のやり返へしをする人を笑へるなり。かゝる人はむしろ初より禁酒の誓を立てぬに如かず。

（七九）　契の酒で顔を立てる。

朝鮮の俚諺

一五

（八〇）契は組合なり。組合に買ひおける酒を借りて賓客に進めて主人振るを笑へるなり。

（八一）着物は嫁入時の様、食ひ物は八月十五日の様にありたい。
一代晴れの衣粧なれば嫁入時の着物着て満足せざる者はなかるべく。八月十五日満月の夜は数々の馳走共して先祖に捧げ己等も食ふ。年中最滋味に富める日なり。

（八二）常にかくあらまほしと願ふも宜べなり。

（八三）牛の様に働いて鼠の様に喫べよ。
かくて金の残らぬ人はあらじ。

（八四）奥の中に居る婦人は見やうとするな。
非禮観る勿れの数へなり。

（八五）章魚の眼は小さくても自分の喫べ物は見える。
然らずば眼のある要なきなり。

（八六）脈も知らずに針を刺す。

され共脈も知らずに藥を盛り刀を揮ふに勝らんか。

（八五）　妻の惡いのは百年の仇、味噌の酸いのは一年の仇。

惡しき妻大抵惡しき味噌を作れば百一年の仇と謂ふべし。

（八六）　燕が澤山雛を產むだ年は豐年だ。

（八七）　燈心に灯子が咲くと財がは入る。

（八八）　朝鵲の啼くのは緣起か善いし、夜烏が啼くと大變がある。

（八九）　春の最初の甲子の日に雨が降れば百里中が旱魃する。

（九〇）　蜘蛛が天井から下がるとお客が來る。

（九一）　犬が高い處へ登れば大雨が降る。

（九二）　鵲が屋根裏に止まつて啼くと貴客が來る。

（九三）　狐が村に向つて啼くと其村に死人がある。

（九四）　病人の家に向つて烏が啼くと病人は死ぬる。

（九五）　家滅びんとすれば女子に鬚が生へる。

何れも此の國の迷信なり。我國の迷信と比較すれば趣味頗る饒し。

（九六）　誇りの果には火が付く。

自ら燒けて止む。

（九七）　夏一日遊ぶと冬十日饑じい。

意明かなり。朝鮮の農夫も夏時には中々よく働くこと見るべし。

（九八）　笞も初に受ける奴が得だ。

まだ馴れざれば痛く打たざるなり。

（九九）　尾が長いと踏まれ易い。

金多ければ盜まれ易し。

（一〇〇）　面の皮が地の樣に厚い。

朝鮮人に恥を知らぬ者用々に多し。

（一〇二）　曲つた杖は影も曲つて映る。
　　　　　意明かなり。

（一〇二）　泥棒に逢ふ晩は犬も吠えない。
　　　　　凡そ色々の事共集まりて大なる不幸となるものなり。

（一〇三）　我が寺の佛像は我が爲の佛像だ。
　　　　　願ふ所は我の幸福なり。

（一〇四）　十年かゝつた勉強はたゝ南無阿彌陀佛。
　　　　　僧侶の無驚を笑ひたり。

（一〇五）　櫟の葉が松の葉の聲を笑ふ。
　　　　　牛糞馬糞を笑ふに笑たり。

（一〇六）　平常の本心醉うた時に出る。
　　　　　人情何國も同じ。

朝鮮の俚諺

一九

（一〇七）　いかに亂暴者でも、筵を布いて、さあこゝでやれと言はれると止める。

人の心理を巧に現したり。爲すなと言はるゝ程爲して見たきが人情なれば。

（一〇六）　笑ひながら人を毆る。

毒々しき人常に然り。

（一〇九）　心の曲つてることは螺蟍の殻の樣だ。

つむじ曲りの意なり。

（二一〇）　一月は大、一月は小。

天運の順蝹して常に盛衰代謝するを云へるなり。

（二一一）　五臺山に往つて飯に招ばれないと三日煩ふ。

こは江原道江陵附近の俚諺なり。五臺山月精寺は朝鮮有名の大刹にして、江陵よ

り十里大關嶺の險を越えて西方にあり。江陵は江原道第一文化の地、士人文事に

嫺ひ、春秋に相携へて五臺山あたり山水に放浪す。彼等の月精寺に來る、必ず寺

284

僧は遠く門外へ出迎へ客房に延き心を籠めて待遇するを法とす。されば江陵の人達も無論月精寺に往けばかく待遇せらるべきものと思へり。若し誤りて飯に招ばれざる事ありせば是れ變事なり。歸りて三日病むとなり。如何に李朝晩年に當り僧侶の士人より誅求を受けしか此諺に由りても想像するを得べし。明治四十四年六月、朝鮮寺刹令出てしよりは僧侶の位置頓に向上して、宗教家の資格を法授せられしかば、今は誰一人一飯なりとも只寺にて食はんとするものもなし。此の俚諺の如きは前代寺刹の狀態を傳ふるものとして頗る趣味に富めりと謂ふべし。

（一三三）　全羅の人にはお膳を二ッ。

全羅道は朝鮮八道中尤も人氣惡しとせらる。表裏反覆恒なく、信義誠實は一點もなし。口にて言ふ心と內にて思ふ心と二ッ宛あり。されば彼れに飯を喫せしむるには須らく膳を二ッ出すべし。一は以て表の彼に食はしめ、他は以て裡の彼に食はしむるなり。

三

（二三）　蠅の数より妓生の數が三つ多い。

慶尚南道晋州の俚諺なり。晋州は古來北の平壤と相對して妓生の名所たり。足一歩晋州に入れば家々妓家ならざるはなし。晋州は妓生に名ありて又蒼蠅に名あり。夏の初より秋の末迄、荷も甘濕香味のある處には音立てゝ無數の蠅軍集り仮は白からずして常に黒し。され共仔細に點檢すれば蠅の數よりは妓生の數反りて三ツ多しと。

（二四）　拳は近く、法は遠し。

拳よく人を屈せしむるも達する所數尺の外に出でず。法律は千里萬里。國權の及ぶ所達せざるなし。力強き人より權強き人の恐るべきを謂へるなり。

（二五）　馬が産るれば田舎へ送り、兒産るれば孔子の門に送れ。

各其の才を伸びしむるなり。

（二六）　目が如何に明くても自分の鼻は見えぬ。力は如何に強くても自分の身

を動かすことは六つかしい。

唯心論的社會觀と謂ふべし。

（二七）　黄海道入納。

入納とは朝鮮の手紙の宛名の書式なり。され共何町何番地某入納と認めてこそ屆くべけれ。たゞ黄海道入納とのみ記しては手紙は宙字に迷はん。物事の甚粗漏なるを形容するに用ふ。

（二八）　火事を出した家から火事だと叫ぶ。

意明かなり。

（二九）　婚姻の時に糞をたれ。

事の似づかはしからぬを對照せるなり。

（三〇）　犬も我が毛を惜む。

（三一）　犬も飼はれた恩を知る。

朝鮮の俚諺

三

（一三二） 青大將も我がからだを自慢する。

何れも意明かなり。

（一三三） 耳が寶物。

色々の物事を聽き覺ゆればなり。同意の諺佝外にあり。

（一三四） 急いで食つた飯は咽喉に閊へる。

速成の毀れ易きをいふなり。

（一三五） 雁は百年の壽を保つ。

（一三六） 空飛ぶ鳥には、此處に止まれ、彼處に止まれと言はれない。

雁は朝鮮の婚姻にて結納に用ひらる。古俗雁を捕へず又食はず。

白鷗浩蕩能く狎すことなし。高士自ら當に林壑に在らしむべし。

（一三七） 汝の病氣が癒つても癒らいでも、おれの藥代だ。

醫師は此の俚諺あるか故に生計を立て行くなり。

（一二八）　念佛の出來ない坊主が竈に火焚きをする。

（一二九）　念佛に心はないが貰ふ飯に心がある。

（一三〇）　遊むで居る口に念佛。

何れも念佛僧を嘲けれるなり。朝鮮の僧侶には坐禪、看經、念佛の三種あり。念佛業を最下と爲す。坐禪の根機力量なく、看經の文識なき輩之を修す。一日一萬遍乃至三萬遍。曉より夜に達す。かくてやうゝ寺中の飯にあり付くなり。云はゝ體の好き乞食僧なり。三俚諺の在るも宜へなり。

（一三一）　怜巧な奴はお寺へ往つて鮠汁を出させる。

鮠は石首魚なり。朝鮮にては之を鹽漬にして菜漬の甕の中に入れて鹽梅となす。寺は葷を禁ずれば鮠汁はなき筈なり。され共往々にして密に藏することあり。眼鋭きものは僧侶のけはえにて早く此寺には鮠汁ありと見取り。巧に之を出さしむ。

（一三二）　ころぶ場所を視て相撲に出掛ける。

二五

朝鮮の田舍も亦相撲中々に盛なり。角者先づ片膝着きに坐して帶を握り合ひ氣合
して立上がりて相撲ふ。上手なる者は夫々手ありて能く力多き者を倒す。され共
相撲場とて我國の如く土俵築きてころぶに痛からず作れるにあらず。こゝの川邊
彼處の木蔭處擇ばず開く。されば相撲はんとする者は先づころぶに痛くなきか否
かを檢分して後に出掛けざるべからず。

（一三三）
鷄千羽あれば必ず鳳凰一羽あり。
鄙人の男の兄あれば一人偉ら物なり。

（一三二）
豚は自分の番に湯を沸せと言ふ。
一農夫客して　我が犬を屠りて　馳走せんとせしに狗は　我れ平素夜寢ずして　家を守
る、今屠らんとするは情なしといふ。さらばとて鷄を締めんとす。鷄曰く、予常
に時毎に鳴きて時間を報ず、殺さんとするは殘酷なりと。さらばとて牛を宰せん
とす、牛亦言ふ樣、予よく重きを荷ひ、田畝を耕やし、主人の爲に勤勞して休む

時なし、何が故に死せしめんとはすると。主人詮なく豚を捉ふ、豚は我が順番と

なれ共辯解すべき辭柄なし。自ら湯を沸せと言ふ、豚を宰するには沸りたる湯も

て洗ふ。世に能なき者の罷免せらるゝに際しては豚の如し。

（一三五）　父に優る子はないものだ。

かくては人類は進歩すまじきなり。され共かく思へば親は益々神聖なり。

同情の原理此に存す。

（一三六）　己が膚を搔いてみて人の痛さが知れる。

（一三七）　螢の肝を取り出して食ふ。

乞食の飯を奪ふの類を云へるなり。

（一三八）　夜逃げ者の包みは大きい。

懲故に逃け出す奴なれば、持てる丈持ち行くなり。

（一三九）　肝臟に往つて着いたり、肺臟に往いて着いたり。

七

（一二〇）　朝に政友會に走り、夕に同志會に赴くをいふ。

手が足になる程擦り合せてお願をする。

手も數限りなく擦り合せば足の如く開かんか。

（一二一）　貧乏な家にお祭が來た樣だ。

祭祀は大禮なれば客の來ること多し。貧家にては如何にして之を待遇せん。心苦

しさの限りを言へるなり。

（一二二）　虎の話をすれば虎が來る。

噂をすれば影がさす。

（一二三）　鎌を持つて「の字を知らぬ。

「は諺文の父音の一なり。云はゞいろはのいの字と云ふが如し。鎌の形「に似

り。形似たる鎌持ちながら「の字も知らず。農夫の無學を擧げ言へるなり。

（一二四）　來へと言はれる處はないが、往く處は澤山だ。

處々より招待受くる人は却て多く出て往かざる者なり。

（一四五）　砒霜を飲むで死なうと思つても買ふ錢がない。世に貧許り悲慘なるものあらんや。

（一四六）　埋葬しに來た者が屍を置き忘れて返つた。例を取りて愚を誡めたるなり。

（一四七）　情切なれば腐肉を殺いで食はしたくなる。意明かなり。

（一四八）　育て上げた壻。この壻の可愛さは一倍ならん。

（一四九）　犬が正月十五日に逢つた樣だ。朝鮮の迷信正月十五日には一日犬に食を與へす。

（一五〇）　絹一反を一日に織らうとせず、家族を一人減らせ。

朝鮮の俚諺

元

（一五二）　十人でかせぐより家族一人減らせ。

消極的なる此の國の經濟主義を見るべし。これ併しながら往昔兩班豪家に奴婢、親戚の寄食者等あまり多かりしの致す所ならん。

（一五三）　着物を着た乞食は貰ひがあるが、裸の乞食は貰ひがない。

妙語、衣粧の人の價値に影響するの大なるを見るべし。

（一五三）　郡守にお目にかゝつたり、施し錢も貰つたり。

田舎の人民郡守に面會するは其の御機嫌を伺ふ樣なれ共、其の實錢を貰はん爲めなり。

（一五四）　藥屋に甘草の無くなる事はない。

我の仲間外つれになるへからざるよとを言ふに用ふ。

（一五五）　鷄を食つて鴨の足を出して見せる。

人の鷄を盜み食ひて咎められ、否々食ひしは鴨なりとて、用意しおける鴨の足を

出し見するなり。

（一英）　お寺に往つた花嫁。

花嫁は世間見ずなるを常とす。寺に來ては殊更勝手が判らず。萬事住僧の せよと

いふ儘に行ふの外なし。人の言ふ儘になるを形容せるなり。

（一五七）　水を灌げど漏らぬ。

物事の確かなるに用ふ。

（一英）　斧を失つて斧を得た。

失ひしものも買ひしものも等しく斧なり。　我に取りて障はる所なし。

（一五九）　雉を食つた席。

雉を食ふには羽毛腸を除きて一切悉く食ひ竭すを法とす。されば雉を食ひし後の

席には何物も殘らず。

（一六七）　杜を打てば壁が鳴る。

朝鮮の俚諺

三二

（一六）賴母子に中つて家を賣る。

世間の事案外の所に影響の及ぶを云ふなり。

長年かけし賴母子幸に中りたれば。家の財政もや、樂になるべき筈なるに。反りて之が動機に酒の味など覺え。終に賴母子の金のみか家まで賣り飛はして飲みて了ふもの少からず。

（一六二）內の壁を拍ち外の壁を拍つ。

此方彼方を廻りて彼方の事を此方に惡し樣に告口し。此方の事を彼方に惡しく言ひ。終には我身の破滅を招く。小人の愚や及ふべからざるなり。

（一六三）主人の知らない公事はない。

容多く集れる時、何事にも先つ主人公よとて、主人公を立つるを云ふ。

（一六四）今日は忠淸道、明日は慶尙道。

東西南北の人。

（一六五）　見渡せば寺の址。

寺のありし址なりといふ處は何處も同じく何物もなし。何物か有れば皆之を取り
去るか故なり。されば荒漠として何物もなき處をいふ。

（一六六）　家族は主人の眉の間許り視て居る。

眉の間は顏面に於て最もよく、感情の表るゝ處なり。家の者共主人の眉間筋肉の
動き方にて一喜一憂するも宜なり。

（一六七）　七十になつて甫めて參奉になつた處が、王樣の　行幸が一月に廿九遍。

參奉は王家の陵守なり。最も閑職なり。或人永年官職にあり付かず七十歲に至り
てやうやく參奉にあり付き。閑職なれば誠によしと悅び居たるに。彼が參奉とな
りしより、國王頻りに此の陵に參拜され。一月に二十九度の多きに至り。老參奉
おちゝ眠る間だになし。　運惡しき者は徹頭徹尾運拙きを云ふなり。

（一六八）　熱病に鶴の聲。

朝鮮の俚諺

三

（一六九）　雪を食ふ兎もあり、氷を食ふ兎もある。

禁物なりと背ふなり。

人各才不才あり、好不好あるをいふなり。

（一七〇）　萬兩の金も何になる。

博奕より出でたる俚諺なり。一時萬兩を利したりとて何にかせん。復た人に奪はれんものなりといふなり。

（一七一）　五と七に當つた奴は妻さへも失ふ。

これも賭博に借りたる俚諺なり。朝鮮固有の博奕は骰子の目の理窟と同じく、札に書きたる點數にて勝負を決するなり。札は三度抽くこと〲す。點は九點及十九、二十九等九點付くを最上とし、以上は腐りたるものなれば敗なり。されば人あり五と七とを抽き、更に又抽くに、若し七ツを抽き得たらば十九點となりて上吉なれどか〻る事は萬々なし。大抵は八とか九とかに抽き宛て〻大敗するなり。我大敗

せりと聞けば、我が妻さへ愛憎盡して出奔せむ。金錢を皆亡ふのみならず妻さへ失ふといふなり。

（一七二）昔の法を改正もせず、新しい法を出しもするな。たゞなし來りの儘に國を治めよといふなり。爲政者の參考とするに足る。朝鮮人の保守的性質を言ひ出せるものなり。

（一七三）價も知らずに米袋を出して米を買ふ。意明かなり。

（一七四）乞食が喧嘩すると頭陀袋を奪ひ合ふ。外に所持品なければなり。

（一七五）死むだ猫がアアンと言ふと、生きた猫が物が云へぬ。言はざるべき筈の人が喋舌れば言ふべき人呆れてもの言ひ得ざるをいふなり。

（一七六）光武二年があつてこそだ。

光武二年は李太王晩年の年號なり。此年最盛に五錢の白銅貨を鑄造せり。市場に流通する貨は大抵光武二年ならぬはあらざりき。世の中は錢ありてこそ爲す事もあれといふなり。いと〳〵おひ做す樣になりぬ。されば錢をば一に光武二年と云もしろき俚諺と謂ふべし。

（一七）　昨日一昨日が昔だ。
　　　　　時間の流れを追窮すれば此に歸せざるべからず。

（一六）　實行する者には敵はない。
　　　　　小言に恐れる樣にては世の中には立てず。たゞ爲すべし進むべし。

（一九）　汝の家財はおれのもの、おれの家財はおれのもの。
　　　　　本と奧夫傳兄ノル夫の語より出つ。無法者の形容なり。

（二〇）　一兩の祈禱をして百兩の鎚を破る。
　　　　　巫覡俗僧か一兩許の安祈禱を引受けて、あまりに叩き過ぎ大事の鎚を叩き破りし

（一六） 旅立の物具出してやりながら猶一晩泊り給へ。

（一五） 粥一匙すくひ取つた迹。
迹なきをいふなり。飯は一匙取るもあと殘れども。

（一四） 餅をくれる人のありなしも考へず、まづ菜漬の汁を甞める。
餅を食ふに菜漬の汁を甞むるを法とす。嫁入口のありもせぬに嫁入の衣粧を著て喜ぶの類か。

（一三） 西瓜を皮の上から舐める。
中に甘味のあるを知らざる愚人なり。

（一二） 土が割れて松の根が心配する。
舊惡の露顯を畏るゝなり。

（一一） 新月は注意深い嫁女が見る。
新月の空に現はるゝは夕方僅の時間なり。注意深き婦人ならでは徒に看過ごさん。

朝鮮の俚諺

毛

（一八七）　劍を衛へて踏躍す。

人心表裏あり世事矛盾多きを云へるなり。生死を此の一擧に決する底の、人間最期の形容なり。

（一八八）　十人か物を言つても聽く人の考へ。

理義は自から定まる。多數の力も聽く者をして服せしむること能はざるなり。

（一八九）　土地の神に差上げたり、家の神に差上げたり。

元と多くもあらぬ物を、彼方此方、彼の人此の人と分配して、殘る所なきをいふ。

（一九〇）　手の爪足の爪の裂ける程稼いで食ふ。

勤務已まざる者を形容せるなり。

（一九一）　釜を取り外してから三年立つた。

釜鼎を撤擧して家を移さんと準備してより三年を經過したるなり。さては如何に家婦の困りたらん。　優柔不斷決するなきを形容せるなり。

（一九二）　外孫を抱くより臼の杵を抱くが増した。

外孫は我と何等の血縁なきものなり。之を抱きかゝゆるも情の移るべき筈なし。戯偶に過ぎず。

（一九三）　内房に來ては姑の言葉を善しと言ひ、臺所に來ては嫁の言葉を善しと言ふ。

姑は内房に坐して、婦をして厨に働かしむるが朝鮮の風俗なり。下婢等の立場としては此の俚諺の如くするより外はあらず。眞に一幅朝鮮内房有髣の畫と謂ふべし。

（一九四）　本妻と妾の喧嘩には、佛樣も脊を向ける。

世間此れ許り醜きものなければなり。

（一九五）　運送人夫の中に交つて脚氣の脚も行く。

衆人の進む力に牽かれて、我知らず脚の運ばるゝなり。已れ一人ならば一歩も進まるべきにあらねど。世の群衆心理の理法を説ける者。

元

（一九六）　一家の内で下男の苗字を知らない。

人の卑近なる事を反りて看過するを言へるなり。

（一九七）　砧の棒で牛を追つて行く。

牛を追ふには鞭か木の枝こそ相應しけれ。如何に事急がるとて砧の棒にてはおか

しき限なり。

（一九八）　親類で詛呪をする。

親しかるべき親類間に却りて禍機を釀し出すを言ふ。

（一九九）　鵲の腹の樣に白い。

鵲の腹は白けれ共聊か白きのみなり。物事を誇大にする者に譬ふ。

（二〇〇）　箸で漬物の汁を掬ふ奴。

人の迂愚にして事の效續を舉げざるに譬ふ。

（二〇一）　窒扶斯になつたり、麥粥を食つたりする方がむしろ增しだ。

（二〇二） 窒扶斯は惡疾にして麥粥は粗食なり。何れも好ましからず。され共聞くに堪へざる惡聲を聽かざるべからざるよりはむしろ勝れり。

（二〇二） 石佛の肥えると瘠せるとは石屋の手にある。
執權者の能く人の運命を支配するに譬ふ。

（二〇三） 目の見えない靑大將が、鷄の卵を大事に抱へる。
目見えざれば如何なる寶玉とも思へるならむ。世間にては珍重もせざる物を、已れ獨り愛玩して措かざるに譬へるなり。

（二〇四） 飯を殘しておいてくれる兩班は、江を隔て〻わかる。
人物の厚薄は一見して之を識るを言ふなり。

（二〇五） 祈禱が濟むでから長鼓を叩く。
事終へて後無用の擧に出るをいふ。

（二〇六） 延安南大池を買つて食ひものにする奴だ。

朝鮮の俚諺

三一

延安郡の南大池は國有なり。慾心限りなくして國有土地までも偸み賣する者を言
へるなり。

（二〇七）　兵曹の摘奸。

元と韓國時代の兵曹、人の奸を摘發すること最も嚴なりき。調査の嚴酷にして假
惜なきに譬ふ。

（二〇八）　啞が足の甲が痛いといふ聲か。

歌曲、讀書等の聲のいと聞き苦しきを嘲りいふに用ふ。

（二〇九）　啞が證文を持つてゐる樣だ。

確なる證文なれば、國中誰に向いても公然主張すべき權利あるなり。啞の悲しさ
は之を言ふ事能はず。されば正當に主張すべき事件に口を開く能はざるに譬ふ。

（二一〇）　鼠の穴に紅箭門を建てやうとする。

紅箭門とは韓國時代に孝子忠臣貞婦等を旌表して賜ふ所の朱塗りの門、若くは王

陵に建てたる朱門をいふなり。されば至りて大なる門なり。鼠の穴は至小なり。至大を至小に立てんとす。經營の甚だ相應せざるを謂ふなり。

（三一）　淫奔をし相な女は峠を超えて行くが、寡默つたおとなし相な女が谷の中を隱れて男と一所に行く。だまり蟲の壁破り。

（三二）　妻と妾の爭ひに尿器商人。妻妾如何に相爭ふとも尿器商人の關係すべきにあらず。無用の者の入らざる干渉を云へるなり。

（三三）　笑ひ事から菲式が出る。言笑嬉謔も苟もすべからざるを云へるなり。

（三四）　擔いで出れば葬式の輿かつぎ、提げて出れば燈籠持ち。身世零落したれば、如何なる賤業をもなすを歉はざるなり。

朝鮮の俚諺

四三

四四

（三五）　つぎはぎに縫ひ合しても床しの被衣（かつぎ）。
破れても錦。兩班の婦貧くして藍褸を纒へども、流石に昔忘れぬ床しき所ある等
を云ふ。

（三六）　腐つても鯯（このしろ）。腐つても雉。
意明かなり。

（三七）　冷水を飲むで揚子を使ふ。

（三八）　乾魚を裂いて手を吮ふ（す）。
それ程もなき事に仰山らしく振舞ふに用ふ。

（三九）　裳の廣さが十二尺。
出しや張婦人を云ふ。實に裳廣ければ坐るに場所を多く占領し自然人の坐るべき
處まで取り込むに至らん。

（三〇）　府尹より廊官が矢釜しい。

昔時韓國時代漢城府の郞（文科及第者の初任官にして今の試補とか屬官とかに當る）が大抵いと矢釜しくして、人民は却りて府尹よりも恐れたり。

（三二）　東床廛には入るのか。

人のにやく／＼笑へるを揶揄するに用ふ。東床廛は京城鐘路の店の中の一種なり。昔時此に角にて造れる陰蟄も賣れり。之を購ふべく來れる人明ら樣にそれと言ふこと能はされば、唯だにやく／＼と笑ふのみ。店の者共は之を見て、以心傳心に會得して畏まりて出し來。されば此の諺生したり。

（三二）　耳が刀子廛が。

刀子廛も同じく鐘路の店の一種にて、此には珠玉金銀の寶佩物を商ふ。されば耳の人にとりて大切なる寶なるを言へるなり。前に舉げし「耳は寶物」と同意なり。

（三三）　後を樂みに植ゑた樹は一層よく根を培へ。

意明かなり。

朝鮮の俚諺

四五

（三四）　此の井戸に糞を垂れても、いつか復た此の水を飲むことがある。
二度と顔合はすまじく思へる人に、いつ何の緣にて賴ることとなしと謂ふべからず。
人には常に情あるべし、世に處する決して常住に人の道を踏み違ふべからざるを
言ふなり。

（三五）　秋に親父の祭りの出來ない奴は、春に義父の祭りが出來やうか。
豐かなる時に當りて大禮を行ふ能はざる者、必ず足らざる時には小禮を行はざる
を得へるなり。

（三六）　同じ釜の飯を食つて訴訟をする。
人心の險なるを擧げたるなり。

（三七）　餅搗の聲を聞いてもう漬物の汁を探す。

（三八）　尖つた齒が圓るくなる。
躁進妄求の愚を笑へるなり。

人憤怨を呑みて切齒するの久しきが爲なり。積怨霽れざるをいふ。

（三九）　人の借金の保證する息子は出來てくれるな。

男兒を得むと欲するは朝鮮上下通しての熱願なり。され共かゝる兒は生るゝを欲
せずと云ふなり。人情何地も同しきこと見るべし。

（三〇）　人を毆つた奴は脚を卷いて睡り、人に毆られた奴は脚を伸して睡る。

脚を伸して睡るは安々と心落ち居て心配なきなり。脚を卷けるは何時逃げ奔るべ
きを測らざれば其の用意に奔り善くせざるなり。人を毆れる者一時勝を制して快き
が如くなれ共、以後長く心苦しきを云へるなり。

（三一）　門を正しく立てた家は立行くが、口が正し過ぎる家は立行かぬ。

讒言侃議の人の怨怒を招き易きを云へるなり。

（三二）　臭くない厠があるか。

過失なき人はあらず。

七一

（二三三）　釜は臺所に据ゑよ、臼は物置におけよ。

極り切り、分り切りたる事を、物知り顔に指揮命令するおかしみを云へるなり。

（二三四）　歩いて來て居ながら、人さへ見れば乘つて往かないかと言ふ。

あはれ人間よ、盧菜は汝の附き物なり。

（二三五）　安産したから先づ先づお芽出度い。

女を生める家を慰めたるなり。女兒の損なるを想ふへし。

（二三六）　お天氣がよいので婚姻に都合好かつた。

婚姻時に雨風なれば凶とせらる。

（二三七）　妻の叔父の墓参り、貰ひ兒の爲の祈禱。

爲す事の氣の乘らぬことに譬へたるなり。

（二三八）　錐は尖端からしては入る。

老少長幼列席する時、飲食物を分排するに、まづ少幼よりするを云へるなり。

（二三九）　盆が紙屑籠の様に深くて長いと言ひ張る。固執する人を形容せるなり。

（二四〇）　四枚抽き取る。朝鮮の賭博は、名々札二枚か三枚を抽くものにして三枚を限りとす。狡猾なる者頼に四枚抽き取りて知らぬ顔す。

（二四一）　南燈を丸呑にする。愚を笑へるなり。

（二四二）　豆を炒つて食つて鍋を壊る。小利の為に大損を招くを言ふ。

（二四三）　御祈禱に往つた母親を待つてる子供の様だ。供へし菓子餅のみやけあるべければなり。

（二四四）　箏を受けた宕巾の様になつた。勧め人の年末賞與を待つに似たり。

宕巾は馬鬣(うまのを)を以て編みし頭巾なり。一度拳を喫すれば潰れて見る影なし。元氣好き人の上の人に呵責せられて忽ち顔色憮然意氣銷沈せるに喩ふ。

（二四五）醤油瓮(かめ)より醤油の味が好い。

君子茅屋に隱居するにも譬ふべし。

（二四六）貰つた餅が一釣瓶半。

汲水夫等は祝ひ事ある日には得意先を廻りて餅を貰ひ歩く。一片宛得たるもの集まりて一斗と半升成したり。

（二四七）狗の飯に橡の實だ。

狗は橡の實を食はぬものなり。一粒一片をも殘すことなき狗の飯皿にも、これ許は殘る。ょふに食はれぬなり。人の材幹缺如して用ふるに處なきに喩ふ。

（二四八）勢力のある時に人心を收攬せよ。

意明かなり。

（二四九）　學むだ盗賊の様だ。
　一時の出來心よりせし盗賊の改心することあれ共、長く學習せる盗賊は改心の見込なし。

（二五〇）　十郡名うての淫奔女が、一郡での主婦になつた。
　人の悔悟の強きを言へるなり。

（二五一）　鼻の孔二つあるのが仕合だ。
　憤懣内に欝する時、天を仰いで鼻孔より深氣を吐出すれば心やゝ治まるを覺ゆ。

（二五二）　烟草の種子でふくべを作る。
　此の時眞に鼻口二あるを感謝す。

（二五三）　答を一度も受けないで皆な白狀する。
　この微細の物を以て能くふくべを作る、其の人の心の細瑣なることを知るべし。
　意明かなり。

三二

（二五四）　盲人の月收を借りて使ふ。
盲人は世間中最も收入圓かなる者なり。され共人窮塞すれば盲人の金迄借るに至る。

（二五五）　泥棒するにもよく氣の合つた相棒が入る。
世上萬事合力者を要するを云へるなり。

（二五六）　自分の足の甲の火を消してから、父の足の甲の火を消やす。
人情我を拯ふに最急なるを言へるなり。

（二五七）　石を持ち擧げれば顔が紅らむ。
其の勞力の自然に表に現はるゝなり。以て世間一毫の効勞なくして徒に報酬を望む者を誡む。

（二五八）　蒲團の中で臂を掉ふ。
趙括の兵法。かゝる强がる者有事の日に當りて畏懼するを例とす。

（二五九）　水に沈むでも財布の外に浮ぶものなし。
財布も中に財貨多く納りたらば浮む理なし。此者の渇財想ふべし。

（二六〇）　蟹の兒は生れるや否や鋏む。
本能の妙を言ひ出しなり。

（二六一）　頰を打たれても、銀の指輪嵌めた手に打たれるのが善い。
朝鮮の富の程度の低き、到底金は調度に使用する能はず。古來專ら銀を用ふ。銀
房とて銀製装飾品製造の專業者出でし所以なり。此の俚諺は叱責せらるゝにも服
從せしめらるゝにも、貴き人なるべしと云へるなり。實に今の世は位高き人より
呵らるゝは却りて名譽と思ひ做す者少なからず。

（二六二）　死ぬのは悲しくないが痛いのが悲しい。
實に人情の機微に觸れたり。死は人間として一度は発るゝ能はざる事に屬す。た
だ恐るゝ所は死際の大病の苦痛なり。

（二六三）　東の方が白めば世の中が始まると思ふ。

夜至れば世の中終ると思はん。山間の愚夫田園の農夫、世間の事全く關知せざる

心地を言へるなり。

（二六四）　傾きかけた木は倒して了ふ。

優勝劣敗の理に外ならず。

（二六五）　よく嚙まない綿取機械が音丈やかましい。

事實に成らず、聲聞のみ徒に高き等に喩へしなり。

（二六六）　妻の愛に溺れると、妻の家の牛杙にまで拜をする。

意明かなり。

（二六七）　痘痕の孔に知慧が隱れてる。

外貌を以て人を取る勿れと言ふなり。

（二六八）　同月同時に產れた手指も長いと短いとがある。

（二六九）　同じ腹から出た子供も色々だ。
　　　　　　二諺共に同意なり。

（二七〇）　一つ夫の妻妾は何人あつても一つ蔓の生物。
　　　　　　彼等妻妾も自然夫の性格に化せられて相類似する所あるに至るなり。

（二七一）　餅を餅らしく食はれないで、糯米一石たゞ棄てた。
　　　　　　物事相當なる結果を得ずして、費用のみ多くかゝりしに喩ふ。

（二七二）　破れ草鞋も對がある。
　　　　　　割れ鍋に閉ぢ蓋。

（二七三）　針が行けば線が隨ふ。

（二七四）　宗家が破滅して、香爐と香盒が殘つた。
　　　　　　原因と結果との關係をいへるなり。
　　　　　　何れも祭祀の具なり。　朝鮮の俗身世零落すれ共先祖の祠堂の祭具は之を賣らず。

朝鮮の俚諺

されば其の祭具に視て家門を知るべし。

（三五）　**自分の手で自分の頬を打つ。**

自ら孼を招くに喩ふ。

（三夫）　**出來上つた粥の中に洟が墮ちた。**

事方に成立して突如意外の邪魔の生ぜるなり。

（三七）　**米をといだ水を飮むで醉ふたまねをする。**

假粧の醜を笑へるなり。

（三六）　**濟洲島の驢は、左へ垂れるか、右へ垂れるか。**

幼稚なるものゝ前途の測り知るべからざるをいへるなり。濟洲島の馬は山野に放牧せらる。其の驢の如きも全くなるが儘に任すなり。

（三九）　**門の扉を倒まに立てゝ畫工を罵る。**

朝鮮の扉には大抵種々の繪を貼り灾を防ぐ。描きし畫工は正しく描きしに主人門

鼻を倒まに立てしなり。人情人の非を舉ぐるを好み、己れが非を反省せざるを笑へるなり。

（二八〇）　鼠の穴にも日光のは入る時はあらう。坎軻不遇の人も時節來ることあらんといふなり。

（二八一）　祈禱を見物するなら餅を投げる迄。神佛の祈禱は終りて供へし餅を撤くを法とす。世間の事一旦着手せば終局迄堅忍持久すべきをいへるなり。

（二八二）　主人にはぐれた狗が智異山を眺めてゐる樣だ。高麗末の俚諺なりとか。犬の空しく山を望みて主人の歸來を待つを以て、人の空しく望外の事を望みて爲す事なく待つに比況せるなり。

（二八三）　婚姻の初晩に褌を脱いで荷つて閨に入る。事の順序に循はず、禮儀を缺くを云ふ。

（二六四）　仁王山を知らない虎があるか。

朝鮮域内の虎は必ず一度京城西北の鎭山仁王山を觀覽すと傳へらる。此の諺は自ら尊大にして仁王山に比し、對して言ふ人を虎に比し、汝我を知らずと言ふかと笑ふなり。

此と同意味をば平壤にては「普通門を知らぬ蝙蝠があるか」といふ。普通門は平壤の門なり。

（二六五）　喉の塞まつた狗が米糠を貪る様だ。

如何に糟糠を貪饕せんと欲するも嚥下すべからず。一事成らずして更に他事を經營せんとする者の愚を笑へるなり。

（二六六）　佛の爲に佛事を營むか。

然らず。自己の願求する所あるが爲なり。賄賂を贈る人亦又是の如きなり。

（二六七）　餅を烹た水で褌を烹る。

廢物利用の極端を云へり。

（二六八）　牛肉粥を煮てる鍋の中で鶏卵を煮るか。
養るべからざるものなり。然るに此の一部人此の言を兒童に致へしに、兒童は聞いて
却りて傲ひ行へりといふ。されば此の俚諺は、人を誡めんとて種々の惡例を引用
して却りて惡しき手段方法を教ふることあるべきを注意せるなり。

（二六九）　雀を殺して御馳走すべき奴を、牛を殺して御馳走する。
節を得ざる接待を誡めたるなり。

（二七〇）　手鍬で防げるのを、犁で防ぐ。

（二七一）　金さへあれば處女の睾丸でも買へる。
前諺と略同じ。

（二七二）　錢は諸葛亮。
錢の萬能なるを言へるなり。

朝鮮の俚諺

妙語、冷語、諸葛亮孔明は古今第一等の才子なり。錢も亦欲して遂げざるなし。

（二九三）　錢が澤山あれば疱瘡神でも使へる。

前諺と同意なり。昔時の朝鮮にて痘神を恐れし事知るべし。

（二九四）　上流が澄めば下流も澄む。

意明らかなり。

（二九五）　王樣が網巾買はれる錢でも使はにやならぬ。

王は怒の神なり。恐怖の化身なり。其の王の贅澤に使用するにはあらず、必要品を買ふべく備へし錢なり。斯かる重き錢なりとも、能ふべくんば流用して、我の目下の急迫を救はんといふなり。

網巾は馬驪もて編みし頭巾なり。

（二九六）　虎の鼻の邊へ着いてゐる物でも摘み取つて食ふ。

急迫には恐るゝものなきを言へるなり。

324

（二九七）　城隍堂から出た物か。

俗に城隍堂に襄ひして衣服器具を泰納す。されば若し城隍堂より竊取し來りて賣
却する者ある時は極めて廉なり。　此の俚諺は物の價を至廉に呼ぶものある時冷笑
するに用ふ。

（二九八）　醋を買ふ米だ。

古俗米を以て醋を買ふ。醋は元と價賤しくして又多く用ひざるものなり。或は米
一匙二匙を齎して醋に代ふるものあり。され共此の少額の米も積もれば升に滿つ。
此俚諺は少額の費を節するを知らずしていつか巨費を致すに用ふ。

（二九九）　馬を屠る家で食鹽は持ち出す。

馬肉を食するに鹽を要す。宴會を開設すれば發起人其の設備費を負擔するに譬喩
せるなり。

（三〇〇）　松都末年の不可殺だ。

五三

高麗朝末年に不可殺なる慳物出で、官家之を殺すこと能はざりしとぞ。無道至極
の行爲をなして如何とも矯正の法なきものを罵るに用ふ。

（三〇一）　結納の使ひに制服巡査。

事の當らざるなり。されば密議の席に外人の突入するに譬ふ。

（三〇二）　高守寛の變調だ。

高守寛は古の善歌者なり。歌唱するに當りて突如音調を變轉して人をして感に堪
へざらしめたりと云ふ。人の前言を飜して自若として恥づるを知らざるに喩ふ。

（三〇三）　白命善の假文書だ。

白命善は昔時の僞筆者にして、田地券を僞造して人に賣れりと傳へらる。凡そ書
類の虚僞不實なるものに喩ふ。

（三〇四）　妓生の寢衣だ。

妓生の寢衣は大抵油垢粉臭に滿てる錦繡の襦なり。外を飾りて奸邪近くべからざ

る人に喩ふ。

（三〇五）片輪息子が孝行する。

豫期せざる者よりお蔭を蒙るをいふ。

（三〇六）鞋匠の明日明後日。

紺屋の明日明後日。

（三〇七）海の水を皆な呑めば鹹らいのか。

無饜の慾を譏れるなり。

（三〇八）金頭魚が龍を衒く。

至賤の者高貴の人を凌蔑するに用ふ。

（三〇九）鯨の戰に鰕の脊が傷む。

强敵相爭ふの際、弱者の害を蒙るに喩ふ。

（三一〇）人の脚絆を卷いてやる。

朝鮮の俚諺

蓋

我のなすべき緊要事を捨てゝ、他人の爲に力作するをいへるなり。

（三一）　饅頭笠に豆粉(きなこ)を着けて食ふ奴。
食すべからざるものを食するなり。不當の利益を貪るものに比況す。

（三二）　狗潜(いぬくぐ)りから鍮廣笠を取り出す奴。
狗潜りは小穴なり。笠は廣し。巧詐手段に喩ふ。

（三三）　背中に使者飯を負うてる。
使者飯は新佛ある家にて飯を三器に盛りて地獄の使者に供すといふ飯なり。之を負へる者なれば決死の覺悟知るべし。經帷子(きゃうかたびら)を著けて戰場に臨むに似たらん。

（三四）　奴の子供を可愛がつたら、兩班の領鬚に剪紙を懸けた。
寵愛過ぐれば反りて戲弄を受くるを云へるなり。我子を偏愛して頭を打たるゝ父親あると一樣なり。

（三五）　閻魔大王がお祖父さんでも。

かくても猛地獄よりの使を防ぐ能はざるなり。　或は大罪を犯し、或は大病にて、生道全く絶ゆるを云へるなり。

（三六）　南村の零落した因業兩班め。
京城南村は多く少論の兩班住し。失勢久しければ零落して生計に窮す。されば弱き常民を誅求すること北村の時めける老論より甚し。常民之を憤りて痛罵せるなり。

（三七）　髮の毛を抜いて屨を綯みましょう。
精誠を盡して恩惠を報いんと云ふなり。

（三八）　水口門の順序。
水口門の喪輿を出す門なりしこと前に述べたり。宴會巡盃の際盃先づ年老者に到るに喩へしなり。

（三九）　人間救濟は地獄の張本。

朝鮮の俚諺

人を救へば反りて地獄の苦みを受くるに至るを言へるなり。人間は恩を記せざるものなり。

（三〇）　縛られて行く盗賊が、捕手の銀簪を口で抜き取る。
　　　朝鮮人の簪は多く銀若くは玉、珊瑚を中央に串す。盗賊は死する迄盗習改まらざるを云へるなり。

（三一）　筈の下には壯士なし。
　　　屈服せざる者なきをいへるなり。

（三二）　お化も藪林があつてこそだ。
　　　依托する處のなかるべからざるを云へるなり。

（三三）　魚も我が遊むだ水が好いと云ふ。
　　　故郷忘じ難きに喩ふ。

（三四）　老人が小供になる。

330

（三五）　肛門で南瓜の種子を割る。
　　外面愚昧なる如くにして、內測られざるに喩ふ。

（三六）　牛の角も手を掛けた時に拔いて了へ。
　　何事も着手時に成し終らされば後弊生ずるをいへるなり。

（三七）　南村の兩班が謀叛氣を起す。
　　南村失勢の兩班の貧窮せる餘、格外の濫想をさへ生ずるを嘲弄せるなり。これ亦
　　彼等を極憎する常民等の言ならん。

（三八）　餅を拵つて食ふ內だ。
　　家に殃災あれば餅を造り供へて神を祈りて之を禳ふ。されば家庭に禍起ること遠
　　からざるべきに喩へしなり。

（三九）　此の市の團子が大きいか、彼の市の團子が大きいか。

　　朝鮮の俚諺

六十の本家返り。

七七

（三〇）　秋の坊主の托鉢の様だ。

秋收穫時は僧侶一年中の書き入れ時なり。此の時機逸してはならずと、東西南北に忙しく奔走して鉢を廻はす。

（三一）　名高い名物は却りて好くない。

意明かなり。何國も同じ習ひと見ゆ。

（三二）　腹卷の中に上告狀がは入つてゐる。

上告狀は朝鮮語にて議送と謂ふ。一度郡守に訴へて敗訴せる人民の觀察道に訴ふる狀なり。田舍の百姓外貌誠に遲鈍なるが如きも、安ぞ知らん後生大事に上告狀を腹に卷き藏せり。人の行動往々端睨すべからざるものあるを謂へるなり。

（三三）　風の吹くまにく、波の立つまにく。

萬事に隨順して定見なきものに喩ふ。

（三四）　枯れた木に蟲の食つた様。

病氣の日々に重り行くか、財源の漸く枯渇するに喩ふ。

（三五）　鹿の皮に書いた日の字。

鹿の皮は柔軟にして伸び易し。之に日の字を書くもやゝもすれば日の字に見ゆ。或人は之を曰なりと言ひ、或人は之を日なりと言ふ。事に當りて主心なき人をいふ。

（三六）　崔東學が官報を見る樣だ。

崔東學とは昔時の無學兩班なり。人あり彼の爲に其日の官報を示せば、彼左見右見すれ共全く沒分曉なり。却りて其人に反問するに、今日政府に何の發布かあるといふを以てす。されば此俚諺は書翰を見て意を解する能はず、たゞ音讀の擬をする者に喩ふ。

（三七）　堤に立つた牛。

朝鮮の俚諺

（三三八）　お産をした猫の面相。

憔然として力なき人の形容なり。

春堤芳草満つ。牛の前後左右皆萋々たり。人の左邊右邊利を獲るに喩ふ。

（三三九）　夕飯を食はない姑の顔付。

姑は元來子婦を困むるものなり。此日飢ふれ共夕飯を食する能はず。一層心苛立ちて常よりも烈しく子婦に當る。此の面相の險懇なる想ふべし。

（三四〇）　空闕を守る宦官の面相。

宦官はたゞ君籠を頼みて勢を得るものなり。一旦籠絶えて出されて空闕を守る。

其の慘澹なる憂愁外面に顯はるべし。

（三四一）　鴉が卵を銜むで隱した樣だ。

鴉が鷄や鳩の卵を偸むや、彼方此方と銜みて隱しまはり、終には自身亦た其の藏所を忘るゝに至る。　健忘性の人を冷笑するに用ふ。

（三四二）鴟が家を見付けた。

寒貧家をなすなき者、偶然豐裕なる人に藉托して安頓の所を得たるをいへるなり。

（三四三）鱉（すつぽん）が卵を眺めてゐる樣だ。

鱉は其の卵を砂泥中に埋めて之を孵化せしむ。され共居常其の埋藏せる所を望み觀て擁護し愛著す。されば兒を遠地に送りて日夜思慕する兩親に喩ふ。

（三四四）人間が眞つ直で、立つて糞をする。

苟も屈曲するなき硬直に喩ふ。

（三四五）蝦蟆が蠅を含む樣だ。

貪饕する者の形容なり。

（三四六）虎が烟草を吸うた時代。

太古鴻濛の時代を謂ふなり。かゝる傳說朝鮮に在りと見ゆ。予は未だ知らず。

（三四七）六月十二月は座つてゐた席（むしろ）でも移すな。

朝鮮の俚諺

七一

（三四八）　曉方の虎の樣子。

甚だ悄然たりとか。されば失勢して身世零落せる者の風體に喩ふ。

（三四九）　火藥を負うて火の中へは入る。

自ら禍を惹起すを謂ふ。

（三五〇）　蟻が篩の輪を巡る樣だ。

必ず緣に循て一周するを云ふなり。

（三五一）　地を掘つて銀を得た。

尋常なる事をなして意外の利を獲たるを云ふ。

（三五二）　陶器を破つて眞鍮器を得た。

惡しき者を破棄して、代りて優良者を得しを云ふ。

（三五三）　盲人が我が兒を撫で探る樣だ。

終に明晰に顔貌を知る能はず。萬事の要領を得ること能はざるに喩ふ。

（三五四）　地を十丈掘れば錢一文出るか。

決して出です。則ち一文と雖重ぜざるべからずといふなり。

（三五五）　馬の頭に孕む氣があるとか。

朝鮮の新婚に白馬に乘するは白馬の頭に胎氣ありと云ふより出づ。されば大凡毎事其の初頭に得利の根基を得べきをいふなり。

（三五六）　鼻を摘み取つて囊に入れた。

我に何か失策ありて人に合はすべき顔なきを言ふに用ふ。

（三五七）　片思ひは獨り雁。

意明かなり。

（三五八）　胡虜の家丁が毆られる様だ。

昔時淸國の使臣の京城に入るや、其の家丁たる滿蒙出生の廝人、或は禮儀を失せ

朝鮮の俚諺

七五

（三九）　代京主人を行つた。

舊俗、京鄙の吏屬等、失策ありて笞を受くるに至りし時、代京主人なるものを雇ひて代りて此の笞を受けしむ。されば罪なくして笞譴を受けし時此の諺を使用す。

んことを慮り、入城するや否や家丁の乘れる馬を亂打して早く南別宮使臣の宿館に入らしめし事ありとぞ。されば此諺は失策ありて打たるゝ者に引喩す。

（三0）　刑曹獄卒の惡習か。

昔時刑曹の獄卒の、罪人を引出して法庭に往かしむる時、冥加錢を討索するが爲に、故なくして或は踢或は打する惡習ありき。大凡妄りに人を毆打する者あるに對して此の諺を用ふ。

（三一）　兒犬が灰の中で目を閉ちる様だ。

犬兒も灰中に入れば自ら閉眼して灰の眼中に入るを防ぐ。事の危くして幸に無事に通過するを得たるを云ふなり。

338

（三六二）　水でなければ渉るな、人情がなければ交るな。
意明かなり。

（三六三）　雜費併を澤山喫べた智慧。
年功の與へし才智を云へるなり。

（三六四）　犬の兒も主人を見れば尾を掉る。
恩を知れと云ふなり。

（三六五）　馬でも從兄弟の間は避ける。
人間にして親戚の間の亂行あるを痛罵せるなり。

（三六六）　網巾の缺けを拾ふ。
我に過失ありて人に打たれ、衣服冠巾裂け飛ぶに至りても訴ふるに地なく、たゞ
地に墮ちたる網巾の破片を拾ふのみなり。

（三六七）　於と厓とは違ふ。

朝鮮の俚諺

於と厓とは共に吏讀に使用し、其の音相近しと雖、其の意は甚だ相異る。小差の
大異を成すを謂へるなり。

（三六八）　松都の瓜商人。

昔時、開城の商人、京城の胡瓜價騰貴すと聞き、瓜一船を買ひ來れるに、其の間
に相場下落し、却りて義州にて胡瓜の騰貴せりと聞き、又滔々義州に向
へるに、復も相場は下落し連び來りし胡瓜は大半腐敗せり。商機を誤りて損害を
招けるに引喻す。

（三六九）　紗帽を被つた盗賊。

紗帽は兩班又は官吏の被る所なり。苛虐誅求之れカめ、寅に常民の盗賊たる兩班
等を痛罵せるなり。

（三七〇）　獺の皮の帽子が二つだ。

主幹者二人ありて互に相爭權するをいふ。

340

（三一）　飯を喫べないでも腹が脹れる。

喜悦の中に滿てるを云へるなり。

（三二）　咸興の使者。

李朝太祖李成桂、太宗が定宗を廢して王となれるを怒り、咸興に別居して還らず。太宗之を患へ、數度使者を差せ共太祖皆之を殺して復命せしめず。人を派遣して回報の遲滯するに引喩す。

（三三）　坊主を打ち殺して殺人罪に問はれるのか。

前朝に在りては、僧侶は人外の非人と見做されたれば、之を殺して重科に問はれたるを慣慨する者ありと云ふなり。されば細故に由りて重刑に處せらるゝを冤とするに用ふ。

（三四）　兩肩の上に佛樣が在ます。

我が善惡は自身或は之を知らざることあれ共、己が身上に常に佛菩薩の照臨する

朝鮮の俚諺

七

（三五）　尸體の遞送か。

　　ありて必ず報應のあるを云へるなり。

　　舊俗に、他鄉の人客死せる時は、其の村人窩に之を棺に納め、村々相遞送して終に其の鄉里に歸葬せしむる事あり。され共流石に好ましからぬ役なれば、各村とも最急遠に之を送り出さんことを力む。されば此の諺は來客を薄待して他處に送出し、又は事を厭避して他に轉嫁するに用ふ。

（三六）　叔父さんと喜びながら行李を負はす。

　　人を善遇して却りて賤役を命ずるを云ふなり。

（三七）　腐れ鷄卵が時を作つたら。

　　條件の必無なるに譬ふるなり。

（三八）　憎い小供は懷に抱け。

　　又「憎い兒は一番愛してやれ」ともいふ。

（三七九）　家内和合しやうと思はゞ枕元の訴へを聽くな。

終に感情の融けて愛するに至る事あるべければなり。

枕下の訟は即婦の讒訴なり。此れ即ち一家乖離の禍源なり。

（三八〇）　十人の盲人の一本の杖。

又「十人の瞽か一本の杖を爭ふ」とも云ふ。

其の緊要なるを云へるなり。

（三八一）　片目の目の球を牛に突かれた。

最貴重なるものを損せられしを云へるなり。

（三八二）　寢轉むで團子を喫べれば黃粉が目には入る。

懶慢を貪れば遂に其の害を受くるを云へるなり。

（三八三）　柿の木の下に寢ても、笠の口を上向にして居れ。

落ち來る柿の實を受けんが爲なり。大抵利益生する處に居ると雖、其の利益を受

けんと欲せば自ら設備する所なかるべからざるを云へるなり。

（三八四）沙魚が踊ると、全羅道の箒の柄も踊り出す。
不肖者一人跋扈すれば、更に甚しき者も亦隨つて時を得るを云へるなり。

（三八五）戸曹の墻を穿つ。
戸曹は大藏省なり。國庫を犯さんとするなり。財慾熾盛限りなき人に譬ふ。

（三八六）調馬の爲の假行幸に錚を撃つ。
錚は鐘の一種にして、舊法寃を國王に直訴せんとする者行幸の途を擁して之を撃つ。然るに今の行幸の儀仗は眞に王の行幸にあらず。調馬の爲に調馬師共の馬並べて走るなり。訴寃者之を錯認して進遮りて錚を鳴らす。大事に際して妄動輕擧するを笑ひしなり。

（三八七）證文を呑み込むで紙屑の糞をする奴。
破廉恥不法漢に喩へしなり。

（三八六）　耳に當てれば耳輪、鼻に當てれば鼻輪。
一定の技能なき人の定用なきを笑へるなり。

（三八九）　肉の價犬の事をせやう。
人間、萬事窮して死を發るゝに道なきに當り、徒らに死するは遺憾なり、最後の
手段としてせめて我が肉の價を償ふに足るの行動を取らんと云ふなり。

（三九〇）　貌のつまらぬ馬は口あけて齡さへ數へやうとはしない。
外に見はるゝ行動の不似なる者は其の他見るに及ばざるを云へるなり。

（三九一）　乞食人が都承旨を可哀相に思ふ。
都承旨は國王の左右に侍して綸旨を臣下に宣する承旨の長にして侍從長の如し。
され共曉天霜風に朝衣して闕に進まざるべからず。此處彼處の軒の下に焚火して
暖く寝ぬる乞食原は却りて之を矜憐するを禁せざるなり。

（三九二）　音がしない銃があつたら打つてやらう。

朝鮮の俚諺

人を嫉惡すること已甚にして、一發の下に死せしめんと欲すること屢々なり。され共銃には聲あり。直ちに人に知られ。己れ亦刑獄に罹るを免れず。世に無聲銃ゑがなと思ひて已む。

（三九三）　木刀で耳を削りて持つて往つても知るまい。

耽溺の甚しき形容なり。

（三九四）　三歳になつて搖頭戲を爲る。

搖頭戲とは小兒のかいぐり〳〵おつむてん〳〵なり。普通には誕生頃に能く之を爲す。三歳にして前めて學ぶ甚だ晩し。學問事業の人より遲る〳〵に喩へいふなり。

（三九五）　石首魚漁船には往かれない。

石首魚は最喧騷を嫌ふ。集まりし魚復た散亂す。此の人甚だ言語多し。共に石首魚漁に赴くべからずと云ふなり。

（三九六）　宴會には一魔に往かれない。

346

好むで人物を品評し、人の短を指摘する人なればなり。

（三九七）客嗇な金持は施し好きの貧乏人より増しだ。
意明かなり。

（三九八）庫から慈悲が出る。
慈善をなさんにもまづ金穀なかるべからざるを云ふ。前諺と大同小異。

（三九九）極楽の路を棄てゝ地獄の路へ往く。
善を棄てゝ悪に就き、平安を嫌て危地に赴くを云ふ。

（四〇〇）琵琶の聲が出る程奔走する。
心忙しく朝々暮々奔走出入する者をいふ。形容顔ろ妙。

（四〇一）井戸の鬼が引き入れたか。
朝鮮の迷信に、古井に妖魔あり。通り掛りの人を引き込みて溺れしめ、己の代りに魔たらしめて始めて非裡の苦を脱すといふあり。されば大凡世間の嫌避すべき

朝鮮の俚諺

（四二）　事に際して。他人を欺き任ぜしめて己は脱出するに喩へるなり。

山外山あり險愈々險。以て人間行路の難きに比せるなり。

（四三）　眞綿に包まれて育つたか。

肢體の軟弱なるを笑へるなり。

（四四）　豆腐の肉に針の骨だか。

上に同じ。

（四五）　佛樣に供養するより、飢えた者に飯をやれ。

實際的德行の祈福に勝るを云ふなり。

（四六）　死後三盃の酒は生前一盃の酒に如かず。

意明かなり。

（四七）　雨が降つたら秧を移植する樣に、先祖の墓を移し直せ。

風水説より來れる迷信は、先塋の位置は能く子孫の賢愚に影響すと認めらる。而
して今や汝は甚だ不肖なり。これ豈に先塋の相地宜しきを得ざりしが爲ならざら
んや。されば雨降りて秧を移すが如く、佳好地に移安して以て再び汝の家に汝の
如き不肖兒の生れ出でざらんことを期すべし。

（四八）　頭の黒い動物は他人の恩を知らない。
頭の黒き動物とは人間なり。感恩の情操に乏しき民族性の産物として頗る興味あ
る俚諺となすべし。

（四九）　兩寺の狗。
兩寺に畜はるゝ犬は、上寺に奔りて食をとひ、下寺に奔りて食をとひ、兩寺共に
食機を失す。人も亦然り。心定まらずして徒らに衣食を得んが爲に此の道彼の道
に奔走し終に得ることなし。

（四一〇）　大學を敎へてやらうか。

朝鮮の俚諺

（四二）
昔此の國の百姓、村の夫子に請ひて大學を擧び、炎天に衣冠を正しうして書案に
向ひ跪坐して四角なる文字を注入せらる。半月にして心胸鬱せらるゝが如く、熱
氣上衝して呼吸窒せんとし。匆々辭退して復た田畝に下りて牛を牽き。咄々牛を
叱して曰く、汝に大學を敎へんかと、愚者の愚言を笑ふの意に用ふ。

濟洲馬が互に鬣を嚙みあふ。
互に相倚りて利益を保するを云ふなり。

（四三）　種子泥棒は出來ない。
茄子の種子には茄子生じ、瓜の種子には瓜生ず。何者も此の理を奪ふ能はず。遺
傳の恐るべく、血統の認ゆべからざるを云へるなり。

（四三）　出て行つた奴の分は取つておくが、眠つた奴の分は取つておかぬ。
出て行ける者は何時返り來るなきを保せざればなり。

（四四）　兩班の子供は貓の子、常民の子供は豚の子。

猫兒は初は毛色整はず、見すぼらしけれ共、長ずるに從て滑澤となり。豚兒は初

滑澤なれ共長じては粗率となり醜穢なり。氏は爭はれぬものなるを擧げ謂へるな

り。

（四五）　鳥も飛ぶ程羽が落ちる。
　人家の轉々移徙するに從て家什道具の失はるゝを謂ふ。

（四六）　國王の行列に雛駒の蹤いて行く様だ。
　似づかはしからざるものゝ隨へるを笑へるなり。

（四七）　他人の糞した處に知らすに坐る。
　他人の過失を誤り被るをいへるなり。

（四八）　他人が石を投げて落とした栗實を拾ふ。
　人の勞を盜みて己の收得となすをいふ。

（四九）　何故卵の時に還らなかつたか。

朝鮮の俚諺

八七

（四〇） 夢に婿を迎へた様だ。

　　書ける餅に腹を満たすの類か。

（四一） 死むでから招魂の祭をする。

　　舊俗人死すれば巫女を招きて招魂し、巫女をして死者に代りて平生未了の說話を
　　語り盡さしむ。此諺は死後招魂祭をなすより何故に存命時に思ふ所を說盡して餘
　　蘊なからしめざりしかと云ふなり。

（四二） 誰の家では粥を炊き、誰の家では飯を炊く。

　　詳しく他家の内事に通するを形容せるなり。

（四三） 雨に逢つた大龍旗の様だ。

　　大龍旗は王者儀仗の大旗なり。され共此旗雨に逢へば見る影もなく褪し。人の意

容貌醜惡なる者を冷笑せるなり。かゝる者をして生長して人に嫌はれ自から恥ぢ
しめんよりは、胎中に於て夭折せしむるの勝れるに若かざりきと云ふなり。

氣銷沈せるに譬ふ。

（四四）　我が田に水を引く。
意明かなり。

（四五）　蜜が少くとも藥菓さへ甘ければよろしい。
藥菓とは麥粉を蜜にて堅めて造れる祭時の菓子なり。　蜜を付けて食ふ。　納采薄け
れ共婚事成るを期すべき場合等に用ふ。

（四六）　我が糞の臭きを知らず。
臼過を知らざるの意なり。

（四七）　腹が南山の樣だ。
腹突き出して尊大なるを形容せるなり。

（四八）　松餅で喉突いて死ね。
松餅は朝鮮松の實を入れて造れる餅にして一邊刀刄に似たり。　小憤を含むで慍色

朝鮮の俚諺

九

（四九）　ある者を嘲弄するなり。

借金のある奴は婢僕だ。

人に對して頭の舉らぬを言へるなり。

（四〇）　內房の廁で放糞して、婦人に尻を洗へといふ。

內外の制を犯し、無禮忌憚なきを形容せるなり。

（四一）　狗の糞の畑にも露の下りることがある。

至賤の者にも上恩の降ることありと云ふなり。

（四二）　罪を作るに從て罰を得・道を修むるに從て果を得る。

意明らかなり。

（四三）　早く知るのは七月の蟋蟀だ。

早秋七月蟋蟀は已に秋來るを知りて鳴く。事に先ちて兆を見るを云へるなり。

（四四）　お役人は雇傭人だ。

いつお暇の出るか測られざればなり。

（四五）　お祭の支度に暇取つて位牌を犬に嚙まれた。
事の餘りに遲延して意外の害を蒙るを云へるなり。

（四六）　お祭の手傳へはしてくれなくても櫓はぬが、祭臺の脚を打つな。
祭臺を打つこと甚しければ臺は顚せむ。世間の人の我を助けん事は望まざれ共、害を與へんことなきを希ふなり。

（四七）　寂しい時には我が尻を叩く。
消暇法に窮せるものを形容せるなり。

（四八）　おれはバダロブンと言ふが、お前はバダロブンと言へ。
昔時一村夫子あり。我が福岡邊の人の如く、ランをダンと發音し、習癖久しうして今更矯正の法なし。されど我が弟子等には正しく發音せしめんと欲し、居常我に倣はずしてラ口と言ふべしと敎ふ。され共かく言ふ時も亦たダ口と言へと聞ゆ

九一

れば、弟子輩は言はるゝ儘にダロと發音す。此諺は人の過失を正さしめんとして

我の反りて其の輕みに倣ふものは終に效なきを云へるなり。

（四九）　鴨の卵に鴨の蹼の着いてゐるのはあたり前。

彼の人にして此の事あるは當然なりと云ふなり。

（五〇）　從兄弟が土地を買ふのに何で腹が痛い。

親族間の猜忌心を言ひ出せるなり。從兄弟家運稍や盛にして、我之に及ばざる時

は、猜忌の念募りて憤懣となり、腹痛むに至る。

（五一）　鹿を捕へない前に、鹿の皮で指貫を造る。

鹿皮もて造るべき物は數種あり。指貫の如きは其の尤も末なるものなり。而かも

未だ鹿をだに捕へず。其人の迂なるを知るべし。

（五二）　山寺では神衆壇が一番。

神衆壇は衆菩薩を祭る處にして、寺刹の法堂中第一の寶位なり。これあるが爲に

356

寺の威嚴生ずるものなり。以て世上威福の權を執れるものに譬ふ。

（四三）　銀杏の樹の格か。

公孫樹は夫樹婦樹ありて始めて實を生ず。此の諺は異性の兩人相對して互に心あるに引喩す。兩性相牽くの甚しきものなり。されば

（四四）　臍の孔に鏡を付けた樣だ。

人の心裡の善惡を洞見して蔽はるゝ所なきを云へるなり。

（四五）　背負ひ込むだ坊主。

僧侶を以て私夫となしたる女あり、自ら寺に往きたらば後の面倒なかりしならんに、誤りて我が家に連れ來れり。世間の口恐ろしければいざ寺に歸りくれよと言へ共僧は動かす。爭ひて叩き出すこともならず。實に進退之れ窮るなり。

（四六）　他の店に托して罵る。

我が宿れる旅館の待遇心に滿たず、言ひたき不平は山々なれども、流石に其の主

朝鮮の俚諺

登

人に向ひて明ら樣に言ひ難ければ、前夜泊りし旅館に托して縷々と不滿を並ぶる
が如し。

（四七）自慢話は死むでからにするものだ。
生前はいつ又いかなる失策の起らぬとも限らねばなり。

（四八）一錢五厘の飯食つて、一厘足らぬでお辨宜の百もする。
おもしろき所を見付けたり。され共かくされては債權者も快く恕せん。

（四九）自分の錢七文の事は考へるが、人の錢十四文の事は考へない。
意明かなり。

（五〇）四十雀が麻の實を啄む樣だ。
注意周到にして殘る限なき形を形容せるなり。

（五一）まァよし、まァよしと默まつてゐる內に、借りて來た醬油一杯又た棄
てられた。

（四二）　盲馬が前の馬の鐸の音に跟いて往く。

かゝること小兒奴婢に多し。　禁ずべき事は早く禁せざるべからず。

朝鮮の馬は皆必ず頸に鐸を垂れ、其の音に依つて馬掻の調子を取りつゝ行くなり。盲馬なりとも之に跟ひ行けば顛蹟の憂ひなし。　世間の無識者の偏へに有識者の行動に盲從するを言へるなり。

（四三）　出て行く、出て行くと言ひながら、子供三人產むだら出て行くだらうか。

世にかゝる夫婦多し。　中にはかくて十人の子を產みて終に一生其の儘留まるもあり。

（四四）　煤の多いのは寡婦の內の烟突だ。

寡婦の家は男子なければ山に樵に行くものあらず。　大抵生薪を焚いて暖を取るが故に、煤の多きこと男子ある家の竈より一段甚し。　亦た寡婦の生涯の苦多きを見

　　　朝鮮の俚諺

九五

るべし。

（四五）虎のお膳。

虎は其性饕餮を好み、餌を獲れば必ず一度に其の全部を食ひ盡さずんば止まず。食を獲されば數日枵腹にて過す。蕩子の家計も亦又此の如し。得るあれば一時に消費して快を取り、得るなければ飢腹を抱いて奔走す、

（四六）厨へ往つたらもつと喫べられるか、房へ往つたらもつと喫べられるか。

常に食を得るに汲々たるものを形容せるなり。厨は婦の在る所、房は主の在る所。横勢に取り入らんとする者は或は主人よりし或は夫人よりす。甚しきは玄關より入らずして勝手口より入るものなり。

（四七）家が亡び樣とすると家相見許り怨む。

意明かなり。

（四六）　甘いのは飴屋の婆の手指だ。

常に飴に染まればなり。され共婆指を飴と誤認して之を舐ぶる者あり。

（四五）　放蕩息子が冠被りて糞をするのは當り前だ。

朝鮮の俗冠して脱糞するは禮にあらず、痛く之を非難す。放蕩兒に至りては親て尋常事となす。

（四〇）　猪毛の笠を蒙りて逆立するのも自分の樂み。

猪毛笠は笠中の上品にして甚だ堅し。一度強壓すれば拉碎して形を失ふ。され共之を被りて逆立の技をなすも、己が樂なれば憚る所なし。

（四一）　寡婦の憐れは寡婦が知る。

賓に哀深し。

（四二）　祈禱と聞いた巫覡、お齋と聞いた坊主。

巫僧共に喜びて赴かん。病家と聞きし醫師と言はんも同じ。

朝鮮の俚諺

九七

（四六三）　馬の糞も知らないで馬醫をする。
脈も知らぬで醫者をすると同じ。

（四六四）　自分の力も揣らないで大河邊の角力に行く。
河邊の相撲は危中の危なり。負くれば河に落ちて溺死するを免れず。之に赴かんとする者は必ず力よく敗れざるを信ずるものにして始めて可なり。自力を揣らずして妄りに此に進むは暴虎馮河の勇なりと謂はざるべからず。

（四六五）　十人番をしても、一人の盗賊を防ぐことは出來ない。
守るに隙ありて盗むに隙なければなり。

（四六六）　蝙蝠の擬ねをする。
鳥獸合戦の背譚より出て、此邊彼邊と利に追隨して終に身を誤るを譬へるなり。

（四六七）　猫の精進だ。
肉食を性とする猫にして、菜食すと言ふも其の僞や分明なり。心術兇險なる者、外

362

面誠實を扮すとも誰か之を信ぜむ。

（四八）佛像に欲座があつたら代りに立てやう。
反語なり。揶揄するなり。佛像の代りに立つべき者ならば須く仁慈誠實の聖者な
らざるべからず、而して此の諺は反りて貪慾兇惡なるものに用ふ。

（四九）心さへ善良なれば、北斗七星も加護を垂れ給ふ。
七星は元と支那の天體崇拜より起りて、高麗朝に至りて佛家之を我が教中に攝し
入れて佛形の星主を作りて之を佛式に祭祀せり。祈れば人の壽を延ぶと稱す。

（五〇）金を積むことは考へないで、子供に學問を教へよ。
意明なり。遺金滿籝反りて子を害ふ。

（五一）心を持する正しければ死して善鬼神となる。
意明かなり。靈魂の不滅を信ずる見るべし。

（五二）苦みで姙娠した子供は生れる時も苦む。

朝鮮の俚諺

九二

（四三）　天氣晴朗ならば對馬島まで見渡されるか。
到底覸見すべきにあらず。而して本語反りて人の物を覵ること明かならざるに用ふ。
或は然らざるなきを保せず。

（四四）　山を負ふた龜、石を負ふた蟹。
權勢に依頼する者を形容せるなり。

（四五）　給料は驛夫が貰つて、走るのは驛馬だ。
甲働きて乙報酬を取るを謂へるなり。
又「馬方が錢を貰つて馬が走る」とも言ふ。

（四六）　達城尉宮の御者の仲間入り。
大抵御者は主威を借りて驕肆を敢てするものなるが、殊にいつの時にかありけむ
達城尉宮即王の駙馬達城尉の御者尤も甚しく、一世の指彈を受けたり。

（四七）　阿望尉に領を掛けた。

阿望尉の誰なるかは知るべからず。亦餠馬なり。掛領は之に倚りて我が私威を張るを言ふ。前諺と同意。

（四六）　金持の息子が貢物廳に出入す。

貢物廳は舊時代の宮廷の御用店にして利益尤も多しと稱せらる。されば富家の子の此に通勤するや、我家に元と財貨豐かなれば必ずしも精勤するの要なし、或は出勤し或は缺勤し、別に意に介せず。されば人の或業務に就職して精勤ならざるに引喩す。

（四九）　茶洞の朝寢坊。

京城茶洞は舊時富民多く居をトし、家々大抵晏起を習とす。日三竿にして朱だ洞房を出でず。晏起は朝鮮人の理想的生活の一なり。

（四八〇）　溫陽溫泉に瘡の脚が集まる。

朝鮮の俚諺

一〇一

（四一）　あの樣にすれば厠に漆が塗れるか。

意明かなり。

厠は朝鮮の家屋建築法に在りては尤粗造なるべき處なり。之に漆を塗被せば爾他の構造の修麗なる想像すべし。彼の如く容嗇蓄財する人終に能く厠に漆するに至るべきかと嘲れるなり。

（四二）　皁角樹に妖魔が集まる樣だ。

皁角樹は最も魔に富むと信ぜらる。

（四三）　眼の圍が麋濕て居るから蠅が寄つて來ない譯がない。

我に實力あれば世譽招かずして至る等の意なり。

（四四）　村の鷄が官廳へは入つた樣だ。

周章狼狽して益々失態を暴出するに至る。田夫野人の猝地都會の重地に來り凡事生粗慙笑すべき者多きに引喩す。

（四八五）お嫁入りに背中に疵が出來た。
臨時に厄事生じたるを謂へるなり。

（四八六）お寺へ往けば坊主の樣な顔をし、里へ出れば俗人の樣な顔をする。
操守なく方便に從て色を變ずるを謂ふ。

（四八七）繩で縛つた石。

（四八八）繩往けば石も亦た隨ふ。相離るべからざる關係に在るを謂ふなり。
掛けならば牛でも宰して食はう。
人情多く然り。家貧にして月に一度の牛肉さへ飽き難き者なれ共、信用費をなすとあらば、牛一匹を購うて宰するを辭せず。後累に至りては考ふる所なし。

（四八九）石臼でも底が抜ける時がある。
頑福の人もいつか傾敗の日あり。頑健石の如き強壯者と雖死期なきこと能はず。

（四九〇）竿の尖にも立つこと三年。

朝鮮の俚諺

一〇三

朝鮮の俚諺集

（四二）　一村毎に極道息子が一人宛あるものだ。
逆境に處して耐ふること三年なるを謂ふなり。

（四九）　荒草履に珠を盛る。
人群衆ければ皆善人なること能はざるを謂へるなり。

（四三）　一文もない奴が牡丹餅が好きだ。
外観醜なれ共内に美を包めるなり。

（四四）　馬の糞に轉がつても生きてる方が好い。
身分を揣らず奢侈を好むを譏れるなり。

（四五）　三公を羨まないで我が一身を堅固に持て。
意明かなり。

（四六）　親類喧嘩は犬の喧嘩だ。
外に欲を騁するより反省して修養するに如かざるを謂ふなり。

人にして同族相睦しからずば禽獣に等しきを謂ふなり。亦以て舊俗親戚有無相通

じ親睦せるを見るべし。

（四九七）蛙も踏まるから躍れるんだ。

人も屈するが故に伸ぶる時あり。

（四九八）豆半粒でも、地人の分となれば、手を出すな。

微細なる物と雖他を羨むこと勿れと謂ふなり。

（四九九）一晩宿めた怨みはなく、一日記憶してる恩はない。

人情恩共に忘れ易きを擧げたるなり。

（五〇〇）溝に捨てるべき下人はない。

如何に奴僕才幹なしと雖、亦用ふべき處あるを謂へるなり。

（五〇一）幼い兒でも可愛がる人に附いて往く。

意明かなり。

朝鮮の俚諺 一二五

（五〇二）　忙しく舂いてる臼でも、手を納れる間はある。
　　　　　世間に忙しとて修養讀書を怠る人以て鑑むべし。

（五〇三）　貧乏人を賑はすのは、王樣でもやり切れない。
　　　　　今日賑恤すれば明日復た空しければなり。

（五〇四）　糸の紛れは解けるが、繩の紛れは解かれない。
　　　　　小事は治むるに易けれ共大事は難し。

（五〇五）　何の雲で雨が降るか。
　　　　　と何人と雖逆知すべからず。

（五〇六）　犬と糞を爭はふか。
　　　　　狂人の共に爭ふべからざるを謂へるなり。世事の預料すべからざるに喩ふ。

（五〇七）　犬に味噌玉の番をさせる樣だ。
　　　　　竊み食せらるゝは當然なり。

（五八）　お寺の運傾けば醯鰕商人が來る。
醯鰕は元と寺に用なきものなり、否運に向へば理外の事起るを謂へるなり。

（五九）　地位が上る程心は卑く持て。
意明かなり。

（五〇）　隙の出來た石は裂け、鑵の出來た甕が壞れる。
先兆あるものは實事踵ぐを謂ふ。

（五一）　電光の閃くのは雷鳴の兆だ。
意前諺と同じ。

（五二）　見て奇麗な團子は喫べても旨い。
內實美なるものは外形亦美なり。

（五三）　かうしれ、ああしれと注文の多い席で踊りを踊るのは六つかしい。
號令出る所多ければ適從する所を知らず。

朝鮮の俚諺

一〇七

（五一四）　老いた馬が豆を澤山貪る。

　　　貪者は老いて愈々貪々となるを謂ふ。

（五一五）　手に附いた飯粒を食はない者があるか。

　　　應に食すべきものを食せよと謂ふなり。

（五一六）　死むだ子の齢を数へる。

　　　意明かなり。

（五一七）　乞食はしても人に媚びるのはいやだ。

　　　意明かなり。

（五一八）　啼かうとする兒の頬を打つ。

　　　禍を挑發するの意なり。

（五一九）　深い籠に盛つた強飯でも　覆《つくりかへ》ることがある。

　　　薄命者は幸に祿を得るも、保つ能はざるをいふなり。

（五〇）　時刻を知らせる太鼓を聞いて立ちて踊る。

昔時は一刻毎に撃鼓して報ぜる者なり。愚迂の者之を聞いて起つて舞ふ。輕躁自ら喜ぶものを笑へるなり。

（五一）　蟹の相撲はどつちが勝つか負けるか。

利を得んとして相爭ふに喩ふ。

（五二）　友達にやるものはないが盜賊にやるものはある。

吝むで盜に奪はるゝを笑へるなり。

（五三）　私が歌はうとする歌は婚家（サドン）で先きに歌ふ。

我が汝を咎めんとするに汝反りて同一事を以て我を咎む。

（五四）　柳行李作る奴は、死ぬ時も柳の葉を銜（ふく）むで死ぬ。

柳行李匠は即ち楊水尺にして白丁階級なり我が國の穢多なり。死に臨むで本分を忘れざるをいふ。

朝鮮の俚諺

一九

（五五）　龜の甲羅を虻が刺す樣だ。

小力大勢を犯すに效なきをいふ。

（五六）　人を嚙む犬を振返つて見る。

人の惡人に對する、患を恐れて顧みざる能はざるを謂へるなり。

（五七）　心は好い人間だが、隣の家の焼けるのを觀ておもしろがる。

人情他人の不幸を患へざるを云へるなり。

（五八）　釜の底が鍋の底を譏る。

相類似せる者互に譏へるを笑へるなり。

（五九）　踰え行く程嶺が高く、渉る程河が深い。

進むに從て逆境に遭ふなり。

（六〇）　價も知らないで廉いといふ。

事情を審に知らずして徒らに評論するをいへるなり。

（五二）　來る言葉が好けりや、出る言葉が好い。

寶言葉に買言葉。

（五三）　坂を下る車の勢。

止まらんとして止まること能はず。

（五三）　夏喫べやうと冬冰を貯へる。

先功を貴ぶをいへるなり。

（五四）　野馬を捕へて敎養する樣だ。

野人を敎導するに心力を傾注するを謂へるなり。

（五五）　食ふに罪はない。

如何に法律嚴重なる世なりとも、人の食を食するに罪科を課することなし。

（五六）　田螺も家がある。

たゞしに誰に遠慮も入らずといふなり。

朝鮮の俚諺

一二

朝鮮の俚諺集

一二三

（五三七）　人にして家を營むなきを笑へるなり。
　　豊年の乞食は一倍哀れだ。
　　我食足りて人を哀れむの心始めて自由なるを得。

（五三六）　生木から火が燃え出した。
　　意外に變事の突發せるを謂ふなり。

（五三九）　我が袴を揚げて人に示す。
　　自ら我が瑕瑾を暴露して人に示すを笑へるなり。

（五四〇）　鬼神は御經で禦ぎ、人は人情で禦ぐ。
　　蓋し人情學に通徹せる人の作に出でしならん。人は力を以て禦げば勝つも交を破り怨を買ふ。理智を以て禦げば理窟は千變萬化にして容易に人を服せしむるに足らず。獨り人情の一點に至りては力と理智とを超越して能く世間に對して我を鎧ふ。能く人情の機微を把持したる者即ち人世學卒業者なり。

376

（五四） 蜘蛛も網を張ればこそ羽蟲を捕へる。

事を成さんとする、預め設備を要するを謂ふなり。

（五二） 牛を飼ふには骨が折れるが、鋤を執るより増しだ。

雛牛を養うて成長せしむるは容易ならずと雖、他日成牛となれば耕作に使用して我に代りて勞働に服せしむ。されば今の育牛の勞は尚ほ躬ら鋤を執りて耕作するより勝さる。小苦を忍びて後樂を期するを謂へるなり。

（五三） 犬や牛の訴へは誰が判るか。

條理なく陳述するを笑へるなり。

（五四） 自分の事が急かれるので人の野碓の手傳へをする。

朝鮮の田舍には村里共同の碓場あり。團子を製する米粉を作る。一人あり團子の粉造らんとて來り見れば、既に先に人あり米を舂く、我も早く我が米舂きたければ、彼に力を貸してかにかくと助けて早く舂き訖らしめんとす、其の實我事急なば、

朝鮮の俚諺

二三

（五五）　金氏が仲間入りせない井戸はない。

ればなり。

江陵地方の俚諺なり。江陵は金氏崔氏尤も多く、就中金氏殊に多し。邑内の共同

井數多あれ共一として金氏の其の水を斟まざるはあらず。

（五六）　太守の德で喇叭を聽いた。

地方の者喇叭の聲を好み之を飽聽せんと欲するも其の時機なし。たまゝゝ郡守の

行に陪するを得て、始めて平生の希望を達するを得たり。尊貴者に隨從して餘蔭

に依て分外の榮幸を占得せるに喩ふ。

（五七）　忍の德を守れば人殺しも免れる。

殺人は最も重き罪にして殺者も亦多くは元を繋ぐこと能はず。され共、人往々一

時の激昂に堪へずして之を犯し、後悔臍を噬むことあり。たゞ忍の德を守るの人

は、能く之を免れて以て其の身を完うするを得るなり。

（五八）　犬の尾は三年埋めても黄毛にはならぬ。

黄毛は黄鼬、貂の黄き毛にして製筆の上等毛なり。
本質惡きものは到底善に遷り得ざるを云ふ。

（五九）　鳥が十二の囀音を弄しても、一として善い語はない。

韓俗鳥の聲は兇惡なるものとし鵲は吉鳥と呼ぶ。
十二とは澤山の意味なり。
惡人は其晉盡く腥臭ありの意なり。

（五〇）　鳶も老熟すれば、終に雉を捕へて食ふとか。

無能のもの久しく勉むれば或は成すことあるに譬ふ。

（五一）　へまな奴は、仰向に引ツクリ返つても、鼻が傷くことがある。

數奇者は意外の失敗を重ぬるを云ふ。

（五二）　瓦一枚惜むで棟を腐らす。

（五三）　額の上にかゝつた水は踵迄流れる。

意明なり。

（五四）　蠱の言語は鳥が聽き、夜の言語は鼠が聽く。

惡事の源流あるを云ふ。

言語の愼まざるべからざるをいふなり。

（五五）　十度斧で撃つて倒れない木はない。

市三虎の譬への如く、讒言屢至れば終に迷はざる人なしといふなり。

（五六）　ものになる草木は二葉からして判る。

意明なり。

（五七）　食鹽に漬らぬものは醬油にも漬らぬ。

大事に屈せざるものは、小事には固より屈せざるをいふ。

（五八）　指尖に立たつた棘は分るが、心の中に膿の湧くには氣が付かない。

380

（吾九） 目前の小患は愛ふべきを知れ共、隱微の大害には關心せずといふなり。

盲が小溝を叱る。
溝あるが爲に陷りたりとて、怒りて之を叱責するなり。
自身の曲は棚に舉けて、人をのみ怨むをいふなり。

（吾〇） 盗賊の垢は落されるが、間男の垢は落されない。
盗賊は證據ありて雪冤し得べきも、姦通には雪冤の證據とすべきものなきをいふなり。姦通の罪の清むること極めて難きに譬ふ。

（吾一） いくら上手な歌でも長く聽かされては飽きが潮す。
意明かなり。

（吾二） 馬に騎れた所が、口取奴が欲しくなつた。
人の願望は限りなきを云ふ。

（吾三） 火の燃えない竈に烟が立つか。

朝鮮の俚諺

一一七

意明かなり。

（五六四）　曉の月を見やうと、夕方から待ち暮らす。
遠き將來の事の爲に、心を勞するの愚を云ふなり。

（五六五）　手綱が長ければ馬に踏まれる。
船頭多くして船山に上るの意なり。

（五六六）　雀が鸞について歩けば股が割ける。
分に相應せざる眞似をすれば終に身を破るをいふなり。

（五六七）　功を積むで出來た塔は崩れない。
基礎固き上に成れる事業は容易に崩壞せざるをいふ。

（五六八）　百姓は、餓死する時も種籾を枕にして死ぬ。

（五六九）　寢所観てから脚を延ばせ。
愚者身死すれば財も無用なるを知らざるを云ふなり。又本分を忘れざるを謂ふ。

（五〇）　位地を先づ度つて而して後志を行へといふなり。

（五一）　聽けば病氣で、聽かねば藥だ。
凶言は耳にする勿れといふなり。

（五二）　眞暗の夜にはいくら目瞬しても判らない。
目瞬は密に我か意中を人に傳ふるなり。され共暗くしては效なし。

（五三）　いくら忙しくても、針の腰に糸を結付けては使はれまい。
如何に勿急なりとも順序に違ひし事は爲す勿れといふ也。

（五四）　目の見えない盲人でも、目が見えぬと云へば怒る。
人は短所を云はるゝことを怒るといふなり。

（五五）　虎に犬を貸して返つたことがあるか。
貪慾の人は財貨にあくことなしの意也。

（五六）　夏の火でも、當つて止めた時には殘り惜しい氣がする。

朝鮮の俚諺

二九

（五六）巫女は自分の祈禱は出來ず、占卜者は自分の死ぬる日を知らない。

意明らかなり。

人情物を乘つるに客なるを嘆せる也。

（五七）黑い犬をお湯に入れる樣だ。

終に改まざるに譬ふ。

（五八）盲人が眠つてゐるか眠つてないか。

事の分別する能はざるを云ふ也。

（五九）盲人が自分の鷄を捉めて食ふ。

盲人に我鷄他人の鷄の區別を能くすべき理なし。彼の捉へて食せしものは必ず他人の鷄也。

故意に惡事を犯して分疎するの可笑しきを云ふなり。

一說に曰く、意志惡いたづら者一日鷄數多飼へる盲人をそゝのかし今日は汝と鷄

肉會を催さまく思へるに來る路にて野中に鶏十數羽放し飼ひにせるを見たり。いかで其の一羽を捉へて一盞傾けずやと言へば。慾深き盲人うかくくと言葉に乘り。あちらこちら引きまはされ、此處なりとて敎へられ。やうくく捕へて、拾ひし鶏のうまさよと舌鼓せしは卽ち我が大事の鶏なり。

（五〇）　盲人が葱畑に入る。
　　　　葱畑は之を踏むて音の少きもの。卽ち盲目減法の意也。

（五一）　食物は食ひまはすと段々減り。言葉は語りまはすと段々大きくなる。
　　　　意明なり。

（五二）　馬に積むだものを蚤の背に積むで見れ。
　　　　意明なり。

（五三）　馬を逸してから厩を直す。
　　　　意明なり。

朝　鮮　の　俚　諺

二三

一三

（五八四）　父の死後四日目に藥を求める。
　　　意明なり。

（五八五）　餅も餅だが盆だ。

（五八六）　餅も固より甘からざるべからざるが、まづ第一に容器の清潔なることを要するの
　　　意也。

（五八七）　怒りて岩を蹴つたに、我が足尖が傷いた。
　　　逆境に處して之を順受せずば、却りて自ら傷くの意也。

（五八八）　鳶を鷹と見た。

（五八九）　交際すればこそ絶交もすれ。
　　　主に女の美醜を錯認せる場合に云ふ。
　　　忘れねばこそ思ひ出さずと同工異曲。

（五九〇）　甘ければ皆呑み込み、澁ければ吐出す。

人情自利を主とするの意なり。

（五〇）　角のある石は善く石鑿に打たれる。

剛硬者は傷害を受け易しの意なり。

（五一）　夫婦喧嘩は刀で水を斫る如し。

直ちに又和合するの意なり。

（五二）　雀が稻落し場を素通り出來るか。

多慾者は利を見て勇退する能はざるの意也。

（五三）　一晩中哀哭して、誰が死んだか知らぬ。

又、終日慟哭して誰の夫人の葬禮か知らぬとも云ふ。

其の事に由て其の故を知らず。愚の極を云へる也。

（五四）　泣かない小供に乳をやつたことがあるか。

求めざるものは施し易からずの意。

朝鮮の俚諺

一三三

（五五）　一匙の飯に腹が脹れるか。
　　初學者速成を求むべからず等の意なり。

（五九六）　鷄を追ふた犬が、屋根の上許美しげに眺める。
　　同學競進して其の友先づ升る等の意なり。

（五九七）　小溝から龍が出たか。
　　俊傑は微賤の家より出ること稀なりの意也。

（五九八）　品物が上等でこそ高くも賣れやう。
　　意明なり。

（五九九）　我が娘が美しくてこそ婿を擇べ。
　　意明なり。

（六〇〇）　白紙一枚でも、相持ちに持てば持擧げ易い。
　　縱令小事にても戮力を貴ぶの意なり。

三二

（六〇一）　一匹の馬の背に鞍二個置かれるか。
意明なり。

（六〇二）　延びて行く葛も限りがある。
意明なり。

（六〇三）　鮹汁を食ひながら、龍を食つた樣なおくびをする。
才卑にして倨傲なるものを形容せるなり。

（六〇四）　特に其の人の爲に明け殘してある堂上（公卿）は、奪ひ取ることが出來ない。
人の分固有する所のものは失あらずの意也。

（六〇五）　犬の足に眞鍮の歸充。

（六〇六）　沐猴冠。

物事が少し分つたと思つたら、もう老耄して了つた。

朝鮮の俚諺

三五

歳月の蹉跎し易きを戒むる也。

（六〇七）　鍛冶の内には庖丁が稀だ。

梓人木匠を傭ふて机脚を修せしむるの意也。

（六〇八）　獐の角は長いと云つても、知れたもの。

獐は角の短き鹿の種類なり。朝鮮に最も多し。

拙劣者の偶然巧手を出したるを冷笑する也。

（六〇九）　泥龜に恐れた人は、鼎の蓋を見ても吃驚する。

すっぽん

朝鮮の鼎の蓋は龜の形をなす。

かな

（六一〇）　豆腐の糟に腹が脹れゝば、どんな甘い菓子でもくれとは云はぬ。

八公山草木皆以て晋兵となすの意也。

意明なり。

（六一一）　睡眠中に他人の足を搔く。

390

曖昧の誤り易きをいふなり。

（六二）　曲つた陰莖は自分の足の背に尿をする。
　　　　　惡を行ひしものは自ら實を吐くの意なり。

（六三）　他人の親の病氣に指を斷つ。
　　　　　孝子は指を斷つて父の病を癒すを天に祈る也。
　　　　　爲すの必要なきことを力を極めて爲すの意也。

（六四）　如法の闇に、太い棒をニゥーッと出す。
　　　　　藪から棒の意也。

（六五）　八十歳に齒が出るか。
　　　　　不可有事を笑ふなり。

（六六）　食鹽が腐る。

（六七）　冷水に蛆が湧く。

　　　朝鮮の俚諺

二五

（六八）　二諺共に下らぬことに干渉し、けち／＼したる人を冷評するの意なり。

飯を貰ふて粥にして食ふ。

卑吝を嘲る意なり。

（六九）　大豆を味噌玉に作ると言つても、他人が信じない。

一旦信用を失すれば、當然の事實をいふも人に信ぜられずの意也。

（七〇）　陰曆五六月に凍死すとか。

（七一）　冷水許り呑むで、堅い糞をせよといふか。

（七二）　犬が豆の飴を食ふて木の上に上る。

（七三）　指に火を點して天に上る。

四諺皆到底有るべからざることに譬ふる也。

（七四）　眼を閉づれば鼻を殺いで持つて行く世の中だ。

少しの油斷もならぬ世の中を謂ふ也。

（六五）　溺する間に十里を行く。
　事の早く過ぐるを云ふなり。

（六六）　獐が**自分**の屁に驚く。
　臆病ものゝ形容也。

（六七）　貧乏兩班は下人許りを輕蔑す。
　食には困れども家柄よき士人は、流石に下人許りには屈せんとせず。

（六八）　力づくでも牛が王になれるか。
　王者は力を以て王たるにあらざるの意也。

（六九）　雛の代りに雞を使ふ。
　兄の代りに弟に報ゆるの類也。

（七〇）　糞を附けた犬が米糠を附けた犬を笑ふ。

（七一）　便所の柱が水車屋の柱を笑ふ。

朝鮮の俚諺

二諺共に我が醜を忘れて人の醜を言ふの愚を云ふ也。

（六三二）　盲者が盲者を導く。

意明なり。

（六三三）　盲女が針の孔を通す。

不可能事を云ふなり。

（六三四）　物にならない小牛は尻から角が生へる。

仙壇は嫩より香しの反對を云へる也。所謂生意氣の意なり。

（六三五）　針鼠でも、自分の子供は柔かい可愛らしいものだと思つてる。

意明なり。

（六三六）　鷹の兒は親鷹を捕へて食ふ。

不孝の子を云ふ也。

（六三七）　行隲を習はせ樣とすれば、寡婦の門の鐵輪を外して飴を買つて食ふ。

父「牢屋の門を外す」ともいふ。

昔は鐵と飴と交換せるものなり。今猶眞鍮とは交換することを見る。

（六二）揚州の飯を食つて、高陽の仕事をする。

揚州と高陽とは隣り合ひの地なり。

傭はれたる家の仕事は爲ずして、他の仕事をなすを云ふ也。

善事を見習はしめんとすれば却て惡事をなすを嘆ずるなり。

（六三九）鐘路で人に頬を打たれて、小路に入つて目を剥き出す。

鐘路は人通澤山なれば愚圖〱した田舍者は頬を打たるゝことあり。されども此

處にては何ともえ云はず。小路に入て目を剝出して怒る也。

（六四〇）いたづらをするのは寡婦の内の男犬だ。

意明なり。惡戲をする青年を罵る意なり。

（六四一）腐つた芦の垣から黄い犬の鼻の尖。

朝鮮の俚諺

一三一

（六四二）　道傍のもくげは馬に喰はれけりの意なり。又鴛でもよき干渉に喩ふ。

（六四二）　失神せる令監が、死んだ娘の家を眺めてる。

令監、只茫然たる許なる人の形容なり。令監は三位以上の官人の稱號なり。

（六四三）　外孫を愛するより葱畑でも耘ざれ。

葱畑は耘るの要なき畑なり。

要なき事をなす勿れといふなり。

（六四四）　犬糞も薬にしやうと思つて探がすとない。

意明なり。

（六四五）　娘の爲に祈禱する時にも袋を持て行く。

巫覡者の形容にして、娘の祈禱を巫女に依頼する時にも、袋を持行きて祈禱の供

物の餘りを入れて持歸るをいふ也。

（六四六）　厩商賈が破産しやうとすると、驢馬許り來る。

（六四七）　問屋が破産しやうとすると、糞束許り入つて來る。
　藥束の如きは何の利益にもならぬ品物なり。
　弱い木は風が折り、泣く兒を犬か吼えるの意也。

（六四八）　瓜を倒に食ふも自分の好きだ。
　瓜を倒に食へば末苦し。
　藜食ふ虫も好き〴〵の意也。

（六四九）　鐵が鐵を食ひ、肉が肉を食ふ。
　兄弟近親相爭ふを云ふなり。

（六五〇）　自分の足尖の火を消さない奴が、人の足尖の火を消さうか。
　自ら治めて餘りあれば始めて人を治むべしの意也。

（六五一）　盲者の丹靑の見物。
　效なきを云ふなり。めくらの垣窺き。

一三

（六五二）　烽火(のろし)の火に海苔を炙つて食ふ。
烽火は大火也、牛刀鶏を割くの如き意也。

（六五三）　人情が多いので、町内に舅が十二人。
舅が十二人あれば、夫も少くも十二人あるならん。

（六五四）　町内の處女は、此方許(きつ)り極めても駄目だ。
當事と越禅は向ふから外れるの意也。

（六五五）　京城を危い崖(がけ)だときいたら、果川からして還(は)つて行く。
果川は京城より三里。

（六五六）　義州からの早打(はやうち)でも糞をする暇はある。
如何に早急の用事なりとも、幾分の閑暇はあるものの意なり。

（六五七）　空を掠(かす)めて行く鳥も、初め翼を動したればこそ飛べるのだ。
田舎者の愚直なるを言へるなり。

空飛ふ鳥は少しも翼を動かさずに行く樣なれども、其の初は鼓動せるを云ふ也。

徒らに來る安樂はなきをいふ也。

（六八）　火鉢の緣に飴をくつ付けておいたか。

火鉢に飴を附くれは直ちに溶解して流れむ。須らく瞬時も之を放任しおくべきにあらず。心甚だ忙匆なる來客、主人の抑留するも聽かず過急に歸去らんとする時この俚諺を使用す。

（六九）　戸を開けて見ても閉ぢて見ても同じだ。

怖しきもの見えたる時、戸を開けて之を觀るも、戸を閉ぢて隙より之を觀るも、何の差違あらん。然るに心怯れたる者は、開戸之を觀るの勇氣なく、僅かに障子に針孔を穿ちて之を窺ふのみ。

（七〇）　煮た蟹の鋏をもぐ。

（七一）　腐つた卵を持つて城の下を行かれない。

朝鮮の俚諺

腐卵何の價値あらん。城壁何ぞ漫りに崩れん、怯者猶之に心戰く。兩諺共に臆病者の愚を云へるなり。

（六三）　鼻垂らさないで有福になれるか。

この國俗小兒の鼻を垂らさゞるは他日福なしとなす。現在苦痛なければ將來福來らずといふ也。

（六三）　横這ひに行つても京城迄行ければ宜しい。

遲くとも達すれば則ち可なりの意なり。

（六四）　寶珠三升あつても、糸に貫いてこそ眞の珠だ。

昔の朝鮮の珠は皆貫きて佩ひ又供用せしものなり。寶用を貫ぶの意なり。

（六七）　鍋邊(なべへり)の食鹽でも、摘みて中に入れてこそ按排(あんばい)になる。

伐出してこそ樹木も材となるの意也。

（六六）　絹の衣物を衣て夜道をする。

衣錦夜行の意なり。

（六七）　畑を賣つて田地を買つたのは、米の飯食ふ積り。

舊來の事業を廢して新事業に轉せしも、却りて損を招きたるの意なり。即も一つ事を罷めて別の事をした處が、其の事の却つておもしろくなき意味也。

（六八）　打つ姑より止める小姑が猶惡い。

小姑は鬼千匹の意なり。

（六九）　人を打ちに行つて、打たれるのはあたりまへ。

人を折らば穴二つ。

（七〇）　阿呆な蟲が溫堗室を横這ひに這ふ。

溫堗室は元來滑り易きもの故、一生懸命に眞直に歩くべきに、たゞさへよくも歩かれざる馬鹿な小蟲の、態と横曲りに這ひずりまはる其の歩々滑るは當然也。小

朝鮮の俚諺

一五七

人の徒らに才振るを憎みたるなり。

（六七一）　氣達ひのまねをして餅屋の餅の上に倒れる。
　　卑陋にして狡獪なる人の形容なり。

（六七二）　生れた許りの小犬は虎の恐いことを知らぬ。
　　意明なり。

（六七三）　情あれば夢にも見える。
　　意明なり。

（六七四）　領幹が三尺生へても、食つて行けてこそ兩班だ。
　　風態許如何に立派なりとも、自活せざる樣では矢張賤民なりの意也。
　　この俚諺は古來この國社會的階級組織の反抗的民聲と見るを得べく、即ち兩班と
　　さへいへば如何に其日の食に窮するとも猶昂然として平民の上に位して之を奴僕
　　視するを以て、平民は如何にも無念に感じ、誰いふとなくかゝる俚諺を倡へ出し

て陰に兩班を嘲笑せしならん。

（六五）田舎の者が、京城のものを騙せないと、憤慨して三日糞をたれない。
京城人の田舎ものを欺くは寧ろ稀にして、田舎の者却つて京城のものを欺くこと屢なりの意也。

（六六）笞台を負うて笞打つて貰ひに行く。
自招ける禍災を云ふ也。

（六七）蹩者が起てば千里行けるか。

（六八）己が大臣になつたら、大將になつたら抔いふ人間を笑へるなり。

（六九）十二の才藝のある奴が、朝餉の烟を立てかねる。
八細工七貧乏。

（七〇）黄み枯れた栗のいがが三年落ちない。
弱く見える人の案外早く死せざるを云ふ也。

朝鮮の俚諺

一五九

一四〇

（六〇） 屁が生長して糞となる。

初め小惡なるも漸く大惡を積成するの意なり。

（六一） 咽喉の孔は捕盗廳だ。

捕盗廳は古來一番人の嫌ふ所なり。人間もこの食道あればこそ色々の慾心出來て、甘いものを食ひたがり、總て人のものをほしがる。さればこそ捕盗廳の如き嫌な所也といふ也。

（六二） 坐つた處に草も生へぬ。

心術儉りに毒々しく、毒氣に感じて草さへ坐つた所に生へぬといふなり。

（六三） 澁梨の腐つたのは我が娘にやり、甘梨の腐つたのは嫁にやる。

澁梨は腐りてこそ甘くなり。甘梨は腐りては食はれず。

（六四） 漢の趙子龍が槍を突いて立つが如し。

三國志はこの國の一般の讀物なり。　男女共に之を耽讀し、劉備、關羽、張飛、孔

404

明、趙雲等の語は三尺の童子と雖知れり。就中婦女子は雨衣の物語抔に三國志の人物を云ひ出て、誰が第一、誰が好きと品定めすることあり。この國の賢夫人某氏は、妾は儘になるならば趙子龍の妻になりたし。其人物の堅固にして色に動かぬこと玄徳孔明に優れりとて、趙氏の未亡人を斥けたる事實を舉げて云ひし以來、婦人間の定論となり。趙雲はこの國婦人の理想の人となれり。

（六五）　打たれるか打たれるかと屈托する奴には笞許來る。
　　　　　大丈夫の形容也。

（六六）　狂ひ犬は棒許見えるの意なり。

（六七）　大きな鯉が躍ると目高も躍る。
　　　　　意明なり。

（六八）　井戸へ行つて湯をくれといふか。

（六九）　用に往つて飯をくれと云ふのか。

朝鮮の俚諺

四三

（六八九）　井戸の中の魚。
　　　　　兩諺共に意明かなり。

（六九〇）　東風に當る荻。
　　　　　意明かなり。

（六九一）　牛の耳に經を讀む。
　　　　　一齊に附和雷同するの形容也。
　　　　　意明なり。

（六九二）　眼病になんばんの粉。
　　　　　泣面に蜂。

（六九三）　猿も木から落ちる。
　　　　　意明なり。

（六九四）　一升やつて一石取

（六九五）　他人の小き欠點を云ひ立て、却て我が大なる快點を云はる、の意也。

（六九五）　歩けもしない内に躍る。
卵子に毛が生へるの意也。

（六九六）　甕の中の鼠。
袋の中の鼠。

（六九七）　瘤を捩られに行つて、又附けられた。
瘤取爺の話参看。

（六九八）　口は曲つて居ても言葉は眞つ直に出せ。
言の直なるべきを云へる也。

（六九九）　井戸を堀るにも一つの井戸を堀れ。
一事に成功してより又他事を始めよといふ也。

（七〇〇）　烟草入の中の錢は財布の中の錢だ。

朝鮮の俚諺

一五

（七一）　蚯蚓も踏めば體を動かす。

親のものは子のもの等の意也。

（七二）　一晩泊つても萬里城を築け。

如何にお人よしにても餘り嘲弄せらるれば腹立つことあり。

一夜の緣も深き情。

（七三）　負惜みのない墓はない。

人間は死する時必ずかくせざれば猶生存したらんにといふ負惜みは起るものなり。後悔のなき死際はなしの意ともなる。

（七四）　肉は嚙み緒めて見てこそ味があり、言葉は話して見てこそ味がある。

鮮人は肉は飽く迄嚙み締むべきものと定めをれば、肉の柔きは寧ろ張合なしとて硬きを喜ぶ。人に永く言ひきかす時に使用す。

（七五）　大瓶の間の素燒の皿鉢。

夫婦喧嘩は小供に祟る。　大瓶が動くに從て間の皿鉢は破るゝなり。

（七六）　口にくつ附た飯粒。
一度口を動かせば直ちに之を攝取するを得べし。　一擧手一投足の勞を以て成すべき仕事の意なり。

（七七）　虎の居ない洞には狐が先生。
意明なり。

（七八）　斧は鈍れば又を研くが、人は死んでは復生きぬ。
意明なり。

（七九）　子供が見てる前では水でも飲むな。
父母は子供の教養に深く注意すべきを云ふ也。

（七〇）　十尺の水の底は分るが、一尺の人の心の底は分らぬ。
意明なり。

朝鮮の俚諺

一四五

（七二）　水は渉りて見てこそ深さが分り、人は交りて見てこそ人柄が分る。

（七三）　口に適つた餅。
　　　　　好きな事、好きな人は澤山なきものなりと云ふ也。

（七三）　仰臥して唾を吐く。
　　　　　意明なり。

（七四）　堅い地に水が溜る。
　　　　　勤儉者は富むの意なり。

（七五）　水が行けばこそ船が來る。
　　　　　原因結果を説破せるなり。

（七六）　衣服は翼なり。
　　　　　馬子も衣裳。

（七七）　幼き鼠（又は猫）は、自分の前を自分で見られない。

無知の者寸前を透視する能はざるを云ふ也。

（七八）　梨を食つて其の心で齒を磨く。

梨肉を食へば充分なるに、又更に其の心を以て齒を磨くとは過慾なりの意なり。

或は又物を十二分に利用するの意ともなる。

（七九）　梨を人にやりて其の心を貰つて食ふ。

人に恩を衣せて又其の人に賴りて生活す。

この俚諺は巧にこの國俗を嘲罵して、痛快骨を剔れるものなり。この國の人は人に恩を與ふるを以て義務と思ひ。從て人の恩を被るを以て權利と思へり。是れ勢力家に食客千人あり、遊民都鄙に充滿し、現今時勢の急轉直下するや堂々たる兩班能く今後十年祖祀を維持する見込ある者寥々十指屈するに足らざる所以也，悲しむべし。

朝鮮の俚諺

四一

（七〇）　我が物をやつて却つて頬を撲られる。

恩の妄りに施すべからざるを戒めしなり。

（七一）　口許隱して猫のまね。

又「目をかくしてアァン」ともいふ。

耳を蔽ふて鈴を盗む。

（七二）　人を迷はしておいて頬を打つ。

御家騒勤の心理なり。

（七三）　木に上らしておいて木を振る。

常に畀がるゝ人の頂門一針なり。

（七四）　あんな菅葉さへ云はなかつたら、飴一文でも買つてやるものを。

多辯を戒むるなり。この國の人程多辯なるは稀なるべし。尚時々言ひ過ぎて禍を取ることとあるを氣付ける人ありと覺ゆ。寳にも惡事をなしたる者を叱責する時、溫

しく傾聽して謝する時は、哀情生じて叱りし後に飴一文買つてやりたき心地も起

れ共、強辯して服せざる時は更に怒火炎烈となり、さ迄になき事も終に極端なろ

言語と感情とを要することゝなる也。

（七五）兎唇でさへなかつたら天下一の美人だ。

大疵は總ての美を抂ふの意也。

（七六）兎唇が豆粉食べる樣だ。

意明なり。

（七七）兎唇が芋を食ふと鼻から出る。

意明なり。

（七六）生きてる口には物がは入る。

又「生きてる口には蜘蛛の巣が張らない」ともいふ。

生きてる限りは死にはせずといふなり。

朝鮮の俚諺

一四九

今夜食ふべき料なくとも、平然として長煙管に續々と烟を棚引かす、この國の人

の樂天觀を吐露したるものなり。

（七九）　猫の頭に鈴を下げる。

（七〇）　牛の頭へ鈴を下げる。

無用の長物を云へるなり。

（七二）　兩手に餅を持つてる。

嬉しき忙しき形容なり。

（七三）　便所へ行く時こそ忙しかろが、出て來る時に何故忙しい。

意明なり。

（七三）　臍が腹より大きい。

（七四）　針より糸が太い。

（七五）　鼻が顏より大きい。

意明なり。

（七六）　容物は粗末だが味噌の味は旨い。
意明なり。

（七七）　蝌蚪の時分の考はしないで、蛙の時の考計りする。
富而不驕は難しの意也。

（七八）　植木鉢に植ゑると猫ぢやらしも盆栽だ。
位地は人の價を左右するの意なり。

（七九）　憎らしい小供には餅一切猶やれ。
心の廣からんことを勸むるなり。

（八〇）　風體相貌を見て名を命じ、體を視て着物を作れ。
意明なり。

（八二）　三ッの年から巫女をするが、棒の樣な鬼神一ッもまだ見ない。

朝鮮の俚諺

一四三

此の如き人物は始めて見たりといふ場合に用ひ、又成功の困難をいふ意ともなり、馬鹿な鈍な人間の形容ともなる。

（三三）　我が辮が犬にやられるか。
意明なり。

（三三）　おとなしい犬が鍋の縁に上る。
意外の事を云ふなり。善人と思ひたりし者の意外の事をなせるに驚けるなり。

（三四）　三ッ子の心は八十迄。
意明なり。

（三五）　畏しいので糞を避けるんか。
汚ないが爲に避けたるなり。
兩班が賤民の喧嘩を買はざるが如し。

（三六）　貧乏だからこそ絹の衣物を着れ。

皆賣つて了ひて儀式の時の取置き許殘れば。

（七四七） 親の死んだに舞を舞ふ。
愚者の形容なり。

（七四八） 生長しつゝある南瓜に釘を刺す。
無情殘酷を云ひ出せなり。

（七四九） 藪の中の南瓜はよく太とる。
主人に發見されざる爲めなり。

（七五〇） 火事に唐箕を持て往て煽る。
人の不幸に更に之を苦むるを云へるなり。

（七五一） 姙娠の婦人の腹を蹴る。
前諺と同意なり。

（七五二） 頂羽も根無しかつらの蔓に足を取られて倒れることあり。

朝鮮の俚諺

一五五

（七三）　猿も木から落ちる。

（七三）　甘く行かない時には先祖のお蔭だと。
成功すれば自分の力だと。

（七四）　蕎麥の實は三角だが、轉かりて行つて終に立つ所がある。
天下飄零の兒、四十家を成さざるも終に定處する所あり。

（七五）　便意を催したるお嬢様が、汁の實を刻む様だ。
汁の實は由來心を用ひて刻むの必要なきものなり。況して便意催したるお嬢様は早きを主として、ザク〳〵と刻み棄つ。されば事物を善い加減にやり了はす意なり。

（七六）　忌服を着ける兒よりも親族の方で悲しがり。
意明なり。

（七七）　漢江が皆赤豆粥でも、盛る椀がないので食はれぬ。

（七六）　乞食に物はやらんで、乞食の出した椀を毀す。
意明なり。

（七九）　味噌が惜しくて殺して食はれない。
この國の風俗犬を食ふ。殊に田舎は犬を以て無上の珍味となし、陰暦秋の節句には犬を屠るを常例とす。この日狗肉を食はざれば魔を避くる能はずといふ迷信あり。狗肉に一種の臭氣あり、之を消すには味噌を妊とす。されば狗肉は味噌を以て按梅するを法となす。この俚諺は狗肉は食ひたくはあれど、按梅の味噌の惜しさに犬を屠らずといふなり。　客畜の者終に損を招くべきを云ふものなり。

（八〇）　盗賊が管を擧げる。
盗賊猛々し。

（八二）　肥満した人の通りに膨れよといふのか。

朝鮮の俚諺

一五五

富人が貧人に何故しかく血色勝れざるか。美食を食へ、美味を取れといふに答ふる詞也。

（表二）兄弟の姉の妹の賣る餅でも安ければやこそ買はう。計算は血緣より有力なるを云へる也。

（表三）負つた兒を忘れて三隣りに聞いて步く。阿呆者の形容也。

（表四）燕は小さいが江南國に往く。物語興夫傳參照。

（表五）石蟹は小さいが石さへ負ふ。前諺と同意。

（表六）蚊を見て刀を拔く。意明なり。

（七七）　往つた日が丁度市日。

この國地方邑里には毎朔定日の市あり。附近の産物是日に集り來り、賑しきこと祭禮の如し。大抵十日目に一遍乃至二遍宛と定まる。何心なく田舍の知る邊許を訪ねたるに、恰も其到着せし日其の邑の市日にして、賑はしく面白かりしといふ意にして、幸運の來ること猶是の如きを暗示せるなり。

（七六）　鴉が飛去るや否や梨が落ちた。

鴉が故意に梨を落したるに非れども、終に鴉の罪とせらるゝなり。鴉は元來憎き鳥なり。

（七九）　ゆるく歩いても牛の歩み。

意明なり。

（七二）　自分で食ふは嫌だし犬にやるのは惜し。

客者は人に與へずして食物を腐敗せしむ。

（七一）　我家に養つた犬に踵を嚙まれる。
意明なり。

（七二）　一杯の酒にも涙が零れる。
一杯の酒も一坐の客に公平に分つべし。一杯の酒猶人の涙を流さしむるの力あれ
ばなり。

（七三）　主人に味噌がない所が、旅人が汁を嫌ひだと云ふ。
この國や三十年前迄は國土殊に太平にして、民蕃々として生を樂送せり。されば、
人心亦自ら敦厚にして、不見不知の人にも、飯乞はるれは之を與へ、宿泊を乞は
るれば之を許すべき習慣なりき。之を宿泊せしむれば、必ず何はなくとも味噌汁
を饗應するを法とす。然るに恰も是の日主人は味噌盡き如何にせんと心配したり
しに、泊れる客我性味噌汁を嫌ふと云ひ出せりと云ふ意味にして、際どき處に間
のよかりしをいふなり。

（七四）奇麗でない女が、月夜に廣い笠を被つて出て來る。
不能者が能者の爲をなすの意也。

（七五）いくら繼ぎはぎしても絹の衣裳、
腐つても鯛。

（七六）盗賊は前からこそ捉へられる後から捉へられやうか。
盗賊は證據を押へて捕へざるべからざるの意也。

（七七）遅く習つた盗賊は盡になるのも知らんで盗む。
二樣に解釋し得べし。（一）興味生ずれば時の移るを知らず。（二）耽りて身を忘る。

（七八）石で毆れば石で毆り返し。餅で毆れば餅で毆り返す。
恩に報ゆるに徳を以てし。恨に報ゆるに仇を以てするの意也。

（七九）三日食はれないと浮び出ない考はないとぞ。
飢餓の人心を堕落せしむるを云ふ。

朝鮮の俚諺

一九

（七〇）　屠獣場に入つた牛が生きて出て來るか。
意明かなり。

（七一）　自分の劍も人の鞘の中に入ると自由にはならず。
他人に金や本を貸せば、復た我が自由に之を使用する能はざる等を云ふ也。

（七二）　拙い詩作者は平仄を搆ふことか。
拙作者は唯だ詩に纒まるを以て能となすのみ。客に饗應する時、粗薄なるを謙謝する場合に多く使用し。唯だ客を待つの意をのみ諒せられよといふ意味也。

（七三）　上れない木は仰き見ることもすな。
出來ない慾心は起すな。

（七四）　信じて居つた樹に黴が生へた。
この事は、この人間はと、信じたるが外れたる意也。

（七五）　死んだ石崇より、生きてる豕の方が増しだ。

石崇は昔の大富豪也。
意明なり。

（七六）敵同志が狭い板橋の眞ん中で出逢つた。
生憎の意なり。狭板一本の橋上なれば避けんにも法なし。勢爭はざるべからず。

（七七）河を渉りてから船に乗る。
十日の菊。

（七八）子供を置いた谷は、虎でも顧み〳〵する。
親の情を云へる也。

（七九）物言ひの多い内の味噌は酸ばい。
必ず世帶の持ち方の拙なるべきを云ふなり。

（八〇）急いで食ふ飯は咽喉に閊へる。
速成の用ふるに足らざるを云ふ也。

朝鮮の俚諺

二六一

（一九一）　自分の腹が膨らがつたから下人に飯を焚くなといふ。

自分勝手の形容也。

（一九二）　山が大きけりやこそ谷が深い。

身體長大なる者、力も亦多し等の意也。

（一九三）　澁い梨でも、嚙みしめて見るものだ。

苦言も傾聽すべきを云ふ也。

（一九四）　幼い子供の言葉も耳から逃すな。

博く知識を求めよといふ也。

（一九五）　一度糞をした犬は、生涯其處に糞をする。

習慣の恐るべきを云へる也。

（一九六）　あまりものを惜むと、犬の糞になる。

世間にある話なり。　吝嗇の者他よりの到來物を人に與ふるを吝み藏ひおき、遂に

腐らしめ犬も食はずに終らしむ。又某地方には「犬に食はせやうと粥を作る」ともいふ。

（七七七）　走る馬にも鞭を加へよ。
順境に在りても油断すなと云ふ也。

（七七八）　豆を蒔いた處には豆が出來る。小豆が出來様か。
因果の理を説ける也。

（七七九）　私の鼻が三尺曲ッた。
人が自分に對して、多忙なれば手助してくれと依頼せる時に、自分も忙しいと答ふる場合等に使用す。

（八〇〇）　知てる道も聞いて行け。
慎重なるべきを教へしなり。

（八〇一）　いたづらな犬の鼻尖に疵の絶え間がない。

朝鮮の俚諺

一六五

（八〇二）　糸の樣な蛇が大海を濁らすことが出來るか。
　　　　　意明なり。

（八〇三）　似非豪傑を笑殺せる也。

（八〇四）　十年續いた勢道もなく。十日奇麗だつた花もない。
　　　　　人事の瞬時なるを舉言せる也。

（八〇五）　躍る奴の上に飛ぶ奴がある。
　　　　　世間は廣し、慢心を去れと云へる也。

（八〇六）　鹽食つた奴が水を飲む。
　　　　　前科者が多く惡事をなすといふ也。

（八〇七）　墨に近けば黑くなる。
　　　　　意明なり。

（八〇八）　船賃のない奴が、一番先きに船に乗り込む。

人世の笑態を寫せる也。何處の入學試驗にも出來相の顔したものの合格したるた
めしなし。

（八八）　盜賊は自分の脚が麻痺する。
　　　一夜に、數十里の險道をも走り了する盜賊の、惡運竭きて捕へられんとするや、
　　　其の健脚自ら麻痺して遂にめく〱名もなき捕吏の手に落つ。

（八九）　狂夫が虎を捕へる。
　　　虎を捕ふる者狂夫の外にあらんや。武松の虎を搏殺せしも其の醉時なりき。

（八〇）　早年の難儀は、銀を出しても買ひたい。
　　　艱難汝を玉にす。

（八一）　下手な料理人は、朴の木の俎板を怨む。
　　　罪何ぞ俎板にあらんや。

（八二）　鵺の聲でも、自分では善い聲と思つてる。

　　　　朝鮮の俚諺

　　　　　　　　　　　　　　　　　　　　　　　　　　　　　　　　　一六五

（八三）　熟した飯はまた生には還らぬ。
　　　　　人間の自惚を言へる也。
　　　　　意明なり。

（八四）　燈盞の下は暗い。
　　　　　意明かなり。

（八五）　釜の中に在る豆も煮てこそ熟す。
　　　　　圍石も力を加へざれば轉ぜず。

（八六）　針盗賊が牛盗賊になる。
　　　　　小惡の長じて大惡となるを云ふ也。

（八七）　火に驚いた奴は火搔棒にも驚く。
　　　　　意明かなり。

（八八）　男やもめに蝨が三升、女やもめに銀三升。

意明かなり。

（八九）　秋の雨は祖父の髯の下でも避けられる。
直に霽るるを云ふ也。

（八〇）　秋の暑さと老人の健康。
當てにならぬを云ふ也。

（八一）　馬鹿にした草で目を突かれる。
油斷大敵。

（八二）　妾が死んだ時の本妻、本妻が死んだ時の妾の零す程の涙。
極少の形容也。

（八三）　啞が胸の病氣になる。
心中の煩悶訴へんとして訴ふる能はざる形容也。

（八四）　何も出來ない奴は家門丈高い。

朝鮮の俚諺

一六七

一六八

（八五）　自身は鈍才無能なれば、徒らに先人の遺したる家門のみ高きなり。

（八四）　狎れた斧にも足を切る。

意明かなり。

（八六）　十人の匙が寄ると一盤になる。

小集まれば大を成すを云ふ也。

（八七）　大巫が在れば小巫は舞はず。

（八八）　祈禱はしたいが、嫁が巫女の舞のまねをして舞ふが憎らしい。

嫁の舞ひが案外に上手なる時は、平素憎い彼女が猶憎ければなり。腹黒き人の憎むものに對する心を云へる也。

この國は男女の差別過嚴にして、女は深閨に籠居すれば、心愈々陰に、意愈々狹く、自然に嫁姑の間も表面に絶對的命令服從の有樣を裝ひながら、內心妬心を研

432

き、粗閥くこと今の我が家庭以上なるが如し。然かも双方共世間知らずの者共なれば、其の爭ひや頗る兒戲に類し、其の爭因や抱腹絕倒に價するものなり。今こ
の國の俚話一題を記して之を說明せん。

嫁達の姑の惡口

嫁と姑の仲の圓からぬは何れの國もおなじけれども、とりわけこの國の如く全く
一般の世の中とかけ離れたる內房にのみ蟄居する女達は、愈々其心根も狹くなり
て互に氣をまはし合ひ、僻み合ひ、姑は嫁を不順と云ひ、嫁は姑を苛酷と云ひ、
互に角を撞き合ひて平穩なる內房はこの國には稀なりとか。
これも姑に心平かならざる若き嫁共三人打寄りたることありけり。其の內の一人
の嫁は口突出して語る樣は。　我が姑ほど世に口矢釜しきはあるまじ。いつぞや我
か火鉢に海苔を炙らんとて、　載せたる儘にて立行きたるに、姑見付けて我を不注
意なり、やり放しなりとて烈しく叱れりとてさもくやし氣に打怨ず。　一人は之に

負けず。我が姑もいかで御身の姑に讓るべきかは。嚴しきこと質に言外なり。先
きの日我衣に火熨斗かけゐたるに、其の柄少しく緩くしてやゝともすれば拔けん
とすれば、丁度其處に寢轉び居玉へる舅の額にて、輕くこんくと叩きて柄を緊
かり入れむとするに、姑見咎めて火の付く如く呵りたりと體を揉みてくやしがる。
第三の嫁もいふ樣、我が姑も左迄にあらぬ事に口汚く罵ること汝達の姑に露劣ら
ず。いつぞや我れ道袍（日本の今の衣の如く袖濶き袍にて昔學者達着たり）の縫
ひ型の二三片を隱したるに、型何處にやりしぞ、一ッだに失ひては道袍は縫へぬ
にあらずやとて、打たん許りにたしなめたりとて、涙落す許りに打罵りたりきと
ぞ］

（八九）　三間の草屋の燒けたのは惜しいが、南京蟲の燒死んたのが嬉しい。

又或地方には、三間の草屋の代りに寺と云ふものあり。

人の憎惡心は時に利害心を凌ぐことありと云ふ也。

（八三〇）　生涯よく働いた手を棺の外に出して葬る。
餘り惜しき爲なり。され共實際には之を反對の意味となして、餘り不器用なるを嘲笑する場合に使用す。

（八三一）　角をなくした牛の相。
面相の滑稽なるを笑へる也。

（八三二）　鷄卵に骨がある。
此諺は俚話其の本をなせり。左に書す、

　　　　鷄卵有骨

今は昔、この國の何れの王の時にかありけむ。家柄正しき一人の兩班の、渾い（ぜひ）と～拙きがありけり。才藝さ迄劣れるにはあらね共、何の官職に就きても不圖る（はからぎ）禍災の爲に累せられて解職さるゝことゝなり。終に一家杉空として懸磬の如くほど～朝夕の烟も擧けかねたりき。され共流石に系圖貴き家なれば、誰か取持つ

一七一

人のありて、彼の窮運の事共細に奏上したりしかば。王も知らざるにはあらぬ
者なればいとゝ不憫に思し召して暫し打案じて云はるゝ樣。誠に運拙き男なり。
され共今俄かに功もなきに高位に登用せむも事難し。又內帑の金物を賜ふも人の
思はくも妙ならず。此に一法あり。明日夜明けてより夕、太陽没する迄の正一日、
都の南大門に入り來る商買の賣物は悉く彼に買ひとりて與へむ。この旨早々彼に
傳へよとあれば、其人も奏上の甲斐ありとて急ぎ彼に云ひきかせて其の翌日明く
るを遲しと南大門に立ちて、あはれ金目の品物を持ち來る商人の入來れかしと待
つに。この日は如何なる奇日ぞや、往さ來るさ織るが如き京城第一の大門が、絕
えて商人らしき者も入來らず。空手打振る暇人か、さなくば警護嚴めしき兩班の
行列位にて、はや晚鴉南山の杜に鳴き騷ぎてこの日も暮れなむとす。彼熟々薄命
のほどを浩嘆し。いざ家路に歸らんとする其の間際に、彼方より賞相なる田舍者
鷄卵箱を肩に負ひて、たまごゝと呼來れり。切めて是なりとも持ち歸らむとて

呼止めて王命のほどを云ひきけ、其の卵全部を我家に持來らしめつ。やがて晩餐の料にとて割り見たるに、こは如何に殼の内は堅き〴〵骨許りなり。こはおかしと又一個割り見るにおなじく骨許り。更にいくつも〴〵割り見るに、何れも白身黄身は少しもなく、鶏の骨とも見分かぬ異様の骨共ばら〴〵とこぼれ出るのみなりしとぞ。

（八三三） 招ばない客が來る。
意明かなり。

（八三四） 祈禱に心は入らないが、お供への餅に心が動く。
僧尼の心賤しきを云ひ表せる也。

（八三五） 祈禱でも見物し、餅でも食ひなさい。

（八三六） 入らぬことに口を出す人をたしなめる辭。
隙に日の當ることもあるし、日向の隙になることもある。

朝鮮の俚諺

一七五

人の運の轉變するを云へるなり。

（八三七） 水に水を混ぜ、酒に酒を混ぜる樣だ。
混和の極めてよきを云ひ表せる也。

（八三八） 牛の角も一本づゝに違うし、念珠の玉も一つ〳〵同じくない。
人の意見は其の面の如く相異るを云へる也。

（八三九） 青紋紗に糞を包む。
儀表堂々として心賤劣なるに譬ふ。

（八四〇） 十本の指は何れを嚙むでも痛くないのはない。
數多き子供を持ちたる親心を云へるなり。

（八四一） 泣きながら芥子を食ふ。
女の泣きながら淨瑠璃をきくが如し。

（八四二） 八十になつて出來た男の子。

非常に子を愛する者の嘲笑的形容語なり。

（八三）片輪者は一人も美しい心のものはない。
體完からざれば心亦完からず。

（八四）あべこべに紅。
我が云ひ出さんと思ひし攻撃の語を、反對に相手より云ひ出されし意也。

（八五）自分の娘は美しい。
世に我が兒美しく見ざる人あらんや。

（八六）娘三人持てば家が亡びる。
女尊男卑にして、女子の貞操を嚴責して離婚を容さず再嫁を許さず、少しく前迄は再婚婦の出なる男子は官吏たる特權を剝ぎし程なるこの國の社會習慣は、嫁せしめたる我娘か、若しや先方に氣に入らぬかと、里方は日夜心休む時なし。されば、結婚當時の婿に捧ぐる衣服に心を盡すは勿論、數多の子供の母となりても、

朝鮮の俚諺

一七五

猶其の日常衣服迄も贈り詰めざるべからず。娘の里返りは泥棒家に入り來るなり
との笑語さへある位、娘多き家の困難實に名狀すべからず。娘は常に母の保りに
て、母は家政に絕對無能力者なれば、現在主人の懷如何なるか、家產幾許あるか
等は全く無關心にして、唯だ我が娘可愛いと、この國の女性に通性なる貪じ心と
に、計算なく物資を送り與ふるなり。韓語の子供と云ふ語は、男兒のみを意味し、
女兒は含まず。亦た以てこの國の如何に女兒の出生を厭ひ、又之を賤むを見るべ
し。

又「娘三人持てば夜戶を開けて寢る」ともいふ。取らるべき物なければ閉ざす要
なきなり。

（八四七）　死んだ子供の陰莖をいぢる。
　　　　　死兒の年を數へるより猶緊切なり。

（八四八）　空手で來て空手で歸へる。

空來空歸が人間の分なり。何を苦むで錢を客むや。死後の萬金何にか爲すの意也。

（八四九）　兩班か二兩半か。

兩班は貴族なり。而して同音語兩半は一兩半卽三錢也。されば貴族は三錢と同語也。かの階級制度の壓制に苦める平民は、常に貴族に對して憤惋の念に堪へず、機會あれば之を輕蔑し嘲笑して聊か自ら快とす。されば其の語三錢と同じきを機として、「貴族は三錢だ」と云ひたけれど、かくては餘りに露骨にして蘊蓄の妙に乏し。因て「兩班か二兩半か」と綾を付けしなり。「何彼奴が貴族だと、貴族かい、五錢かい」といふものにして痛快骨に徹すといふべし。

（八五〇）　神仙の遊戯を見物して斧の柄が朽ちる。

意明なり。

（八五一）　蟲の湧くのが嫌で味噌を作られぬ。

味噌は早く蟲が湧く物なり。されど共家に必ず作らざるべからず。之を作らざるは

朝鮮の俚諺

一七

（八五二）　五六月の風も吹けば冷かなり。
陰暦五六月は盛暑なり。

（八五三）　前に尾を振つた犬が後に嚙む。
人情の反覆を慨せるなり。

（八五四）　寺小屋の狗は三年立てば詩文を能くす。
人の才鈍きを笑へる語なり。

（八五五）　雪上霜を加ふ。

（八五六）　泣面に蜂。

（八五七）　快樂多き所には虎あり。
意明かなり。

（八五二）　飛べば蟲、翔れば蠅。

咽ぶに懲りて食を廢するの愚なり。

442

（八五八）　鳥の脚に血。

朝鮮人の南京虫より蚤を畏るゝもおかし。
うるさく嫌らしき者は蚤と蠅の外なければなり。

極少の意也。

（八五九）　皮あればこそ毛が生へる。

意明かなり。

（八六〇）　土を摑むで水練。

意明かなり。

（八六一）　虎の口に生肉。

上戸に酒。

（八六二）　京城へ往てこそ科擧に及第しやう。

科擧は天下の至難事也。京に赴きて之に應ずるも及第固より不定也。され共受驗

朝鮮の俚諺

一九

せんとて京に住ける人は。猶發程せずして田舎にある人より幾歩か及第すべき道に上れる人といふを得べし。

同意の諺俳句外にあり。

（八六三）　打つて見たに妻の兄弟。

意明かなり。

（八六四）　稻積の鼠。

害をなすの甚しきを云へる也。

（八六五）　燈火に蝶。

意明なり。

（八六六）　大きな爐に黠雪。

大借金に編笠一蓋の意也。

（八六七）　虎の居ない洞には狸が虎になる。

（八六八）　黒闇に拳を出す。
　　　　意明かなり。

（八六九）　怜悧な猫が遠目が疎かつた。
　　　　猿木より落つの意。

（八七〇）　松の木を培養して亭子を作らう。
　　　　亭の成る何日なるを知らず餘りに遅き經營を云へる也。

（八七一）　猫が見た鼠。
　　　　意明かなり。

（八七二）　虎を養つて患を遺す。
　　　　意明かなり。

（八七三）　釜が惜しさに鼠を打たない。

朝鮮の俚諺

一八一

（八五）　惡い犬を却りて奮願する時もある。
意明かなり。

（八六）　字を識るは患を増す也。
意明かなり。

（八七）　他人の過失を云ふことは冷粥を食ふ樣だ。
極容易なるを云ふ也。

（八八）　他人の大病は自分の頭痛にも如かず。
意明かなり。

（八八）　牛分を始めとせよ。
意明かなり。

（八九）　愚者は多言なり。
意明かなり。

意明かなり。

（八〇）　十人の男婿は憎らしくないが、一人の小姑が悪らしい。

意明かなり。

（八一）　泉の傍に渇死する人間。

婦人の心を云へる也。

（八二）　脾胃が臭虫を生食する程健なり。

臭虫は味噌に湧く小蟲なり。

人の肚裏極めて険悪なるをいへるなり。　臭虫を生食すれば腹亦臭なるべし。

（八三）　田の溝を枕にして死する奴。

亡命して死すべき奴の意なり。

（八四）　一身ニチゲを負ふを得むや。

チゲは機械なり。　鮮人物を擔ふに用ふ。　一人必ず一なり。

朝鮮の俚諺

一〇五

（八五）　衝目の杖は人皆之を有す。
油断を戒むる語なり。

（八六）　野菜になる草は三月から既に判る。
仙檀は双葉より芳しの意也。

（八七）　千金で家を買つて八百金で隣を買ふ。
其角の句に曰く梅が香や隣は荻生總右衞門。　士は住むに隣を觀る。

（八八）　盛りたる水は色に從ふ。
色に從て染まるを云ふ也。

（八九）　睡つてる虎の鼻を衝いて起す。
愚の極を云へる也。

（八九〇）　速く往かうと思へば達せられぬ。
急がばまはれ。

（八九一）　血を含むで人に噴懸けやうとすれば、先づ其の口を汚す。

（八九二）　一口に二言をする奴は、三千六人の父を持てる子だ。
盧言の極めて惡むべきを云へるなり。盧言を恥とせざるこの國の社會の反射的産物なり。
人を祈らば穴二つ。

（八九三）　民の口を塞くは川を塞くより困難なり。
意明かなり。

（八九四）　隻掌鳴らんや。
意明かなり。

（八九五）　全痴は妻を誇り、半痴は兒を誇る。
而して近來全痴何故にしかく多きや。

（八九六）　天を仰いでこそ星を摘まめ。

朝鮮の俚諺

一八五

京城へ往てこそ科擧に及第せんと同意なり。天を仰ぐ人は地に俯する人よりも星を摘まむべき道に一步進める也。

（八七）　唇亡ふれば齒寒し。
意明かなり。

（八八）　南蠻辛は乾いた奴が猶辛い。
身躰の矮小なるも笑ふ勿れといふ意也。

（八九）　山に往つてこそ虎も捕へめ。
第八百九十六と同意なり。

（九〇）　食はれない茸（きのこ）は三月から生へる。
大器晩成の反對なり。

（九一）　一尺織るにも機織機械は皆備へにやならぬ。
意明かなり。

（九〇二）　蟹を捕へて水に放つ。

又「魚を捕へて水に放つ」ともいふ。勞力の徒なるをいへるなり。放さんとならば

捕ふるに及ばじ。

（九〇三）　魚網を張つたら鴻の鳥が羅つた。

意明かなり。

（九〇四）　一女怨みを呑めば、六月に霜を飛ばす。

民の恐るべきを云へるなり。

（九〇五）　七年の病に三年の艾を求む。

意明かなり。

（九〇六）　粉商人が歩けば颶風が吹き。　鹽商人が歩けば霖雨至る。

人生生憎の事多きをいへる也。

（九〇七）　雀は死する時もジャクと鳴くのみ。

朝鮮の俚諺

一七

（九八）　死を大事とする勿れといふ意也。

郷廳より門を閉ぢよと叫ぶ。

郷廳は郡衙の宿直下人の居る所なり。されば大廳よりこそ閉門の令出づべけれ。爭で下人室より此令出づべけん。上下不相應なるを云へる也。

（九九）　虎を捕へに行つて兎を捕へた。

意明かなり。

（九〇）　棒を削つて居る中に盜賊はもう逃げた。

意明らかなり。

（九一）　枯木に花が咲く。

意明かなり。

（九二）　甕より落ちし丸い瓠。

又は南瓜が落ちたりともいふ。

（九三）　賴の綱に離れし意なり。

（九四）　唐辛は大きいので辛からうか。
　　　　　意明かなり。

（九四）　陷穽に落ちた虎、罢に罹つた魚。
　　　　　意明かなり。

（九五）　天に棒を吊すつて。
　　　　　不可能の事を云へるなり。

（九六）　糞は怖しい爲に掃除するにはあらず。
　　　　　意明かなり。

（九七）　雷鳴する日に飛廻る犬の樣だ。
　　　　　あわてものを形容せるなり。

（九八）　祈禱をしたと云つて安心するな。

　　　　朝鮮の俚諺

　　一八九

（九一九）　蛇も己が體を打たるれば噛むと云ふ。
　　　　　弱者の氣力を云へるなり。

（九二〇）　水は己が谷を流れ行く。
　　　　　因果の理を說けるなり。

（九二一）　犬の頭に冠。
　　　　　意明かなり。

（九二二）　盲者が阿呆駄羅經誦む樣だ。
　　　　　徒らに口數多くして要領を得ざるを云ふなり。

（九二三）　聾者他處に向て返事する。
　　　　　意明かなり。

（九二四）　唯一つの物は燧石許り。

燧石は近き前迄百姓の必携品たり。貧洗ふが如く何も彼も賣り拂ひてこれ一つ殘りたるなり。

（九五）牛の睾丸が落ちたら、拾つて燒いて食はよと、薪を抱いて後から跟いて行く。

實に奇想天外と云ふべし。かゝる奇習はこの國人に非れば決して發する能はず。如何にも呑氣なる、氣長なる、勤勞を嫌ふ、この國遊惰の民の愚さを道破せり。

（九六）死んだ子の目を開けて見る。

意明かなり。

（九七）瓶既に破れたり。

詮なしの意なり。

（九八）力の多い童子を得んと思はず、言葉の巧なる童を得んと思へ。

この國如何に言語を重ずるかを知るべし。

朝鮮の俚諺

一九一

（九二九）　十八して食べて九人死すとも知らず行く。

人の利己心を發露したるなり。九人死すとも我一人死せざれば平然として食しつゝ往くなり。

（九二〇）　罪のない墓が石に打たれて死んだ。

墓は石の間に潜む性を有す。命如何ともすべからざるを云へるなり。

（九二一）　山の神の祭物の上に蝗斯が飛廻はる。

墓を定むれば先づ其の山神を祭る。祭りは神聖事なり。され共無心の蝗斯の其の上に翺翔するは如何かせん。

（九二二）　三年水汲をしたが、剩す所は水桶を掛ける掛金許りだ。

こは平壌の俚諺なり。平壌は井水皆惡しく飲料水は大同江より酙む。汲水軍なる勞働者之に從事し、日夜江より汲みて民に售る。固より賤業にして又利少し。

（九三三）　鐵食つた糞は腐らず。

水を汲むに肩に擔はずして背に板を負ひ之にテンビン棒を横へ、棒の兩端に掛金あり、水桶之に掛り調子を取りて腰を以て荷ひ行くなり。

（九三四）　沈默は無識を免る。
惡事必ず暴露するの意也。

（九三五）　鼠を打たんにも皿を惜む。
意明かなり。

（九三六）　賢なる女は愚なる男に及ばず。
意明かなり。

（九三七）　十年の勉學一時に忘却す。
東洋の通有思想と見ゆ。

吾人の經驗する所ならずや。

朝鮮の俚諺

一九五

（九三八）　他人の大病は我が風邪程にも苦にならす。
　　　意明かなり。

（九三九）　鯨の網に蝦が掛つた。
　　　意明かなり。

（九四〇）　東風に甘瓜の番人の太息、
甘瓜は東風に損害を受くること甚し。　青菜に鹽の意也。

（九四一）　袋に入れた錐。
　　　意明かなり。

（九四二）　崖岸を行く歩み。
　　　注意深き歩み振りの形容なり。

（九四三）　泥濘甚しき日に犬にぢやれらるる如し。
　　　犬の足必ず泥まみれなれば何人も閉却す。

（九四）　盲人が家の入口を誤らざる如し。
意明かなり。

（九五）　水に落ちた人の意外の能を示せるに喩ふ。小鼠の様な形。
水に落ちたる小鼠は如何にも見すぼらし。

（九六）　汝の牛の角突かすば、我が土墻破るゝことあらんや。
人間の他人を咎めむとする癖を云へるなり。我が土墻自然に崩れたるも、之を隣
家の牛の罪となして咎むるなり。

（九七）　海濱の犬は虎を畏るゝを知らず。

（九八）　砂糖も甞めてこそ甘きを知らむなり。

（九九）　昨年溜つた涙が今年落つ。
意明かなり。

（一〇〇）　虎尾を握れば放つ能はず。

　　　朝鮮の俚諺

一九五

妙語。

（九五〇）　鵲が朝の喜びを報ずる。

意明かなり。

（九五一）　道を畏るゝものは虎に逢ふ。

意明かなり。

（九五二）　墨に近けば黒くなる。

意明かなり。

（九五三）　水に慣るゝものは溺れる。

意明かなり。

（九五四）　水を見るの鴻鵰。

（九五五）　花を見るの蜂蝶。

二諺共に喜悦の狀を形容せるなり。

（九六）　冷水に齒を折る。
　　　　　おかしくてたまらぬを云ふ也。

（九七）　平地に居て落傷する。
　　　　　意外の事に失敗したる意味也。

（九八）　夢に見るの錢。
　　　　　意明かなり。

（九九）　燈の後は大いに明かるし。
　　　　　燈下不明の反對也。

（六〇）　夜半は無禮なり。
　　　　　夜半既に寐ねては無禮なるが多きをいへるにして、禮も夜半迄なりの冷笑意を含
　　　　　む。

（六一）　躄馬が遠行す。

　　　　朝鮮の俚諺

　　　　　　　　　　　　　　　　　　　　　　　　　　　　　一九七

（九六二）　飯中に餅を添ふ。
　　　　　　　あり得べからざるに譬ふ。

（九六三）　啞者が蜜を食ふ。
　　　　　　　雪上の霜と同意也。

（九六四）　東を問へるに西を答ふ。
　　　　　　　甘きを言はんとして言ふ能はじ。
　　　　　　　故意か無意かは問ふを要せず。

（九六五）　金氏飲みて李氏酔ふ。
　　　　　　　意明かなり。

（九六六）　小福は勤勉なれば得られ、大命は到底防ぎ難し。
　　　　　　　大富貴は天命にして人力關せざるをいふ。

（九六七）　人老ゆれば智にして、物久しければ神也。

一六

462

（九八）　惡人は當に之を避くべし。
　　　　　惡人に抵抗するは愚なるを云ふなり。

（九九）　晝出る　お化け。
　　　　　恐るゝに足らざるに譬ふ。

（九〇）　お膳の下で、匙を拾つたといふ。
　　　　　おかしからずや。され共鳥を買つて打つたりといふ癡者今在り。

（九一）　他人の宴會に梨を出せ、柿を置けと世話燒く。
　　　　　干渉のおかしみを云へるなり。

（九二）　雪を擔いで井を穿つ。
　　　　　雪を以て水を造るは太容易なるに、更に井を穿つの愚を笑へるなり。

（九三）　他の婿が出たり入つたり。
　　　　　意明かなり。この國の風俗よく露はれたり。

朝鮮の俚諺

一九九

我婿の來るは婦女皆喜ぶ。然るにこは他人の婚なれば何の役にも立たぬを云ふなり。

（九七四）　色の好い狗杏。
狗杏は食すべからさる惡杏なり。

（九七五）　匏を戴いて雷を免れんとす。
蟲愚を笑へるなり。

（九七六）　足の疾いものが先づ得る。

（九七七）　優勝劣敗に譬ふるなり。
吳楚の興亡我が知る所にあらず。
農夫太平の夢圓かなり。

（九七八）　荊山の白玉塵土に埋る。
意明かなり。

（九九）　口は曲つて居ても笛吹くことは上手だ。

　　　　　意外の才を有するを云へる也。

（九〇）　老僧が墨を磨る。

　　　　　老僧無事の樣子を云へるなり姜枕をぢやらすと同意なり。

（九一）　蘇秦も言ひ間違ひあり。　項羽も落傷することとあり、

　　　　　意明かなり。

（九二）　人に物乞ひには他人と一所には行くな。

　　　　　分前を取らるればなり。

（九三）　天が崩れても牛の逃出る穴はある。

　　　　　萬事窮すとも失望する勿れといふなり。

（九四）　赤兒が乳を強請だる樣だ。

　　　　　意明かなり。

朝鮮の俚諺

二〇一

（九五）　八日に八里行く。
　朝鮮の一里は日本の十分一里なり。されば歩の遅きをいへるなり。

（九六）　天下の啞者が皆もの云つても、お前は默つて居ろ。
　無用の押出口をなす人を戒むる意なり。

（九七）　中庭に鷄が歩く樣だ。
　女が美の誇を現はして歩く形容なり。

（九八）　こねた價でまァ餅といふのさ。
　餅たる程にまだ出來ざるものなれ共、流石にこねたるものなれば、これでも餅といふべきか餅として喫せんかといふなり。

（九九）　月は無足にして歩み、風は無手にして葉を摘む。
　意明かなり。自然の擬人法。

（九〇）　城門に火を失すれば殃池魚に及ぶ。

意明かなり。

（九一）　道傍に家を建てやうとすれば、三年經ても出來ない。通懸りの人々彼此と批評して、幾度もく直さしむるが爲めなり。

（九二）　虎の威を借る狐。意明かなり。

（九三）　桑も龜も言を愼まずして殃に罹れり。魏の曹操軍中の傷藥は東海の大龜に如くものなしとき、壯夫を遣はして之を拕へて都に運ばせしむ。途に大嶺を過ぎ少憩す。龜此時獨語して曰く。何の薪を用ひて燬くとも我は死せずと。此時其の傍に生したる淩天の大桑樹笑て曰く、我を以て焚くとも死せざるかと云ふ。壯夫の一人は私かにこの問答を聞けり。曹操命して龜を燒かしむるに果して甲堅くして燒けず。萬貫の薪を盡して依然龜は活けり。彼種々其の法を徴すれども知る者なし。此時一壯夫彼の大嶺上の龜桑の言を

憶出し、大桑を斬り來らしめ、之を薪となして焚くに龜終に死せり。故に桑龜共に讒言せざりしが爲に終に身を亡ほせりと云ふ也。或は吳の孫權とも云ふ。

（九九四）　丈夫の一言は千年改まらず。
意明かなり。

（九九五）　守口如瓶、防意如城。
意明かなり。

（九九六）　千雀は一鳳に如かず。
意明かなり。

（九九七）　蚊も集まれば雷鳴をなす。
意明かなり。

（九九八）　齊を伐つを名となす。
春秋戰國時代道を假りて虢を亡せるとをいふ也。

（九九九）　口猾乳臭あり。
意明かなり。

（一〇〇〇）　亦逐中に在り。
李斯の故事。傍杖を食ふに用ふ。

（一〇〇一）　我が足は嫡子より優れり。
我足自身歩き廻はれば以て我を活かすべし。我が嫡子の我を扶助する務あるも、
到底我足には如かず。

（一〇〇二）　俄り前に伸し過ぎたる腕は肩にて裂けん。
前まはりして人を探るものは却て失敗すといふ也。

（一〇〇三）　詩吟して居る。

（一〇〇四）　我毛を抜いて我が孔に刺す。
鮮人の詩吟は徒らに長澄なり。されば何の用もなきに長坐愚談し居る人を云ふ。

朝鮮の俚諺

二〇五

客嗇漢の形容なり。一毛を拔いて人に與へず。

（一〇五）　甕商人が九々をする。

古話に甕商人が街上其の未來に商利を積み行くの計算をなし、終に大利を博して妻を迎へ、又妾を迎へ、妻妾相爭ふに想到し、仲裁する眞似をなして、甕に手を觸れて、大事の甕を皆覆して破壞せりといふ也。

（一〇六）　何ともない脚に針をする。

意明かなり。

（一〇七）　寐て得た病氣。

寢て翌朝覺むれば病氣を得たり。意外の禍をいふなり。

（一〇八）　病氣になつたら死ぬだらう。

不安當の推理を云へるなり。

（一〇九）　雉子を食ひ又雉子の卵を食ふ。

負者の食ひ盡すを云へるなり。

（二〇二〇）井戸遊びは初手一番で勝負が極まる。

井戸遊びはこの國小児の遊びにして、圖の如く四方形の地に對角線を割し、其の作れる三角形の一に井戸を畫き。ab $a'b'$に雙方の駒をおき、必ず互に一度に其の駒の一つ宛、aa'の一邊を除いてab、ba'、$a'o$、bo'、$b'o$等に動かしあひ、相手の駒を封し込みたる方を勝とす。但し初手第一着に於て駒を○に置くことを禁ず。何となれば若し此處に初の一番にa又はa'の駒を置く時は、旣に相手の駒は往き方なく封じ込められ、勝負其の場に決すればなり。この俚諺は卽ち之を云へるものなり。されば世間の初の一手を以て決着する事に應用して使用す。

（二〇二一）打つ眞似をすれば泣くまねをする。

朝鮮の俚諺

三〇七

社會は皆演劇なり。

（一〇一二）　走馬に鞭つとも慶尚道迄一日で行かれるか。
日夜營々たる人の大成功なきを笑へるなり。

（一〇一三）　上下事皆及ばず、名許りの石崇になつた。
彼をせん此をせんと志して皆失敗し、畫餅に飽く身分となれる意なり。

（一〇一四）　虎を殺す叉で犬を殺すが如し。
意明かなり。

（一〇一五）　伯母が死んだら豊年になつた。
伯母の遺産を相續したるか、然らずば矢釜し屋の亡くなりしを祝へる也。

（一〇一六）　蛛の網で屁を縛す。
縛し得ざる也。

（一〇一七）　姑を怨みて狗を打つ。

姑は到底嫁の手を下すべきにあらざれば、切めて畜狗でも打ちて鬱憤を遣る也。

（一〇二八）　友に隨てならば江南迄行く

江南は幾萬里の遠き異國なり。同心の力強きを云へる也。

（一〇二九）　死後の文章の名。

文章の二字はこの國にては二様に用ひらる。一は所謂日本の意味における文章なり。他は學者の文章に巧みにして當代の文柄を秉れる者の稱呼なり。この國は古來文學を尊びたれば文章は宰相と匹敵すべく、其の清高なる宰相を凌ぐ。かく尊崇すべき盛名も、死後には諡なしといふ意なり。

（一〇三〇）　食つて而して餓死す。

俸給多くして而かも家族常に菜色あり。

（一〇三一）　人の脇を押へて而も無理に拜せしむ。

今の日本の大官貴族にもかゝる不通者多しとか。

三〇九

（一〇二二）　亡妻の夫死後の婿。

憑依する所を喪へる喩なり。

（一〇二三）　父は子が己より勝れたと云へば喜び、兄は弟の方が勝れたと云へば怒る。

兄弟は縁濃かなるも親子の親しきに及ばず。

（一〇二四）　舊官は名官。

觀察使郡守の変代の時、登任者を新官、解去の人を舊官といふ。舊官の名官なるは無益なり。され共在任中不名官にして舊官となりて名官となるも中々に鈔から
す。是紀恩碑の多く建ちし所以。

（一〇二五）　祭物に梨を忘れた。

最肝要なる物を忘れたる也。

（一〇二六）　腰折の虎。

虎は恐るべきが、腰折れては猫に劣れり。有爲の士も之と異らず。故に古人云へり是腰不一屈と。

（一〇七）死兒を負ふて來往す。
　憐むべく又笑ふべき形容也。

（一〇八）盲馬に乘じて絶壁を過ぐ。
　無法なるの譬なり。

（一〇九）放蕩息子の發心は三日。
　意明かなり。

（一一〇）大家は傾いても三年は支ふ。
　意明かなり。

（一一一）鸚鵡はよくものを云ふが矢張飛鳥だ。
　人物の眞價は模して增減すべからず。

朝鮮の俚諺

三三二

（一〇三三）　一片石を避けんとして數萬石に當る。
小事に壜ゆる能はずして一家凍餒に陷らしむ、その人多くこの類なり。

（一〇三二）　往かんには泰山、返らんには升山。
升山も險山なり。　進退維谷まるの意なり。

（一〇三四）　僧の頭に髷げ。
意明かなり。

（一〇三五）　冬至頭に野莓。

（一〇三六）　糞をたれた奴は逃去つて、屁をした奴が捉まつた。
ある得べからざるを云へるなり●
元兜法網より漏る。

（一〇三七）　四十になつて始めて足袋を穿く。
田舍者を笑へる也。　田舍者は大抵年中素足なり。

（一〇三八）　猫が鼠を思ひ出す樣だ。
意明なり。

（一〇三九）　國王も老人を優待す。
老人の優待すべきを云へる也。

（一〇四〇）　我村の内の、外の家の蚤が來て嚙むだ。
己が家の蚤も他家より來れりと云ひたきが人情なり。

（一〇四一）　絹のあこめが躍り出すと、布のあこめも踊り出す。
大魚躍れば小魚も躍るの意也。

（一〇四二）　鯉と鮒が來ると、目高奴も己も魚だと云つて來る。
前諺と同意なり。

（一〇四三）　サドンが話をするに、米粒を溢したこと迄言ひ立てる。
嫁の方の親類、壻の方の親類を相互にサドンと云ふ。

朝鮮の俚諺

三三

（一〇四）　汝の口は大籠の様に廣くとも話はするな。
　　　　　意明かなり。

（一〇五）　矮樹が實を結びぬ。
　　　　　意外なり。

（一〇六）　食つちや寢、食ちつや寢する食虫も、亦福を持つて生れた。
　　　　　意明かなり。

（一〇七）　如來様も十干十二支を數へて御座るか。
　　　　　如來様の像の指の有樣を見て云へる也。干支は人の運命を知るに使用す。

（一〇八）　まづい餅を喫べ様として旨い餅を喪つた。
　　　　　意明かなり。

（一〇九）　乾いた木から水が出やうか。

穴探しのやり較べをするなり。

（一〇五四）　凍つた足に溺（いば）りす。

（一〇五三）　僧侶が肉を旨しと云つて、村に下りて牛を縛つた床板を嘗（なめ）る。
他人の古物を大黒にする時卽ち是れなり。

（一〇五二）　絹の衣物を着たとて、肩を聳やかして見せびらかす。
常に綿服の外着けざる人なるべし。

（一〇五一）　水にはまつた人を救ひ上げたに網巾價をくれと云はれた。
網巾とは額に當つる馬尾もて編みたるものなり。
水に筓まれば網巾濕らん。されば拯ひ上げたる序に更に其の價を要求せるなり。
慈善をなして却て損を受くる場合を譽言せるなり。

（一〇五〇）　盲者が顛ぶと杖が惡いと云ふ。
意明かなり。

窮民を誅求すれば血出でむのみ。

朝　鮮　の　俚　諺

三五

（一〇五五） 折れ刀の柄に漆を塗る。

一時の効能のみ。終に効なしの意也。

無用ならずや。

（一〇五六） 金剛山の見物も食後にこそだ。

金剛山は天下第一の景なり。され共腹減りては賞玩する者なし。

（一〇五七） 人の長きは徳にして木の長きは害、也。

長木は伐らるゝこと早し。

（一〇五八） 我が錢三文は他人の錢四百圓より優れり。

痛快。

（一〇五九） 柘榴は落ちても、落ちない柚子を羨みはしない。

己惚心の強きをいへるなり。

（一〇六〇） いくら逐はれても靴を脱いで往かれやうか。

この國の人は決して跣足せず。

（一〇六一） 聰明は鈍筆に如かず。
如何に聰明なるも、鈍筆の書き記しおくよりは正確なるを得じ。

（一〇六二） 甲を怒つて乙を怨む。
力弱き人多く然り。

（一〇六三） 小鳥の網に雁が罹つた。
意明かなり。

（一〇六四） 吊られて居る犬が臥て居る犬を笑ふ。
未決囚馬車に乗れる者が、徒歩者を笑ふが如けん。

（一〇六五） 一文の商ひに、二文損して賣つても賣ればこそ商賣だ。
兎に角金になりさへすれば可なり。鮮人は今尙この主義の者あり。

（一〇六六） 貧乏したら都へ出て住め。

朝鮮の俚諺

三七

田舎にて貧しくなりしものは、家畑を賣りて都に出て、力役するはこの國の風俗なり。

（一〇六七）　一文も持たない奴が二文持て居る風をする。

金は見懸けよりも少なきが常則なり。

（一〇六八）　先生の前で本許めくつてる。

昔のこの國の書堂にては朝より晩迄音讀なり。されば終に兒童等も飽きて音讀は實際せず。唯口を動かして衆と共に本をめくるのみ。

（一〇六九）　喧嘩は調停して、商相談は成立する樣にしてやる。

これ人情の至當ならずや。

（一〇七〇）　食鹽を荷て水に入るも我が考へ次第なり。

獨立獨行の尊ぶべきを云へる也。

（一〇七一）　豆腐一丁を七文宛で買て食ふも、我が斟酌（考へ次第）。

前同意。

（一〇七二）　石も十年ヂット見てゐると穴が開く。
精力主義者の咒文となすべし。

（一〇七三）　家門の德で尊敬される。
意明かなり。

（一〇七四）　魚魯は辨別出來ず。
意明かなり。

（一〇七五）　岩上の狗跡。
跡著くべき筈なし。

（一〇七六）　鄉に入つては鄉に從へ。
意明かなり。

（一〇七七）　糞をたれてゐる友が勸酒歌を歌ふ。

朝鮮の俚諺

二九

勸酒歌はこの國の宴間妓生の歌ふ歌なり。其の中に牧童遙指杏花村等の句入る。

勸酒歌如何に酒興を助くと雖、脱糞者之を倡へなば何かせん。

（一〇六八）　少し宛食へば小さい糞をたれるか。

何ぞ然らん。

（一〇六九）　京城へ往かうにも鞋さへまだ出來ない。

田舍者は常に草鞋を穿つ、都に往かんとせば鞋よりして造るべし。

（一〇七〇）　子供の樣でない奴が、不幸のあつた內へ往つて位牌を盜む。

惡むべきをいふ也。

（一〇七一）　齒の澤山な八十老爺の樣だ。

意明かなり。

（一〇七二）　一魚水を濁す。

一奸國を亡すの意なり。

（一〇八三）　犬に食はせやうと粥を作つた。

犬骨折つて鷹に取られる。

（一〇八四）　雉子は頭許り草に隱す。

意明かなり。

（一〇八五）　山が笑へば野原が泣き。　野原が笑へば山が泣く。

朝鮮の田地は水利の工あることなく唯だ降るが儘の天水に依頼す。されば洪水に依りて蒙る害は極めて稀にして旱魃に依りて凶作となるは頻年なり。この俚諺は能くこの光景を云へるものなり。大雨なれば山は崩れて泣け共田野は豐作にして穀物穗穗として笑ひ。旱魃なれば山崩れざれ共不作にして田野生色なし。

大雨に山崩るといへは山林なき禿山なることを知るべし。

（一〇八六）　死僧を得て笞を習ふ。

抵抗する力なき者を攻擊して以て我か立身出世の資となすを云ふ。

朝鮮の俚諺

三一

（一〇八七）　賣つても我が田地。
賭博より出し俚諺なり。今負けて我が田地を賣り飛ばしたれ共復た直ちに勝ちて買ひ戻さんといふなり。

（一〇八八）　餘りけちで眉間に刺された錐でも吸ひ込む。
錐も亦金屬なればなり。され共錐を眉間に刺されては活くること難し。終に利に殉す。

（一〇八九）　靑瓦製造者。
靑瓦は靑若くは淡褐色の釉藥を塗りし瓦なり。前朝の廟社宮室多く之を用ふ。され共此が製造は秘密に屬し工匠一子相傳して他に漏さゞるを法とす。此の諺は秘して人に傳へざる事ある場合に用ふ。

（一〇九〇）　廳を借りて房に入る。
廂を假りていつか母屋に入れるなり。

（一〇九一）　二階に登らせて終に梯子を去る。

人を擔ぎて終に困厄に陷らしむるなり。

（一〇九二）　枕を高くするものは命が短い。

朝鮮の俗傳に曰く東方朔は紙一枚を枕とせりと。實にも小兒は枕の高きを好まず。

（一〇九三）　錢は持たねど網巾の品惡ろし。

批評は容易なり。買ふ力なければ品好みするに當らねど粗末なる品は善しとは言はぬが人情なり。

（一〇九四）　洞簫が町に往けば聲がなくなる。

他の諸音は羞ぢて聲を收むるなり。西施出れば婦女皆顏色なし。

（一〇九五）　科擧に及第は出來ないでたゞ倡夫を先導さする。

前朝科擧に及第せる者は唱夫を備うて行列を作りて市街を練り行く。之を遊街と謂ふ。及第もせずして遊街すおかしき極なり。

三二三

朝鮮の俚諺集　　　　　　三二三

（一〇九六）　春風に死ぬ老人。
初春の風陣々たり。反りて人に毒なり。寒冬に生き長らひし老人の此期に至りて
死するもの尠からず。

（一〇九七）　魯城尹氏の食道樂。

（一〇九八）　連山金氏の墓道樂。

（一〇九九）　懷德宋氏の家道樂。
魯城、連山、懷德は忠淸南道の地なり。尹氏金氏宋氏は何れも名門の大兩班なり。

（一一〇〇）　夫々の豪奢ありと見えたり。
意明なり。

（一一〇一）　一度出した言葉は拾はれぬ。
意明なり。

（一一〇二）　姑が死むで奥の座が私の物。

（二〇三） 言葉の多いのは寡婦の家の下女。
され共言葉の種子を作るは寡婦に非ずや。

（二〇三） 餓死するのは丞相になるより六づかしい。
故に伯夷は百代に傳はる。

（二〇四） 大家の宴會に小家の豚死す。
一將功成りて萬骨枯るとも謂ふべきか。

（二〇五） 堅い堅いのは慶尙道の奴だ。
これも地方の俚諺なり。され共慶尙道の人は由來眞摯なるに名あり。

（二〇六） 祈禱せずに三食でもせよ。
意明なり。

（二〇七） 隣りは從兄弟。
比隣の親しむべきを言へるなり。

朝鮮の俚諺

三三

（二〇八）池を掘れば蛙が集まる。
権勢を得れば賓客沓至す。

（二〇九）出て往く言葉が奇麗でこそ入つて來る言葉が奇麗だ。
意明なり。

（二一〇）飯を貰ひに行く暇はあれど、取入れを覗に行く暇はない。
不精者を笑へるなり。朝鮮の法秋期收穀の際地主は田に牲きて監督す。さらでは
小作人にしてやらる丶の虞あり。

（二一一）粉は振る程奇麗になるが言葉は振る程荒くなる。

（二一二）實父の薪割する處へは往かないが、義父の餅搗する處へは往く。
薪割の手傳へは骨折れ餅搗の手傳は餅を得るの望あり。人情利を主とするに譬ふ。

（二一三）炭を衡りて焚き、米を數へて食ふ。

容齋の極を形容せり。

（二二四）　十年の茶屋遊に人の顔色を讀む事だけ覺えた、
警拔。　遊蕩兒得る所此に窮まらん。

（二二五）　村の內の處女の成長したことは判らない。
娘は常に內房に蟄居して男に面見らるゝこと稀なればなり。

（二二六）　自分の顔の醜いことは言はないで鏡をこます。
婦人の情を穿てり。

（二二七）　酒の禁令に麴の取引。
高麗及李朝に在りて往々全國に禁酒令を下したりしは史乘に昭々たり。され共斯
かる時にも酒麴は盛に取引せらるゝなり。其の實に行はれざること見るべし。

（二二八）　お上の命で把抱にされて官帽の心配。
朝鮮の平民は皆兵丁たるべき義務あり。一村の內特に見立てられて什長伍長に任

朝　鮮　の　俚　諺

三五

（二二九）　先づ網巾を着けて顔を洗ふ。

ぜらるゝ者あり。其の者は難有もなき任命を受け、爲に官帽を買うて蒙らざるべ
からず。世話に所謂難有迷惑の意なり。

先後顛倒せるなり。顔を洗ひて後に着巾するを法とすればなり。

（二三〇）　人を殺した奴が九遍吊ひを言ふ。

以て己れが罪を厳はんとするなり。

（二三一）　白丁が兩班の眞似をしても犬が吠える。

白丁は朝鮮社會中最賤階級にして屠獸皮革の業をなす。中に往々富めるあり。他
郷に往きて美服麗揚に士人を摸するも銳敏なる狗子は旣に之を識別して劇しく吠
ゆ。是れ實際にして鮮人も亦異常となす。

（二三二）　坊主の食ふ素麵は魚を下に入れて盛る。

魚肉を覆ふなり。

492

（一三三） 麥で造つた酒はどうしても麥の癖が拔けない。

朝鮮に亦た舊と麥酒あり。米酒に比して品尤も降る。

（一三四） 凶年に閏月がある。

凶年は早く過ぎん事を祈るに生憎閏月あり。民の窮や更に一層を加ふ。

（一三五） 釜は黑いが飯は黑くない。

意明かなり。

（一三六） 稻村に火を付けて稻粒を拾ふ。

輕重を誤れるを謂ふなり。

（一三七） 芋の畑で針を探す。

求め難きをいふなり。

（一三八） 餠家で酒を尋ねる。

見當違ひなり。

朝鮮の俚諺

三九

（一二九）　蜜瓶の表を舐める。

何ぞ甘からんや。

（一三〇）　平壌監司でも自分でいやなら成らない。

監司は小なる王者なり。就中平壌監司を以て王中の王となす。眞の國王たること
は臣下の分望むべからざる所。平壌監司は朝鮮人の普ねき理想なり。されば人あ
り若し之を厭はゞ敢て之を辭せんといふなり。

（一三一）　友達が勸めるので喪の笠を被る。

喪笠は鍔廣き竹もて編める笠なり。顔を掩うて人をして見る能はざらしむ。此の
俚諺は主心なき人の他人の言に依りて動かさるゝを形容せるなり。

（一三二）　爺の下人でも自分の下人には及ばない。

到底我の程は遠慮なく使用する能はざればなり。

（一三三）　鬼神の聞く所で餅の話をするな。

（二四）朝鮮の鬼神は餅を嗜むと信ぜらる。

（二三）鶴がコツ〳〵と啼くと鸛の鳥もコツ〳〵と啼く。
附和雷同を謂へるなり。

（二五）牛亡くしたものは牛を搜し、馬亡くしたものは馬を搜す。
意明なり。

（二六）猫を肉庫の番人にする。
意明なり。

（二七）長承箭に餅の餡を塗り着けて餅の價を誅求する。
長承箭は里程を記して路傍に立てられし人形標なり。之に魔憑けりと信ぜらる。
餡を塗抹せるは以て祈禱の意を表すなり。大抵世間の神賴みは之に類す。身に不
幸來れば聊かの供物をなして其の必ず免災せしめ給はんことを強請す。

（二八）病氣をやり藥をやる。

　　　　朝鮮の俚諺

　　朝　鮮　の　俚　諺

三三一

仇を與へて恩を蔽る。

（二三九）　大工の多い家は屹度傾く。
意見區々にして統一を缺けばなり。

（二四〇）　竿で天をはかる。
意明なり。

（二四一）　遊むだ迹は無いが勉強した功は殘る。
意明なり。

（二四二）　食つた牛が糞をする。
意明なり。

（二四三）　夢も見ない前に夢判斷。
おもしろし。

（二四四）　役人にならない前に日傘の用意。

（二五〇）　無用の嫉妬で可愛い子供が害を受ける。

（二四九）　雨の降るのは飯を焚く婦人が眞先に知る。
　　雨の降らんとするや炊烟低く地を遑ふが故に炊爨先づ之を知るなり。

（二四八）　世の中は元亨利貞が第一だ。
　　元亨利貞とは正道の意なり。漢語の俗化せられしこと斯の如し。

（二四七）　絹の着物を着れば從兄弟迄温かい。
　　此も咸鏡道の俚諺なり。邊僻の地風俗質素絹衣の衣難きこと由て以て知るべし。

（二四六）　斧の脊に及を着ける。
　　咸鏡道俚諺なり。用なきに力を費やすの愚を笑へるなり。

（二四五）　曉に往けば夕方に來たものがある。
　　上に上あるに譬へしなり。

　　日傘は高官の人の出歩きに從者の指して日を遮るものなり。

　　　　朝鮮の俚諺

　　　　　　　　　　　　三三

（二五二）　死ぬには頓死が一番。
　　　　　婦の氣荒くなりて子供に迄強く當ればなり。
　　　　　苦痛なければなり。

（二五三）　今喫べるには乾柿が甘い。
　　　　　朝鮮には澁柿多し。

（二五四）　誕生日の祝に澤山食べやうと思つて七日前から絶食して遂に死んだ。
　　　　　愚夫の愚を形容せるなり。

（二五四）　心安くなつて離れる。
　　　　　寧ろ初より知らざりしに如かず。

（二五五）　憤十四持つた牝牛は鞍を卸す暇がない。
　　　　　世間の多子多苦を言へるなり。

（二五六）　いやな人には追ひかけて挨拶をする。

498

敬邊主義を巧みに表はせり。

（二五七）　橋の下で郡守を呵る。
畏しき尹君は相見てはた〻平伏するのみ。た〻橋下に在りて橋上の人見ず恐に照口して聊か自ら快とす。

（二五八）　高麗の公事。
高麗の晚年政權王家を離れて制令朝令暮改し民適從する所を知らず。此の諺の生ぜし所以。

（二五九）　僧に非す俗に非す。東すべく、西すべし。
主見定體なき人を笑へるなり。

（二六〇）　蟻は小さいが塔を築く。
意明なり。

（二六一）　懷仁郡に監司が來た。

朝鮮の俚諺

三亖

懷仁は忠清北道清州の南、山間の寒郡なり。突如一日監司公此に枉駕す。郡官吏員乃至邑人如何にして之を禮接待過すべきかを知らず。徒に周章慌忙するのみ。此れ懷仁地方の俚諺なり。然りと雖も單に懷仁のみならず山間の寒邑は皆斯くの如し。

（二六二）　廳庭に粟を晒し郡守が雀を逐ふ。

此亦懷仁の俚諺なり。地僻に人朴にして官事閑なるを形容せるなり。

（二六三）　尹君來る時に泣き、去る時に復た泣く。

これ亦懷仁の諺なり。郡守の懷仁に任命せらるるや地僻に民寒疎なるを以て諭せらるるが如くに思ひて泣き。旣に着任してよりは官事閑に民淳樸加ふるに山水最も清秀漸く狎れて漸く捨て難し。遂に此仙鄉に老いんことを願ふるに至る。轉任の命を受くや戀々として去り難く復た泣く。此と同意味の俚諺又た他地方にもあるが如し。

（二六四）　虎も飢えては宦官でも食ふ。
　　　宦官は陽物を斷ちたれば人の數には入らぬと見ゆ。

（二六五）　腐つた繩でも引けばこそ切れる。
　　　何事も勞せずして成らざるを謂ふなり。

（二六六）　蝶番は銹びない。
　　　恒に活動すればなり。

（二六七）　筧の樋は腐らない。
　　　前諺と同意。

（二六八）　糞の中でも猫の糞が一番惡い。
　　　猫糞の臭氣眞に堪へ難し。

（二六九）　明日の天子より今日の宰相。
　　　かゝる意味の諺猶外に在り。

　　　朝　鮮　の　俚　諺

三七

（二七〇）　正しい人の児は餓死することがない。
積善の家には餘慶あるをいふなり。

（二七一）　酒が如何に烈くても飲まない者は醉はぬ。
意明かなり。

（二七二）　他家の金犢は吾家の只の犢には及ばぬ。
我か物ならぬ物は我に價なし。

（二七三）　善く走る善く走ると褒められて僧帽を脱いで手に持つて走る。
世間の虚譽に乘りて徒らに我が身を苦むる可笑しさを笑へるなり。

（二七四）　一度漏れた水は復た拾はれぬ。
意明なり。

（二七五）　犬の様に働いて宰相の様に食ふ。
犬の如き働は賤しく苦し。され共後來能く宰相の如く安樂に生活するを得ば人生

502

の希望達せりと謂ふべし。

（二六）　明太魚一疋やつて祭臺を顚覆（りつくりかへ）す。
小利を與へて大害を加ふるをいふなり。

（二七）　蝙蝠に蜜をやる樣だ。
朝鮮の兒童等蝙蝠を捕へんとすれば棒尖に少しく蜜を塗りて之を甞めしめつゝ漸く近寄りて捕ふ、本俚諺の生する所以。

（二八）　頭を捕（つか）めてこそ尾を捉められる。
尾を捉へたりとて頭は捉ふる能はず。所謂各種の運動の方法之を以て最善とす。

（二九）　盲者（めくら）か入口を間違へぬ。
案外の者の出來善かりし等に譬ふ。

（二八〇）　急流の水は山を穿てない。
却りて靜に流れて絕えさる水山を穿つ。

朝鮮の俚諺

三二九

（二八一）　狂人が虎に食はれた様だ。
　　力を量らずして強敵に向ひて敗れたるをいふなり。

（二八二）　串は燒けたが魚は不熟だ。
　　世間かゝる事往々にして見る。

（二八三）　泥棒は主人を憎む。
　　主人なくして思ひの儘に物の盜まるゝ家を愛するなり。

（二八四）　悧巧ぶるのは馬鹿を立て通すに叶はぬ。
　　處世の道守我愚を第一となす。

（二八五）　大川邊の田地は買ふものでない。
　　慣廉なれ共洪水の患絶えざるなり。

（二八六）　年の少い者には借金給れ。
　　先づ世間の眞味を甞めしむるなり。

（二八七）　人を欺くのは天を欺くより難い。
意明なり。

（二八八）　友達にやる物はないが泥棒にやる物はある。
意明なり。

（二八九）　曹操の矢却りて曹操を射る。
曹操は奸人なり。人を陥るゝを以て能となす者。され共終に自ら傷くことあるを言ふなり。三國志の廣く讀まれたるは此諺に就ても知るべし。

（二九〇）　一身起居の自由は足袋を寛くするに在り、一家の和合の安樂は蓄妾せざるに在り。
而して足袋を堅く作り妾を蓄ふるは朝鮮紳士の習弊なり。

（二九一）　十人の刑吏と変るよりも一條の罪を犯すな。
意明なり。

朝　鮮　の　俚　諺

二四一

（二九二）　子孫の多いのを願ふより敎育に注意せよ。
　　　　　意明なり。

（二九三）　世間見ずの悧巧は世間の廣い愚か者に及ばない。
　　　　　是れ往々學者の意見の政治家に侮らるゝ所以。

（二九四）　西門の門番餅を搗く。
　　　　　これ平安南道德川郡の地方諺なり。昔時一度德川郡守西門の門番をして無貸にて
　　　　　餅を搗かしめたることあり。其後例となりて毎々無貸にて搗餅せしめたり。此諺
　　　　　の生ぜし所以。

（二九五）　死んだ鷄にも戸稅を負はす。
　　　　　亦德川郡の俚諺なり。李朝晩年政道廢爛するや小兒傭人迄も一人格として之に上
　　　　　納を課したり。此の俚諺は此を極端に表せるものなり。

（二九六）　寢て居る僧も餅五つ。

爲す事なくして祈禱の供餅の分配に預るなり。

（二九七）　幼僧に肉を食はす。

人を誘うて罪惡に陷らしむるの意なり。

（二九八）　村外れへ往つて米粒を拾ふ。

失敗して生計に困難するに喩ふ。

（二九九）　母と娘と豆腐を作る樣だ。

二人仲善く働き其の結果亦た善きを言ふなり。

（三〇〇）　蠅一石皆な食つたと言はれても、實際食はなけりや其れ迄だ。

如何なる寃罪を受くるも　良心に羞つる所なければ憂ふるに　足らざるをいへるなり。

（三〇一）　猫が鼠を愛する樣だ。

意明なり。

朝鮮の俚諺　　　　　　　　　　　　　　　　　　三二三

（二〇二）　蝨奴に頭に蛆を産み付けられた。

人より凌辱せらるゝに喩ふ。

（二〇三）　壽厚が寧邊へ往つて戻つて來た樣だ。

昔壽厚なる馬鹿者寧邊へ使者に牲き用を辨ぜずして返り來れり。　使者の返りて要領を得ざるに喩ふ。

（二〇四）　庖丁は自分の柄を削られない。

意明なり。

（二〇五）　刀を拔いてはたゞには鞘に納めるな。

これ平安北道碧潼郡の俚諺なり。　如何に北邊人の氣象慓悍にして血を畏れざるかを見るに足るべし。

（二〇六）　どんな名刀でも使ひ方を知つてこそ斬れる。

意明なり。

508

（二三〇七）　年の少い娘が先に嫁入つた。

意明なり。嫁せるは娘の成功なり。

（二三〇八）　雉子が、歩く様に上手に飛べれば鷹に捕へられない。

實に雉子は飛ふに拙にして歩くに巧なり。世間に一長一短ある者、己れが短を以て人の長と較するハ皆雉と鷹との如し。

（二三〇九）　瘠馬は尾長し。

おもしろき所を見付けたり。馬瘦せたりとて尾特に長ずるにあらず。何となく尾長く見ゆるものなり。人亦然り。貧しければ自然貧相に見え、富めば復た顯相に見ゆ。

（二三一〇）　仁を行はんとせば産を破り、産を殖さんとせば仁を行ふ能はず。

是れ仁の聖諦第一義たる所以なり。

（二三一一）　婦人の笑は財布の涙。

朝鮮の俚諺

三五

（一二二）　虚榮は婦人の天性なり。歸悅へば財簽渴く。

（一二三）　我家の煙は他家の火より善い。

（一二三）　鶏は金剛石を見ても麥とも思はぬ。
意明なり。

（一二四）　新しい草鞋を買ふ前に舊い草鞋を捨てるな。
此の俚諺をよく實踐せば天下に浪人の數甚だ減ぜむ。

（一二五）　強い馬は繋がれた杭で傷く。

（一二六）　處世の道剛を忌むなり。

（一二六）　馬の尾に着いた蝿が萬里を往く。

（一二七）　穴を堀るには劍は鑿に劣り、鼠を捕へるには驥は貓に劣る。

（一二八）　二諺共に支那より輸入せるものなり。

泥棒月を嫌ふ。

（一三九）　哀れ暗闇の人間よ。
盲人に目で知らし、聾者に囁やく。
意明なり。

（一三〇）　土を食ふ蚯蚓は世界の土を惜む。
土の食ひ盡されんことを憂ふるなり。

（一三一）　白酒は人の顔を赤くし、黄金は士の心を黒くする。
意明なり。

（一三二）　足の折れた大將が城内で怒つて居る樣だ。
怒憤如何に熾なりと雖一歩城外に出るを得ず。

（一三三）　虎の腹から狗。
子の不肖なるを謂ふなり。

（一三四）　死むだ子供の耳形の善いことを言ふな。

朝鮮の俚諺

二四七

耳形に依りて運勢を占するを得。され共如何に耳形扁よかなりしとて死せる者は
詮なし。

（二三五）　頭が大きければ將軍、足が長ければ泥棒。

朝鮮亦人の頭大なるを尊ぶ殊に前後徑の大なるを相好しとなす。

（二三六）　他家の火事を見物せない君子はない。

朝鮮田舎の故俗他家の火災に駈け付けて之を救ふの事なく多くた〻傍観して恬然
たり。され共共の一旦鎮火するや翌日より直ちに村民協力して再建の事に従事し
主人は唯だ仮を襲するのみにて貸銀を出さざるを常とす。されば未だ幾日ならず
して再び家の立つを見る。これ予の江原道地方にて屢々實驗せる所なり。此の俚
諺を以て一概に他人の患難を恤へざるものと解するは當らず。

（二三七）　襦袢を脱いて銀の指輪。

襦袢も着けさる程の者銀指輪を串むるは身分に相應せざるなり。

（一三三）　山豚を捕へに往つてゐる間に飼ひ豚を虎に捕られた。

（一三二）　朝鮮の盲者はみな占を業とす。　既に盲者なれば眼形の如きは問ふに及ばざるなり。

（一三一）　盲者の眼形は如何でも、占ひが上手ならそれでよろしい。

（一三〇）　盲者の家に窓硝子。　おかしきをいへるなり。

（一二九）　曲つた木が先祖の墓の守り木。　曲木は風致あり叉材に適せざればなり。　物各其の用所あるを謂へるなり。

（一二八）　いくら雀が騒いでも青大將は動かない。　恐るゝに及ばざればなり。

十里の砂原にも眼を衝く棘はある。　世には親友多くとも叉讐敵あるを言へるなり。

朝鮮の俚諺

一四九

（三三四）　小利を望みて大損に逢ひしなり。

鰥夫が法事を延ばす様だ。
手廻り兼ぬればなり。期日を遷延するに用ふ。

（三三五）　賭け錢七文に博奕打は九人。
爭猛ならざるを得ず。

（三三六）　一粒の飯が十の鬼を逐ふ。
病みて後に祈禱するより平生攝生に注意しよく滋養分を取るべきを謂へるなり。

（三三七）　被衣の裏で飴を食ふ様だ。
人知れず獨り事業を經營する場合等に使用す。

（三三八）　先きに生へた耳は使へなくても後から生へた角は使ふ。
後生畏るべしの意なり。

（三三九）　五獸動かぬ有樣。

514

鼠、猫、犬、虎、象なり。鼠は猫を見て動く能はず、猫は犬を見て動く能はず、犬は虎を見て動く能はず虎は象を見て動く能はず。

（三四〇）　坊主が櫛代（くしだい）を儲（た）めた事があるか。

下戸の建てた庫はなし。

（三四一）　富子は衆人の食膳。

人情何國も同じ。

（三四二）　人の父は己れ（お）の父。

我が父を愛敬するを知らば人の父をも愛敬すべし。

（三四三）　飢えた狗が厠を望むで喜ぶ。

食を擇ばざるなり。

（三四四）　貰つた粥に頭が痛い。

人に物を與ふるにも禮道を踏まざれば與へて却りて心を失するを謂ふなり。

朝鮮の俚諺

二五一

（三五三）　年取つた犬が門を守るのが辛い。

大家に伺はれて豊養せられながら我が能の之に副ふこと能はざるを愛ふるなり。身不才の者優遇を受けながら内心痛愛あるに譬ふ。

（三四六）　僧を見て劍を抜く。

人を見るの明なきに喩ふ。

（三四七）　川を越えてからの杖、取入れを濟ましてからの袋。

狡兔死良狗烹の類。

（三四八）　拾うた物はサドンの狗でも返さぬ。

朝鮮人の拾得を以て所有權と同一視すること知るべし。

（三四九）　連れ子が自分より三つ年上。

不似合なるを舉げたるなり。

（三五〇）　御寺に往つて佛を求る。

（三五〇）家に居りて主人を毒する者を罵るなり。

（三五一）お祖父さんと孫娘の様な連れ合ひ。

呆然として言語道断の場合に用ふ。され共今の世呆るゝ人漸く滅ず。

（三五二）帝釋の叔父も働かねば食はれぬ。意明なり。

（三五三）夜鏡を覗（のぞ）けば好きな女を見られぬ。

（三五四）夕方顔を洗へば痘痕（あばた）女を娶る。

（三五五）食後直に寢ると牛になる。

（三五六）太陽のある内に燈火（あかり）を點（つけ）ると惡い嫁を貰ふ。

（三五七）我が往く道を狐が横切ると商賣がよく出來る。

（三五八）蟻が引つ越したら雨が降る。

（三五九）豚が騒げば風が吹く。

（二六〇）　朝小説を讀むと貧乏になる。

（二六一）　食事時に高い聲を出すと貧乏になる。

（二六二）　用事のないのに箒で掃くと惡口を聞く。

（二六三）　自分の頭髮を人に踏まれると憎みを受ける。

（二六四）　衣物の紐を長くすると女に惚れられる。

（二六五）　齒痕のある食物を食ふと爭ふ。

（二六六）　鼠の尾を捉へると食物の味がなくなる。

（二六七）　外出の際眞先に女を見ると身に害がある。

（二六八）　夜中に足の爪を切ると屍體を番する人となる。

（二六九）　深山で咽喉が渇いたと言ふと虎を見る。

（二七〇）　熱い酒を吹いて飲むと鼻の尖が赤くなる。

（二七一）　寢てから齒切りをすると貧乏になる。

（三〇）　屍體の上を猫が通ると立つ。

（三三）　冬の日山の花が咲くと豐年だ。

（三四）　主人が出發後主人の室を掃くと主人が脚病になる。

以上は皆黃海道松禾郡地方の迷信なり。期せずして我國の其れと符合するものあるもおもしろし。

（三五）　功勞は働いた人に、罪は犯した者に。
　　　意明なり。

（三六）　惡い草を刈れば善い草も刈らる。
　　　玉石共焚。

（三七）　厭やな筈は受けても厭やな食ひ物は食はぬ。
　　　意明なり。

（三八）　獵に往くに銃持たずに往く樣だ。

朝鮮の俚諺

二三

（二七九）　炒豆に花が咲くか。
　　　　意明なり。

（二八〇）　法を知らない官吏が筈で勢を示す。
　　　　官の畏るべく惡むべき所以。

（二八一）　幼い時に曲つた木は後に鞍の材となる。
　　　　幼時の習慣の恐るべきを謂へるなり。

（二八二）　草の綠もよく視れば別々だ。
　　　　造化の妙は一叢草の端にも見るべし。

（二八三）　牛は農家の御先祖。
　　　　全羅南道の俚諺なり。　朝鮮の農業牛なくては、濟すこと能はず。

（二八四）　百姓は土龍だ。

土龍の土を離るれば死するか如く、　農民亦田地を離るれば活くる能はず。

（三八五）　家に虎一つあれば繁昌す。
家中の誰か一人虎の如き威嚴を以て家事を監督し指揮すれば家族畏服して致て怠惰に流るることなし。

（三八六）　體の無事なのは郡吏のお蔭、腹の脹れるのは天のお蔭。
凡そ腹に入る物質にして天力に待たぬ物あらざればなり。

（三八七）　人が銀裝刀を佩びるから、己れは庖丁を挾す。
人眞似するのおかしみを謂へるなり。

（三八八）　空家に人を入れる。

（三八九）　桑の葉も摘みだり、男にも逢つたり。
博奕をなすに錢持たぬ者をも入れて、錢持てる者の錢を奪ふ等の場合に用ふ。
田舎の娘の心を善く説き出せり。

朝鮮の俚諺

三九七

（三九〇）　鬼神に桃の木の棒。

鬼神は桃の木を忌避すと信ぜらる。

（三九一）　觀察使の到る處宣化堂。

宣化堂は觀察使の在る所なり。されば觀察使の在る所何處を問はず宣化堂たるべきなり。

（三九二）　長の低い人も、高い人も、天に届かないのは一樣だ。

五十步百步と略相似たり。

（三九三）　酒食を一所にするには　友達で善いが、患難相救ふは　兄弟でなくてや駄目。

（三九四）　兄弟の朋友より重きを謂へるなり。

お寺に居る婦女をおばさんと呼ぶ奴は坊主の義侄だ。

寺に居る婦女は如何なる名義なるに拘らず實は僧妻なり。之を嫂と呼ぶ者なれば

僧の妻の姪なること明なり。

（三九五）　子を育てることを覺えてから嫁に往く女があるか。
育兒の婦人自然の本能なるを謂へるなり。

（三九六）　自分は藪から滑り落ちる砥石の樣だ。
砥石を藪におとせばするゝと拔け落ちて木の根草の間に隱れむ。人と共に密事を計劃しながらや、形勢不利と見るや早く身を脱して我不關焉たる者を謂ふ。

（三九七）　人情は馬に積み、進上は串に刺す。
人情は大小官吏の王と民との間に在りて取る所、進上は王の手に入る所なり。彼苦多此甚少。民瘠せて王亦肥えざる所以。

（三九八）　昔は取らるゝに忙しく、今は貰うに忙しい。
是最近總督府施政以後の發生に係る。實に總督府の政治は民に與へて民を富まし めん事を之れ謀れり。前朝民に取りて與へざりしと比較すれば民に此の感生する も宜なり。

（終）

다카하시 도루의 조선속담집

초판 1쇄 인쇄일 • 2006년 8월 21일
초판 1쇄 발행일 • 2006년 8월 21일

> 인지는
> 저자와의
> 합의하에
> 생략함

지은이 • 高橋 亨
편역자 • 박미경
펴낸이 • 박영희
표　지 • 유레카디자인
편　집 • 정지영
펴낸곳 • 도서출판 어문학사
　　　132-891 서울특별시 도봉구 쌍문동 525-13
　　　전화: 02-998-0094 / 팩스: 02-998-2268
　　　홈페이지: www.amhbook.com
　　　e−mail: am@amhbook.com
　　　URL: 어문학사
　　　등록: 2004년 4월 6일 제7-276호

ISBN 89-91956-18-1 03900
정　가 • 20,000원